अर्जुन के मन को चोट न पहुंचे, इसलिए कृष्ण बात करते हैं मित्र की भाषा में। और धीरे-धीरे उस मित्र की भाषा में ही गुरु का संदेश भी डालते जाते हैं। और जैसे-जैसे अर्जुन राजी होता जाता है, वैसे-वैसे कृष्ण गुरु होते जाते हैं।

जैसे ही अर्जुन बंद होता है और डरता है, वैसे ही मित्र हो जाते हैं। जैसे ही अर्जुन राजी होता है, खुलता है, ग्राहक होता है-वे बहुत ऊंचाई पर उठ जाते हैं; उस उंचाई पर-जहां कि वे परमात्मा हैं; वहां से बोलने लगते हैं। इसलिए कृष्ण के इन वचनों में कई तलों के वचन हैं। कभी वे मित्र की तरह बोल रहे हैं; कभी वे गुरु की तरह बोल रहे हैं; कभी वे ठीक परमात्मा की तरह बोल रहे हैं।

- *ओशो*

ओशो

कृष्ण

गुरु भी, सखा भी

कृष्ण के बहुआयामी व्यक्तित्व पर ओशो द्वारा दिए गए
बाईस प्रवचनों में से चार (18 से 22) प्रवचनों का संकलन

डायमंड बुक्स

संयोजन : स्वामी अमानो सुरधाम
संपादन : स्वामी योगप्रताप भारती
डॉ. गिरिराजशरण अग्रवाल

प्रकाशक : **डायमंड पॉकेट बुक्स (प्रा.) लि.**
X-30, ओखला इंडस्ट्रियल एरिया, फेज-II
नई दिल्ली-110020
फोन : 011-40712200
ई-मेल : sales@dpb.in
वेबसाइट : www.diamondbook.in
संस्करण : **2021**
मुद्रक : रेप्रो (इंडिया)

KRISHAN - GURU BHI, SAKHA BHI
by : Osho

अनुक्रम

प्रवेश से पूर्व

अर्जुन अनजान शिष्य है; जान में तो वह मित्र है। कृष्ण जानकर गुरु हैं। और अर्जुन के प्रति मित्रता का जो भाव है, केवल अर्जुन की मित्रता के उत्तर में है।

अर्जुन के मन को चोट न पहुँचे, इसलिए कृष्ण बात करते हैं मित्र की भाषा में। और धीरे-धीरे उस मित्र की भाषा में ही गुरु का संदेश भी डालते जाते हैं। और जैसे-जैसे अर्जुन राजी होता जाता है, वैसे-वैसे कृष्ण गुरु होते जाते हैं।

जैसे ही अर्जुन बंद होता है और डरता है, वैसे ही मित्र हो जाते हैं। जैसे ही अर्जुन राजी होता है, खुलता है, ग्राहक होता है—वे बहुत ऊँचाई पर उठ जाते हैं; उस ऊँचाई पर—जहाँ कि वे परमात्मा हैं; वहाँ से बोलने लगते हैं। इसलिए कृष्ण के इन वचनों में कई तलों के वचन हैं। कभी वे मित्र की तरह बोल रहे हैं; कभी वे गुरु की तरह बोल रहे हैं; कभी वे ठीक परमात्मा की तरह बोल रहे हैं।

—ओशो

पहला प्रवचन

अभिनयपूर्ण जीवन के प्रतीक कृष्ण

‘भगवान्श्री, श्रीकृष्ण कहते हैं कि निष्कामता और अनासक्ति से बंधनों का नाश होता है और परमपद की प्राप्ति होती है। कृपया इसका अर्थ स्पष्ट करते हुए समझाएँ कि किस साधना या उपासना से यह उपलब्धि होगी? सामान्यजन के लिए सीधे निष्काम व अनासक्त होना तो संभव नहीं दिखता।’

सबसे पहले तो अनासक्ति का अर्थ समझ लेना चाहिए। अनासक्ति थोड़े से अभागे शब्दों में से एक है, जिसका अर्थ नहीं समझा जा सका है। अनासक्ति से लोग समझ लेते हैं–विरक्ति। अनासक्ति विरक्ति नहीं है। विरक्ति भी एक प्रकार की आसक्ति है। विरक्ति विपरीत आसक्ति का नाम है। कोई आदमी काम में आसक्त है, वासना में आसक्त है। कोई आदमी काम के विपरीत ब्रह्मचर्य में आसक्त है। कोई आदमी धन में आसक्त है, कोई आदमी धन के त्याग में आसक्त है। कोई आदमी शरीर के शृंगार में आसक्त है, कोई आदमी शरीर को कुरूप करने में आसक्त है, लेकिन शरीर को कुरूप करनेवाला विरक्त मालूम पड़ेगा, धन का त्याग करनेवाला विरक्त मालूम पड़ेगा, क्योंकि इनकी आसक्तियाँ 'निगेटिव' हैं, नकारात्मक हैं।

आसक्ति के दो रूप हैं–किसी के पक्ष में आसक्त होना या किसी के विपक्ष में आसक्त होना। जो विपक्ष में आसक्त है, वह भी उतना ही आसक्त है, जितना पक्ष में आसक्त है। अनासिक्त इन दोनों तरह की आसक्तियों से मुक्ति का नाम है। अनासक्ति का अर्थ है, आसक्त भी नहीं, विरक्त भी नहीं। अनासक्ति दोनों का अतिक्रमण है। इसलिए मैंने कहा कि अनासक्ति थोड़े से अभागे शब्दों में एक है। वह विरक्ति के साथ पर्यायवाची हो गया।

आध्यात्मिक जगत् में ऐसे बहुत से शब्द हैं, जो इसी भाँति भ्रांत हो गए हैं। वीतराग ऐसा ही शब्द है। वीतराग विराग का पर्यायवाची बन गया है। वीतराग का अर्थ है, राग और विराग दोनों के पार। महावीर की धारा में जो वीतराग का अर्थ है, कृष्ण की धारा में वह अनासक्ति का अर्थ है। अनासक्ति और वीतरागता पर्यायवाची हैं। लेकिन महावीर वीतराग होंगे—राग और विराग दोनों को छोड़कर और कृष्ण अनासक्त होंगे—दोनों को स्वीकार करके। उतना फ़र्क़ है। और ये दो ही ढंग हैं। इसलिए वीतराग और अनासक्ति की परिणति तो एक है, मार्ग भिन्न हैं। वीतराग का मतलब है, जिसने राग भी छोड़ा, विराग भी छोड़ा—लेकिन छोड़ने पर ज़ोर है। अनासक्त का अर्थ है, जिसने राग भी स्वीकारा, विराग भी स्वीकारा—स्वीकार पर ज़ोर है। इसलिए बहुत गहरे में वीतराग शब्द भी निषेधात्मक है और अनासक्त शब्द विधेयात्मक है, वह 'पॉज़िटिव' है बहुत गहरे में।

यह जो अनासक्त चित्त है, जिसने सब स्वीकार किया—और यह बड़े मज़े की बात है कि जिसने सब स्वीकार किया, जैसा है वैसे के लिए ही राज़ी हो गया, ऐसे व्यक्ति के चित्त पर किसी चीज़ की कोई रेखा नहीं छूटती। हम किसी चीज़ को ज़ोर से पकड़ें, तो भी रेखा छूटती है चित्त पर, किसी चीज़ को ज़ोर से छोड़ें तो भी रेखा छूटती है चित्त पर। लेकिन न हम पकड़ें, न हम छोड़ें, तब हम दर्पण की भाँति हो जाते हैं, कोई रेखा नहीं छूटती है। चित्त रेखांकित न हो, चित्त पर कोई रेखा न छूटे, ऐसे चित्त का नाम—अनासक्त।

यह अनासक्ति, पूछा है, कैसे साधारणजन को आए? सभी जन साधारण हैं, जब तक अनासक्ति न आ जाए। इसलिए ऐसा सवाल नहीं है कि साधारणजन को कैसे आए? अनासक्ति जब तक न आए, तब तक सभी साधारण हैं। अनासक्ति आ जाए, तभी असाधारणता जीवन में फलित होती है। इसलिए ऐसा नहीं है कि साधारणजन के लिए अनासक्ति का और रास्ता होगा, असाधारणजन के लिए और होगा। क्योंकि असाधारण का एक ही अर्थ है कि वह अनासक्ति को उपलब्ध हुआ है। कैसे उपलब्ध हो, ऐसा ही पूछें। यह अनासक्ति कैसे उपलब्ध हो? इसको भी समझने के पहले ज़रा इसे समझ लें कि यह चूक कैसे गयी है—यह अनासक्ति हमसे चूक कैसे रही है?

अनासक्ति कृष्ण की दृष्टि में स्वभाव है। हम चूक कैसे गए हैं स्वभाव से? इसलिए ऐसा नहीं है कुछ कि हमें कुछ साधना है अनासक्ति

में, इतना ही जानना है कि स्वभाव से हम चूक कैसे गए हैं। हमने अनासक्ति खोयी कैसे? कोई व्यक्ति मेरे पास आया और उसने पूछा कि मैं ईश्वर को खोजता हूँ। तो मैंने उससे पूछा कि तुमने खोया कब? और अगर खोया हो तो खोज सकते हो। उसने कहा नहीं, मैंने खोया तो कभी भी नहीं। तो फिर मैंने कहा, खोजना पागलपन है। जिसे खोया ही न हो, उसे खोजा कैसे जा सकता है? इसलिए असली सवाल, मैंने उस व्यक्ति को कहा कि यह नहीं है कि तुम ईश्वर कैसे खोजो, असली सवाल यह है कि तुम यह खोजो कि तुमने ईश्वर खोया भी है? और अगर तुम्हें, यह पता चल जाए कि मैंने खोया ही नहीं, तो खोज पूरी हो जाती है।

अनासक्ति स्वभाव है। यह बहुत मज़े की बात है। चूँकि अनासक्ति हमारा स्वभाव है, इसलिए हम आसक्त भी हो सकते हैं और विरक्त भी हो सकते हैं। अगर आसक्ति हमारा स्वभाव हो, तो विरक्त हम कभी भी नहीं हो सकते। अगर विरक्ति हमारा स्वभाव हो, तो हम आसक्त कभी भी नहीं हो सकते। एक वृक्ष की शाखा है। हवा चलती है पश्चिम की तरफ़ तो शाखा पश्चिम में झुक जाती है। हवा चलती है पूरब की तरफ़ तो शाखा पूरब में झुक जाती है। वह इसीलिए झुक जाती है कि शाखा न पूरब में है, न पश्चिम में है। वह बीच में है। हवाएँ जिस तरफ़ चलती हैं, वह उसी तरफ़ झुक जाती है। पानी को हम गर्म करते हैं तो गर्म हो जाता है, ठंडा करते हैं तो ठंडा हो जाता है, क्योंकि पानी खुद न ठंडा है, न गरम है। अगर पानी गरम ही हो, तो फिर ठंडा न हो सकेगा, ठंडा ही हो तो फिर गरम न हो सकेगा। पानी का स्वभाव ठंडे और गरम के पार है। इसलिए दोनों तरफ़ यात्रा संभव है।

हमारा स्वभाव अगर आसक्ति हो, तो फिर विरक्ति संभव नहीं है। लेकिन हम विरक्त लोगों को देखते हैं। अगर हमारा स्वभाव पकड़ना ही हो, तो फिर त्याग संभव नहीं है, लेकिन हम त्याग करते लोगों को देखते हैं। अगर हमारा स्वभाव त्याग ही हो, तो फिर आसक्ति कैसे संभव होगी? हम तो लोगों को ज़ोर से चीज़ों को पकड़ते देखते हैं। इसका अर्थ इतना ही है कि हमारा स्वभाव दोनों नहीं है। इसलिए हम जिस तरफ़ जाना चाहें, जा सकते हैं। हमारा स्वभाव दोनों का अतिक्रमण करता है, इसलिए हम दोनों तरफ़ झुक सकते हैं। हम आँख खोल सकते हैं, आँख बंद कर सकते हैं, क्योंकि आँख का स्वभाव न खुला होना है, न बंद होना है। अगर आँख का

स्वभाव खुला होना हो, तो फिर बंद कैसे करिएगा? अगर आँख का स्वभाव बंद होना हो, तो फिर खोलिएगा कैसे? आँख खुलती और बंद होती है, क्योंकि आँख खुलने और बंद होने, दोनों का अतिक्रमण करती है। दोनों के पार है। खुलना और बंद होना बाहरी घटनाएँ हैं। आँख भीतर न खुली है, न बंद है, सिर्फ़ पलक ही झपकते और खुलते हैं। बहुत ग़हरे में चित्त हमारा, चेतना हमारी अनासक्त है। सिर्फ़ पलक ही आसक्त होते हैं और विरक्त होते हैं।

तो पहली बात जो समझ लेनी ज़रूरी है कि स्वभाव हमारा अनासक्ति है। और यह भी ध्यान रहे कि जो हमारा स्वभाव है उसे ही पाया जा सकता है, जो हमारा स्वभाव नहीं है उसे हम कभी भी पा न सकेंगे। सिर्फ़ हम वही पा सकते हैं जो बहुत गहरे में हम हैं ही। एक बीज फूल बन जाता है, क्योंकि गहरे में वह फूल है ही। एक पत्थर फूल नहीं बन जाता, क्योंकि गहरे को छोड़ दें, उथले में भी वह फूल नहीं है। पत्थर को बो दें तो पत्थर ही रह जाता है, क्योंकि बहुत गहरे में वह पत्थर ही है। बीज को बो दें, देखने में दोनों एक-से मालूम पड़ते थे, पत्थर का टुकड़ा और बीज, पत्थर की कंकड़ी और बीज, लेकिन जब बोया तब पता चलता है कि बीज पत्थर नहीं था, वह फूल हो गया। अब हम कह सकते हैं कि बीज फूल था ही, इसीलिए फूल हो गया। अगर न होता, तो नहीं हो सकता था। जीवन के गहनतम सूत्रों में से एक है कि हम वही हो सकते हैं, जो हम हैं ही—किसी गहरे तल पर हैं, फिर हम परिधि पर भी प्रकट हो जाएँगे। अनासक्ति हमारा स्वभाव है। आसक्ति या विरक्ति हमारा स्वभाव नहीं है। इसीलिए हम आसक्त और विरक्त हो पाते हैं। और अनासक्ति हमारा स्वभाव है, इसीलिए अनासक्ति पायी जा सकती है। जो बीज है, वह फूल बन सकता है।

यह अनासक्ति सभी का स्वभाव है। ऐसा नहीं कि किसी का है और किसी का नहीं। जहाँ भी चेतना है, चेतना सदा अनासक्त है। हाँ, चेतना का व्यवहार, पलक का झपना और बंद होना, आसक्त हो जाता है या विरक्त हो जाता है। यह दूसरी बात ठीक से समझ लें—चेतना अनासक्त है, व्यवहार आसक्त या विरक्त है, व्यवहार। अगर मुझे निपट अकेला छोड़ दिया जाए, जहाँ सिर्फ़ मेरी चेतना ही है, तो उस क्षण में मैं आसक्त हूँ या विरक्त हूँ? नहीं उस क्षण में मैं कोई भी नहीं हूँ। आसक्ति या विरक्ति सदा दूसरे के संबंध में पैदा होती है। अगर मैं कहूँ कि फलाँ आदमी आसक्त है, तो आप

तत्काल पूछेंगे, किस चीज़ में? क्योंकि बिना किसी चीज़ के आसक्त कैसे होगा? अगर मैं कहूँ, फलाँ आदमी विरक्त है, तो आप पूछेंगे, किस संबंध में? क्योंकि अकेली विरक्ति का कोई अर्थ नहीं होता। विरक्ति या आसक्ति, दोनों वस्तुओं या व्यक्तियों, 'पर' से हमारे संबंध हैं, 'रिलेशनशिप्स' हैं। वह हमारा व्यवहार है, वह हमारा 'बिहेवियर' है, वह हम नहीं हैं।

यह दूसरी बात ठीक से समझ लेनी ज़रूरी है कि आसक्त या विरक्त हमारा व्यवहार है और इसलिए यह भी सुविधापूर्ण है कि जिसके प्रति आज हम आसक्त हैं, कल विरक्त हो सकते हैं। जिसके प्रति आज विरक्त हैं, कल आसक्त हो सकते हैं। और ऐसा भी नहीं है कि कल ही हों, कभी-कभी तो ऐसा होता है, एक ही क्षण में एक ही आदमी के किसी हिस्से के प्रति हम आसक्त हैं और किसी हिस्से के प्रति विरक्त होते हैं। एक ही चीज़ के प्रति भी हमारी दुविधा होती है, द्वंद्व होता है। कहीं से वह पकड़ने-योग्य लगती है, कहीं से वह छोड़ने-योग्य लगती है। लेकिन एक बात तय है कि विरक्ति और आसक्ति हमारा व्यवहार है, हमारा स्वभाव नहीं। व्यवहार का मतलब है, जिसमें 'पर' अनिवार्य है, जो 'पर' के बिना न हो सकेगा। जो अकेले में न हो सकेगा। और स्वभाव का मतलब है, जो निपट अकेले में ही है। अगर मुझे बिलकुल ही अकेला छोड़ दिया जाए सारी वस्तुओं से, सारे लोगों से, सारे विचारों से, मैं निपट अपने अकेलेपन में, 'टोटल लोनलीनेस' में रह जाऊँ, तो वहाँ मैं आसक्त रहूँगा कि विरक्त रहूँगा? नहीं, वहाँ ये दोनों बातें असंगत होंगी। 'रेलीवेंस' नहीं होगा इनका कोई। वहाँ मैं कोई भी नहीं होऊँगा, क्योंकि सारे-के-सारे संबंधों के सूचक शब्द हैं। वहाँ मैं असंग होऊँगा, या वहाँ मैं अनासक्त होऊँगा। यह मैं समझाने के लिए कह रहा हूँ कि आप इन शब्दों की पूरी अर्थवत्ता को समझ लें, तो फिर बहुत कठिनाई नहीं रहेगी कि कैसे उपलब्ध हों।

आसक्ति विरक्ति संबंध है, 'पर' अपेक्षित है। 'पर' के बिना नहीं होगा। वह जो 'दि अदर' है, वह अनिवार्य है। इसलिए आसक्ति भी गुलामी है और विरक्ति भी गुलामी है। दासता है; क्योंकि जो दूसरे के बिना न हो सके, उसमें हम कभी स्वतंत्र नहीं हो सकते। इसलिए आसक्त भी एक तरह का गुलाम होता और विरक्त भी उल्टी तरह का गुलाम होता है। आसक्त के पास तिजोड़ी न हो, तो मुश्किल में पड़ जाता है, विरक्त के कमरे में रात

तिजोड़ी रख दो, तो उतनी ही मुश्किल में पड़ जाता है। लेकिन तिजोड़ी से दोनों का बड़ा गहरा संबंध है। आसक्त के पास स्त्री न हो, पुरुष न हो, तो मुश्किल में पड़ जाता है, विरक्त के पास रात स्त्री को ठहरा दो, पुरुष को ठहरा दो, उतनी ही मुश्किल में पड़ जाता है। दोनों गुलाम हैं और दोनों दूसरों पर निर्भर हैं—दूसरे के होने, या न होने पर, इससे फ़र्क़ नहीं पड़ता, लेकिन दूसरा उनके होने में अनिवार्य है। वे दूसरे के बिना अपने को नहीं सोच पा सकते। लोभी धन के बिना नहीं सोच पाता, त्यागी धन के साथ नहीं सोच पाता। लेकिन दोनों के केंद्र पर कहीं 'पर' सदा मौजूद रहता है।

यह हमारा व्यवहार ठीक से समझ लें, तो फिर व्यवहार में परिवर्तन से कोई अंतर नहीं पड़ता कि आसक्त विरक्त हो जाए—अक्सर होता रहता है, आसक्त विरक्त हो जाते हैं, विरक्त आसक्त हो जाते हैं। जो लोग घनी आसक्ति में खड़े हैं, जब वे मुझे मिलते हैं तब वे सदा रोते मिलते हैं कि हम बहुत बंधन में पड़े हैं, इससे छुटकारे का उपाय क्या है। जो विरक्त हैं, जब वे मुझसे मिलते हैं तो वे कहते हैं, कहीं हमने भूल तो नहीं कर दी? हम ज़िंदगी से भाग गए। कहीं ऐसा तो नहीं है कि ज़िंदगी में कुछ लोगों को मिल रहा हो और वह हमें नहीं मिल रहा है? विरक्त को सदा ख़याल बना रहता है कि पता नहीं आसक्त तो कुछ नहीं लूट रहा! आसक्त को सदा ख़याल बना रहता है कि कहीं विरक्त तो कुछ नहीं लूट रहा है! पता नहीं विरक्त को क्या मिल रहा है, जो आसक्त सोचता रहता है, मुझे नहीं मिल रहा। दोनों की स्थितियाँ-भर अलग हैं, परिस्थितियाँ-भर अलग हैं। मन:स्थितियाँ अलग नहीं हैं। दोनों की मन:स्थितियाँ पर-निर्भर हैं। और पर-निर्भरता से न कोई स्वतंत्रता है, न कोई सत्य है। पर-निर्भरता से न कोई आनंद है, न कोई मुक्ति है। 'पर' ही बंधन है।

लेकिन विरक्त कहता है, तो हम 'पर' को छोड़कर भाग जाते हैं। लेकिन उसे पता नहीं कि जिसे वह छोड़कर भागता है, उससे उसके संबंध नहीं टूटते, सिर्फ़ भागने के संबंध हो जाते हैं। और जिसे हम छोड़कर भागते हैं, वह हमारा पीछा करता है। वह नहीं करता पीछा, लेकिन हम छोड़कर भागे हैं, उस कारण ही हम उससे भयभीत हैं, हम उससे डरे हैं, हम उससे चिंतित हैं, वही वृत्ति हमारा पीछा करती है। और फिर 'पर' को छोड़कर जाइएगा कहाँ, सब जगह 'पर' मौजूद है। सिर्फ़ एक जगह को छोड़कर, स्वयं

के भीतर को छोड़कर और तो सब जगह 'पर' मौजूद है। घर छोड़कर जाइएगा तो आश्रम मौजूद है। पत्नी–पति को छोड़कर जाइएगा तो शिष्य–शिष्याएँ मौजूद हैं। गाँव को छोड़कर जाइएगा तो जंगल मौजूद है। महलों को छोड़कर जाइएगा तो झोंपड़ियाँ मौजूद हैं। क़ीमती वस्त्र छोड़कर जाइएगा तो लंगोटियाँ मौजूद हैं, नंगापन मौजूद है। वह सब मौजूद है। 'पर' को छोड़कर इस जगत् में भागा नहीं जा सकता, क्योंकि जगत् ही 'पर' है, तो भागिएगा कहाँ? जगत् तो होगा। जहाँ भी जाइएगा, वहाँ जगत् होगा। इसलिए जगत् को छोड़कर नहीं भागा जा सकता, इसलिए 'पर' को भी छोड़कर नहीं भागा जा सकता, क्योंकि 'पर' तो रहेगा ही। हाँ, नए रूपों में प्रकट होगा। नए–नए रूप लेगा, लेकिन नए रूपों से 'पर' नहीं बदलता। हम जहाँ भी होंगे जगत् में, वहाँ 'पर' होगा, सिर्फ़ एक जगह को छोड़कर। स्वयं के बहुत गहरे केंद्र पर ही 'पर' नहीं है। लेकिन इसलिए नहीं कि वहाँ 'पर' प्रवेश नहीं कर सकता, बल्कि इसलिए कि स्वयं के बहुत गहरे केंद्र पर 'स्व' भी मिट जाता है। 'मैं' भी मिट जाता है, इसलिए 'पर' के होने का उपाय मिट जाता है।

इसको अब ऐसा समझिए कि जब तक 'आप' हैं, तब तक 'पर' से नहीं बच सकते हैं। एक मैंने कहा कि जब तक 'आप' जगत् में हैं, कहीं भी भागिए, 'पर' होगा। अब मैं दूसरी बात आपसे कहता हूँ कि जब तक 'आप' हैं, अगर आँख भी बंद कर लीजिए और जगत् न हो, तो भी 'पर' होगा। हाँ, बंद आँख में होगा, सपने में होगा, कामना में होगा, कल्पना में होगा, वासना में होगा, लेकिन 'पर' होगा। जब तक 'आप' हैं, तब तक 'पर' भी होगा।

स्वभाव का मतलब है, जहाँ 'स्व' भी मिट जाता है। इसलिए स्वभाव भी अभागे शब्दों में एक है, क्योंकि उसका मतलब होता है–स्वयं का भाव। लेकिन जहाँ स्वभाव शुरू होता है, वहाँ 'स्व' मिट जाता है। स्वभाव का स्वयं से कोई भी संबंध नहीं है। स्वभाव का मतलब ही है कि हमसे होने के पहले था, हमसे होने के बाद होगा, हम हैं तब भी है, हम नहीं हैं तब भी है। अगर मैं बिलकुल भी मिट जाऊँ, मेरा 'मैं' बिलकुल भी मिट जाए, तब भी जो शेष रह जाएगा, वह स्वभाव है। स्वभाव में 'स्व' शब्द ख़तरनाक है। उससे ख़तरा पैदा होता है, उससे लगता है कि स्वयं का होना। नहीं, स्वभाव का मतलब है, 'दि नेचर'। स्वभाव का मतलब है, प्रकृति।

स्वभाव का मतलब है, जो हमारे बिना भी है। जब आप रात सो गए होते हैं, तब 'स्व' नहीं होता है, लेकिन स्वभाव होता है। जब गहरी प्रसुप्ति में होते हैं, तब 'स्व' नहीं होता, लेकिन स्वभाव होता है। जब एक आदमी मूर्च्छित पड़ा है गहरी मूर्च्छा में, 'स्व' नहीं होता, लेकिन स्वभाव होता है। सुषुप्ति और समाधि में इतना ही फ़र्क़ है कि सुषुप्ति में मूर्च्छा के कारण 'स्व' नहीं होता, समाधि में मूर्च्छा के कारण, जागरण के कारण, ज्ञान के कारण 'स्व' नहीं होता। तो जब तक 'जगत्' है, तब तक 'पर' है और जब तक 'मैं' हूँ तब तक 'पर' है। अब इसे हम और तरह से भी ले लें। जब तक 'मैं' हूँ तभी तक जो मुझे दिखायी पड़ रहा है, वह 'जगत्' है। 'जगत्' मेरे 'मैं' के बिंदु से देखा गया कोण है। मेरे 'मैं' के बिंदु से देखा गया सत्य है। इसलिए 'पर'—अगर मेरा 'मैं' मिट जाए तो 'पर' कोई भी नहीं है। फिर मैं किससे बचूँगा और किससे बँधूँगा? फिर मैं ही हूँ।

अनासक्ति स्वभाव है। कैसे चलें इसकी तरफ़? जो बड़ी-से-बड़ी भूल है वह यह है कि कोई विरक्ति की तरफ़ चल पड़े अनासक्ति को पाने के लिए। ख़याल रहे आसक्ति उतना बड़ा ख़तरा नहीं है अनासक्ति के मार्ग पर, क्योंकि आसक्ति का चेहरा साफ़ है। कोई भूल नहीं करेगा आसक्ति को अनासक्ति समझने की। कैसे करेगा? कोई भूल नहीं करेगा धन को पकड़ने को अनासक्ति समझने की। लेकिन धन को छोड़ने को अनासक्ति समझने की भूल होती रही है, होती है, हो सकती है। इसलिए बड़ा ख़तरा अनासक्ति की यात्रा में आसक्ति नहीं है, आसक्ति का चेहरा बिलकुल साफ़ है, बड़ा ख़तरा विरक्ति है, विरक्ति के चेहरे पर बुर्का है। विरक्ति को जो न पहचान पाए, वह अनासक्ति के नाम पर विरक्ति का खोटा सिक्का लेकर घूमता रहेगा। इसलिए अनासक्ति की यात्रा में विरक्ति से सावधान रहने की पहली ज़रूरत है। विरक्ति भी आसक्ति है। इतना समझते ही सावधानी उत्पन्न हो जाती है।

दूसरी बात, 'पर' कहीं भी हम जाएँ तो रहेगा। इसलिए हम उसी जगह चलें, जहाँ 'पर' नहीं रहेगा। हम भीतर चलें। हम स्वयं में चलें। हम अपने एकांत में चलें। हम अपने अकेलेपन में उतरें। लेकिन इसका क्या मतलब है? कि क्या मैं बाहर के जगत् से आँख बंद कर लूँ तो एकांत में उतर जाऊँगा? अकेला हो जाऊँगा? आँख तो हम रोज़ बंद करते हैं, लेकिन एकांत नहीं होता।

क्योंकि आँख बंद करते ही वे चित्र, वे प्रतिमाएँ, वे प्रतीक, 'इमेजेज', जो हमने बाहर से ग्रहण किए थे, भीतर से उठने शुरू हो जाते हैं। विचार आते हैं, कल्पनाएँ आती हैं, स्वप्न आते हैं, दिवास्वप्न आते हैं और फिर हम जगत् को ही देखते रहते हैं। हाँ, अब जो जगत् होता है, वह कल्पित होता है। जो बाहर आँख के था वह वास्तविक था, अब उसकी सिर्फ़ छायाएँ होती हैं, अब सिर्फ़ फ़िल्म होती है उसकी, अब वह खुद नहीं होता।

हम अपनी आँखों और मन का उपयोग बिलकुल 'मूवी' कैमरे की तरह कर रहे हैं–जो देखते हैं, उसे उतारते चले जाते हैं; फिर आँख बंद करके उसको पर्दे पर देखते रहते हैं। फिर वह चलता रहता है। यह भी 'पर' की छाया है। यह भी हट जाए, तो हम 'स्व' में उतरते हैं। हट सकती है, इसमें कोई कठिनाई नहीं है। हम इसे चलाते हैं, इसलिए यह चलती है। हम इसे चलाने में उत्सुक न रह जाएँ, हमारी रुचि इसके चलाने में न रह जाए, तो ये प्रतिमाएँ तत्काल गिर जाती हैं, इनका कोई अर्थ नहीं रह जाता। हमारा रस ही इन प्रतिमाओं को चलाने का मूल आधार है। विरस भी। ध्यान रहे, रस ही नहीं, विरस भी। जिसे हम याद करना चाहते हैं, वह भी याद आता है और उससे भी ज़्यादा वह याद आता है, जिसे हम भूलना चाहते हैं। लेकिन जिसे न हम भूलना चाहते हैं, जिसे न हम याद करना चाहते हैं, वह अचानक गिर जाता है। वह हमारे चित्त से अर्थहीन हो जाता है। वह पर्दे से हट जाता है।

तो इस भीतर चलती हुई फ़िल्म को अगर साक्षीभाव से देखें–सिर्फ़ देखें, न रस लें, न विरस लें; न आसक्त हों, न विरक्त हों इस भीतर की फ़िल्म पर, तो थोड़े दिन में यह साक्षी का बोध इस फ़िल्म को गिराता जाता है और एक क्षण आता है, जब निपट चेतना अकेली रह जाती है और कोई 'आब्जेक्ट', कोई विषय नहीं होता है–निर्विषय चेतना रह जाती है। इस निर्विषय चेतना में जिसका अनुभव होता है, वह अनासक्ति है। इस निर्विषय चेतना से जो व्यवहार निकलता है, उसका नाम अनासक्ति-योग है। निश्चित ही व्यवहार बिलकुल दूसरा होगा।

जिस व्यक्ति ने अपने इस स्वभाव की अनासक्ति को पहचाना, जिसने जाना कि मुट्ठी बाँध लेती है, खोल लेती है, लेकिन मुट्ठी के दोनों काम नहीं हैं इसलिए दोनों काम कर पाती है, अब ऐसा व्यक्ति बाहर के जगत् में लौटकर, भीतर से बाहर आकर वही नहीं होगा, जो बाहर से भीतर

जाते वक्त था। अब इसने अपने चेतना के दर्पण को पहचाना, अब यह चित्त का उपयोग कैमरे की तरह नहीं, दर्पण की तरह करेगा। और अब इसके चित्त का संबंध पैदा नहीं होगा, संबंध बनेंगे, लेकिन संबंध पैदा नहीं होगा। संबंध होंगे लेकिन असंगता होगी। यह प्रेम भी करेगा ऐसे ही जैसे पानी पर लकीर खींची जाती है। यह लड़ेगा भी ऐसे ही जैसे पानी पर लकीर खींची जाती है। इसका दर्पण लड़ने को भी दिखलाएगा और प्रेम को भी दिखलाएगा। और यह दोनों के बाहर, पूरे समय दोनों के बाहर चलता रहेगा। इस व्यक्ति के व्यवहार की स्थिति अभिनय की हो जाएगी। 'एक्टिंग' की हो जाएगी, और यह व्यक्ति अब कर्त्ता नहीं, अभिनेता हो जाएगा।

कृष्ण अगर कुछ हैं, तो अभिनेता हैं। और उनसे कुशल अभिनेता पृथ्वी पर नहीं हुआ है। उन्होंने इस पूरे जगत् को मंच बना लिया है। बाक़ी अभिनेता एक छोटे-से मंच को मंच मानते हैं। उन्होंने पूरी पृथ्वी को मंच बना लिया। इससे क्या फ़र्क़ पड़ता है? दस-पाँच तख़्त रखकर हम मंच बनाते दें। फिर उस पर अभिनय चलता है। यह पूरी पृथ्वी मंच क्यों नहीं हो सकती? इस पूरी पृथ्वी पर अभिनय क्यों नहीं चल सकता? और अभिनेता जो है, उसे न तो आँसू बाँधते हैं, न उसे मुस्कुराहट बाँधती है। जब वह रोता है, तब भी रोता नहीं; जब हँसता है, तब भी हँसता नहीं; जब प्रेम करता है, तब भी प्रेम करता नहीं; जब लड़ता है, तब भी लड़ता नहीं, उसकी मित्रता मित्रता नहीं! उसकी शत्रुता शत्रुता नहीं। तब ऐसे व्यक्ति के जीवन को अगर हम कहें, तो एक 'ट्राइएंगल' बन जाता है। ऐसे व्यक्ति का जीवन एक त्रिभुज बन जाता है, 'ट्राइएंगल'। हम त्रिभुज नहीं हैं। हमारा तीसरा जो कोण है, वह जो 'थर्ड एंगल' है, अँधेरे में डूबा हुआ है।

हमारे सिर्फ़ दो कोण हमें दिखायी पड़ते हैं—आसक्ति, विरक्ति। एक तीसरा इन दोनों को जोड़नेवाला 'ट्राइएंगल' का तीसरा हिस्सा, वह हमारा अँधेरे में दबा है। अनासक्त व्यक्ति का वह भी प्रकाश में आ जाता है। उसकी पूरी ज़िंदगी—दोनों कोणों पर वह व्यवहार करता है, लेकिन रहता सदा अपने तीसरे कोण पर। जब भी दूसरों से संबंध होता है तब यह आसक्त दिखायी पड़ता है, या विरक्त दिखायी पड़ता है, लेकिन वह सिर्फ़ दिखायी पड़ना है, वह 'एपियरेंस' है, रहता सदा अपने तीसरे कोण पर है। इस तीसरे कोण पर, इस 'थर्ड एंगल' पर हो जाने का नाम अनासक्ति है। हम सबके

पास तीनों कोण हैं, लेकिन दो कोण हमारी आँखों के सामने और एक कोण हमारी आँख के पीछे है। दो कोण स्पष्ट हैं, बाएँ और दाएँ साफ़ हैं, राग और विराग साफ़ हैं, इधर कुआँ, इधर खाई साफ़ हैं, और एक तीसरा कोण भीतर अँधेरे में डूबा है, वह तो जब हम अपने भीतर उतरेंगे एकांत में तभी हमें स्पष्ट होगा, तभी रोशनी वहाँ पहुँचेगी। और जिसने अपने तीसरे कोण को पा लिया, उसने कृष्ण को पा लिया। उसने बुद्ध को पा लिया, उसने महावीर को पा लिया, उसको कुछ पाने को बचता नहीं। क्योंकि एक बार उसको यह पता हो गया कि आसक्त होते हुए मैं अनासक्त होता हूँ, विरक्त होते हुए मैं अनासक्त होता हूँ, तब फिर आसक्ति और विरक्ति खेल हो गए।

एक विचारक ने एक किताब लिखी है, जिसका नाम है–'गेम दैट पीपुल प्ले', खेल जो लोग खेलते हैं। लेकिन उस बड़ी किताब में उसने सब खेलों की चर्चा की है, बुनियादी खेल की नहीं चर्चा कर पाया। बुनियादी खेल यह है कि अनासक्त रहते हुए आसक्ति और विरक्ति का जो खेल है, वह बुनियादी खेल है, वह 'अल्टीमेट प्ले' है। बहुत कम लोग खेल पाते हैं, इसलिए उसको पता नहीं होगा, उसने उसकी कोई चर्चा नहीं की।

अनासक्ति भीतर उतरने से उपलब्ध होती है। और भीतर उतरना साक्षीभाव से संभव होता है। इसलिए जीवन के किसी भी कोण में साक्षी होना शुरू हो जाएँ, आप भीतर पहुँच जाएँगे। और जिस दिन आप भीतर पहुँच जाएँगे, उस दिन आप अनासक्त हो जाते हैं।

'भगवान् श्री, आसक्ति पर आपने अभी प्रकाश डाला। इसी के साथ गीता में कृष्ण ने दो बातें और कहीं हैं। कर्म से संन्यास अर्थात् संपूर्ण कर्म में कर्त्तापन का त्याग, और निष्काम कर्म अर्थात् समत्व बुद्धि से कर्मों का करना। अतएव अनासक्ति, कर्म-संन्यास और निष्काम कर्म, इन तीनों में क्या रिश्ता या भिन्नता है? इस पर और प्रकाश डालें।'

अनासक्ति योग मूल है। और यह अनासक्ति योग तीसरा कोण है। इस कोण से जीवन के दो कोण निकलेंगे। करते हुए न करना, न करते हुए करना। एक को हम कर्म-संन्यास कहें, एक को हम निष्काम कर्म कहें।

निष्काम कर्म का अर्थ है, करते हुए न करना। करते हुए भी करने की वासना जहाँ नहीं है, करते हुए भी करने का आग्रह जहाँ नहीं है, करते हुए भी न करना आ जाए तो दुःख और पीड़ा जहाँ नहीं है, करते हुए भी करने का फल न मिले तो कोई विषाद नहीं है, करते हुए भी सब किया हुआ अनकिया हो जाए तो कोई पीड़ा नहीं है, तो यह निष्काम कर्म।

इसको और हम विस्तार से थोड़ा समझेंगे–

न करते हुए भी करते हुए पाना। अब इसे थोड़ा समझना पड़े, यह और भी कठिन है। जिसको संन्यास कहें। न करते हुए करते हुए पाना। मैं कुछ भी नहीं करता, लेकिन आपके द्वार पर भिक्षा तो माँगने आता हूँ, और अगर आपने चोरी की है ओर चोरी का ही अन्न खाते हैं तो मुझे भी चोरी का अन्न देते हैं। अगर व्यक्ति सच में संन्यासी है तो वह कहेगा, मैं भी चोर हूँ। अगर सच में संन्यासी नहीं है तो वह कहेगा, मुझे क्या मतलब कि तुम क्या करते हो! मुझे कोई प्रयोजन नहीं। अगर व्यक्ति झूठा संन्यासी है तो वह चोर की रोटी खाकर चोर नहीं होगा। लेकिन अगर सच्चा संन्यासी है तो वह कहेगा कि नहीं करता हूँ मैं चोरी, लेकिन मैं भी भागीदार हूँ। लेकिन यह तो मैंने कहा कि भिक्षा माँगता है तो। ऐसा समझ लें कि भिक्षा भी नहीं माँगता है। ठीक संन्यासी इस पृथ्वी पर है अगर, और वियतनाम में लोग कट रहे हैं, तो वह मानता है कि मैं भी जिम्मेवार हूँ। नहीं करता हुआ, मैं भी भागीदार हूँ। और इस पृथ्वी पर जो चेतना निर्मित हुई है, वह मेरे बिना तो नहीं हो सकती है, मैं भी हूँ। अगर इस गाँव में मैं हूँ और इस गाँव में हिंदू-मुस्लिम दंगा हो जाए, और न मैं हिंदू हूँ, न मैं मुसलमान हूँ, मैं सिर्फ़ संन्यासी हूँ, तो भी मैं जिम्मेदार हूँ। ज़रूर मैंने भी कुछ ऐसा किया होगा, जिसने इस झगड़े को बल दिया। या हो सकता है मैंने कुछ भी न किया होगा, मैं खड़ा देखता रहा–और मेरा खड़ा देखना भी झगड़े के लिए आधार बन सकता है। संन्यास का अर्थ यह है, न करते हुए भी जानना कि जो भी हो रहा है, चूँकि मैं भी हूँ, उससे मैं बच नहीं सकता, उसमें मैं भी भागीदार हूँ। होऊँगा ही, क्योंकि मैं एक हिस्सा हूँ। और मैं जो कुछ भी करूँगा, उससे विराट् फल आएँगे। अगर हिंदू-मुस्लिम लड़ रहे थे और मैं रास्ते से चुपचाप निकल गया, तो कम-से-कम मैं रोक तो सकता ही था। मैंने नहीं रोका। नहीं रोकना भी मेरा कृत्य है, नहीं रोकने की भी जिम्मेवारी मेरी है।

तो आमतौर से लोग जिसे संन्यास समझते हैं, वह संन्यास नहीं है, वह विरक्ति है। कृष्ण जिसे संन्यास कहते हैं, वह बहुत कठिन मामला है। वह अनासक्त व्यक्ति की स्थिति है। वह यह कहता है कि जो मैं नहीं कर रहा हूँ, उसके लिए भी मैं जिम्मेवार हूँ, क्योंकि मैं भी हूँ और चेतना अंततः संयुक्त है, इकट्ठी है।

सागर में आपने लहरें देखी हैं। लेकिन शायद ही आपको कभी ख़याल आया हो, लहरें आती हुई मालूम पड़ती हैं, आती नहीं। आप कहेंगे, कैसी बात कर रहे हैं, लहरें बराबर आती हैं! लगता है कि एक लहर मील भर दूर से चली आ रही है, और आप स्नान भी करते हैं उस लहर में सागर के तट के किनारे बैठकर, तो आप मेरी कैसे मानेंगे कि नहीं आ रही है। लेकिन जो जानते हैं सागर को, वह कहेंगे कि कोई लहर आती नहीं, सिर्फ़ एक लहर दूसरी लहर को उठाती है। वह मील भर की लहर इस किनारे तक नहीं आती। वह मील भर की लहर जब उठती है तो पड़ोस में गड्ढा पैदा हो जाता है, उस गड्ढे की वजह से जहाँ गड्ढा ख़त्म होता है दूसरी लहर पैदा हो जाती है। वह लहर अपने उठने से हज़ारों लहरों को उठाती है। आती नहीं। उस लहर के हज़ारों धक्कों का कोई धक्का सिर्फ़ आता है। जब आप सागर के किनारे नहाते हैं, तो वह मील भर से आती हुई लहर आपके पास नहीं आती है। बस सागर की छाती कँप गयी है उसके उठने की वजह से और क्रंपन आते हैं आपके पास। कँपती हुई जो लहरें आपको दिखायी पड़ती हैं, वे इतनी 'कंटीन्युअस' हैं कि आप कभी फ़र्क़ नहीं कर पाते कि यह लहर सच में आ रही है? लेकिन अगर इस किनारे से आयी हुई लहर से कोई बच्चा डूबकर मर जाए, तो क्या मील-भर दूर उठी लहर को जिम्मेवार ठहरा सकेंगे–कि तू जिम्मेवार है? वह कहेगी, मैंने डुबाया नहीं, मैं गयी नहीं तट पर कभी। मैं सदा यहीं हूँ। मील भर का फ़ासला उस बच्चे के डूबने में और मेरे होने में। न, कृष्ण कहते हैं कि अगर वह लहर संन्यासी है, वह कहेगी कि मैंने डुबाया, क्योंकि मैं सागर का हिस्सा हूँ। उस तट पर गयी या नहीं, यह सवाल नहीं। उस तट पर जो गया है, उसमें भी मेरा हाथ है।

इस जगत् में कहीं भी कुछ घट रहा है, संन्यासी उसमें अपने को कर्त्ता मानता है, जो उसने किया ही नहीं। यह बड़ा कठिन है। कर्म करते हुए अपने को अकर्त्ता मानना इतना कठिन नहीं है। हालाँकि एक ही सिक्के के

दो पहलू हैं। लेकिन संन्यास की यह दृष्टि हमारे ख़याल में नहीं है। संन्यास की हमारी कुल इतनी दृष्टि है कि जो छोड़कर चला जाता है। जो कहता है, अब मैंने छोड़ ही दिया तो मेरी क्या जिम्मेवारी है? जब मैंने छोड़ ही दिया तो मेरी क्या जिम्मेवारी! लेकिन यह जगत् पूरा-का-पूरा सागर की छाती पर उठी हुई लहरों जैसा है। इसमें कोई लहर यह नहीं कह सकती कि मैं जिम्मेवार नहीं हूँ जो 'पैटर्न' बन रहा है उसमें। ज़िंदगी बड़ी जटिल है, उसमें भी चेतना के सागर में लहरें हैं। मैं एक शब्द बोलता हूँ, मैं कल नहीं रहूँगा, लेकिन उस शब्द के परिणाम अनंतकाल तक जगत् में आते रहेंगे। कौन होगा जिम्मेवार? मैं नहीं बोलता हूँ, चुप खड़ा रह जाता हूँ, लेकिन मेरी चुप्पी के परिणाम इस जगत् में अनंतकाल तक प्रभावी होते रहेंगे। कौन होगा जिम्मेवार? मैं नहीं रहूँगा! यह हो सकता है कि जिस लहर के धक्के से यह किनारे की लहर उठी, वह अब न हो, और बच्चा डूबकर मरा, तब वह लहर कहेगी कि न तो मैं किनारे गयी, और जब बच्चा डूबकर मरा तब तो मैं थी ही नहीं। तो उस लहर को आप किसी अदालत में जिम्मेवार न ठहरा सकेंगे, कोई मुक़दमा न चला सकेंगे, लेकिन कृष्ण की अदालत में वह लहर भी मुक़दमे में फँस जाएगी। कृष्ण कहेंगे कि तेरा होना या न होना दोनों अर्थों में इस विराट् जाल को पैदा करता है। इसमें तू भागीदार है ही। इसलिए न करते हुए भी जानना कि कर रही है। यह एक पहलू है। इसका अर्थ संन्यास है। ऐसा आदमी संन्यासी नहीं है, जो कहता है कि हमारा क्या जुम्मा?

अब हिंदुस्तान में संन्यासी थे, हज़ारों लाखों की संख्या में। यह मुल्क गुलाम था। वे संन्यासी कहते, हमें क्या मतलब? इस मुल्क की गुलामी का हमें क्या मतलब? हमें तो कोई फ़र्क़ ही नहीं पड़ता। हम तो संन्यासी हैं। लेकिन उन लाखों संन्यासियों का यह भाव भी इस मुल्क को गुलाम बनाने में सहयोगी है। जिम्मेवारी उनकी है, वे भाग नहीं सकते। संन्यासी किसी भी जिम्मेवारी से भागेंगे नहीं। संन्यासी का मतलब ही यह है कि जो दूसरे की जिम्मेवारी है, वह भी अपनी है। वह जो दूसरे का पाप है, वह भी अपना है। वह जो दूसरे का पुण्य है, वह भी अपना है। क्योंकि हम अलग-अलग कहाँ हैं? अगर दूसरा नहीं है, तो फिर मैं न करते हुए भी कर्त्ता हूँ।

लेकिन बड़े मज़े की बात है। अगर न करते हुए कोई कर्त्ता हो जाए

तो अनासक्त हो जाएगा, क्योंकि अब तो अपना कर्म और पराया कर्म का भी कोई फ़ासला नहीं रहा। अब मैं किसको छोड़ूँ और किससे भागूँ? अगर मैं चोरी न करूँ तो भी कोई फ़र्क़ नहीं पड़ता है। ज़मीन पर चोरी चलती रहेगी। मैं चोरी करूँ तो भी कोई फ़र्क़ नहीं पड़ता। तो अब इसको मैं अपना मानूँ, इसका कोई अर्थ नहीं रहा है। अगर सभी कुछ का मैं भागीदार हूँ, सभी पाप मेरे हैं, सभी पुण्य मेरे हैं, सभी युद्ध मेरे, सभी शांतियाँ मेरी, तो अब, अब मैं किसको छोड़ूँ और किसको पकड़ूँ! अब पकड़ने-न-पकड़ने का कोई सवाल न रहा। सभी हाथ मेरे हैं अगर, तो इन दो हाथों को अगर छोड़कर भाग भी जाऊँगा तो क्या फ़र्क़ पड़ता है? और सभी आँखें अगर मेरी हैं, तो अगर मैंने अपनी दो आँखें फोड़ भी लीं, तो क्या फ़र्क़ पड़ता है? और अगर सभी घर मेरे हैं, तो मैं एक घर छोड़कर जंगल चला गया तो क्या फ़र्क़ पड़ता है?

संन्यास का अर्थ है कि यह जो कर्म का विराट् 'पैटर्न' है, यह जो जाल है, इसमें हम भागीदार हैं, हम इसके हिस्से हैं। इसलिए न करते हुए जानना कि मैं कर रहा हूँ। ठीक दूसरा पहलू कृष्ण कहते हैं, करते हुए जानना कि मैं नहीं कर रहा हूँ। अब तो वह भी कठिन मालूम पड़ेगा। इस बात को समझने के बाद वह और भी कठिन हो जाएगा। ऐसे साधारणत: वह सरल मालूम पड़ता है। आदमी कहता है कि हम अभिनेता बनकर कर सकते हैं। लेकिन, बड़ी है कठिन बात वह भी। सच तो यह है कि जो अभिनेता होता है, वह भी कई बार चूक जाता है और कर्त्ता हो जाता है। अभिनय करते वक़्त भी पच्चीस दफ़े चूक जाता है और कर्त्ता हो जाता है। अभिनय जो आदमी करता है, वह जब अपने अभिनय में पूरा लीन होता है, तब वह यह भूल जाता है कि मैं अभिनय कर रहा हूँ। तब तो वह वही हो जाता है, जो वह कर रहा है। तब वह आविष्ट हो जाता है, तब अध्यास हो जाता है, तब वह वही हो जाता है, जो वह कर रहा है।

इस अध्यास को थोड़ा समझना ज़रूरी है, अभिनेता के। क्योंकि जब अभिनेता को अध्यास पकड़ जाता हो, भ्रम पकड़ जाता हो कि मैं यही हो गया, तो हम जो जी रहे हैं, हम फिर अभिनेता कैसे हो पाएँगे? राम की सीता खोए तो राम अभिनेता कैसे हो पाएँगे? अगर रामलीला में भी सीता खोए तो राम अभिनेता कैसे हो पाएँगे? अगर रामलीला में भी सीता खोती हो और रामलीला में बने राम के भी असली आँसू आ जाते हों, आ जाते हैं, कई

बार। क्यों न आ जाते होंगे? जब देखनेवालों के आ जाते हैं, जो रामलीला देख रहे हैं, जोकि राम भी नहीं बने हैं, जब वे रोने लगते हैं, तो जो सच में राम बना है वहाँ, उसकी स्थिति तो और ज़रा गहरे में है। वह दर्शक तो नहीं है। कर्त्ता तो है, अभिनेता ही सही, लेकिन कर रहा है। अगर उसकी सीता खो जाती है और वह रोने लगता हो और वे आँसू थोड़ी देर के लिए असली आँसू हो जाते हों तो हैरानी नहीं है। हो जाता है। अभिनेता भी भूल जाता है क्षणों में कि मैं अभिनय कर रहा हूँ। तो हम तो जीवन में हैं। वहाँ यह जानना कि हम अभिनय कर रहे हैं, बड़ी कठिन, बड़ी 'आरडुअस' बात है। लेकिन, जो हम कर रहे हैं, अगर उसे हम ठीक से पहचान लें, तो तत्काल दिखायी पड़ने लगेगा कि यह हम अभिनय कर रहे हैं! रास्ते पर आप गुज़र रहे हैं और किसी ने कहा, कहिए, कैसे हैं, और आप कहते हैं, बिलकुल ठीक हैं! और ख़याल में भी नहीं आता कि क्या आप कह रहे हैं? एक क्षण वहीं रुक जाएँ और गौर से देखें, बिलकुल ठीक हैं? तो तत्काल पता चलेगा कि जो आपने कहा है, वहाँ अभिनय-वचन था। एक आदमी मिलता है और उसको आप नमस्कार करते हैं और कहते हैं कि देखकर आपको बड़ा आनंद हुआ। रुक जाएँ एक क्षण, पीछे लौटकर देखें, आनंद हुआ है? तब दिखायी पड़ जाएगा, अभिनय कर रहे हैं।

ज़िंदगी के क्षणों-क्षणों में कभी-कभी जब आप कर्त्ता होते हैं, एक क्षण रुक जाएँ ओर लौटकर पीछे देखें कि जो आप कर रहे हैं, वह क्या है? किसी से कहते हैं कि मेरे प्रेम का तेरे लिए कोई अंत नहीं, तेरे बिना मैं जी न सकूँगा। लेकिन कितने प्रेमी मरे हैं? लौटकर ज़रा पीछे देखें, नहीं जी सकेंगे? और अभिनय साफ़ हो जाएगा। ज़िंदगी में चारों तरफ़ मौक़े खोज लें, रुक जाएँ, एक क्षण को पीछे देखें, और देखें कि जो आप कर रहे हैं, कह रहे हैं, वह क्या है? अभिनय आप तभी समझ पाएँगे, जब अभिनय दिखायी पड़ने लगे।

मैं नसरुद्दीन की कहानी निरंतर कहता रहता हूँ। एक सम्राट् की पत्नी से उसका प्रेम है। रात चार बजे वह विदा हो रहा है और अब दूसरे गाँव जा रहा है। तो वह उससे कहता है कि तेरे बिना मैं कैसे रह सकूँगा! एक-एक पल बिताना मुश्किल हो जाएगा। तुझसे ज़्यादा सुंदर, तुझसे ज़्यादा प्रेमी कोई भी नहीं है। वह स्त्री उसकी ये बातें सुनकर रोने लगी है। नसरुद्दीन ने लौटकर देखा, उसने कहा कि माफ़ कर, ये बातें मैंने दूसरी स्त्रियों से भी कही हैं। उनसे

भी मैंने यही कहा है कि तुम्हारे बिना पल-भर न रह सकूँगा, लेकिन मैं हूँ। और मैं रहूँगा, क्योंकि कल मुझे फिर किसी स्त्री से कहने का मौक़ा आ सकता है। और यह तो मैंने सभी स्त्रियों से कहा है कि तुमसे ज़्यादा सुंदर कोई भी नहीं है। वह स्त्री बहुत नाराज़ हो जाती है, वह बहुत दुःखी हो जाती है। नसरुद्दीन कहता है, मैं तो सिर्फ़ मज़ाक़ करता हूँ। वह फिर ख़ुश हो जाती है।

अब यह जो आदमी है नसरुद्दीन, यह आदमी समझ सकता है कि ज़िंदगी अभिनय है। यह आदमी पहचान सकता है कि ज़िंदगी अभिनय है। लेकिन यह स्त्री को पहचानना बड़ा मुश्किल पड़ जाएगा कि ज़िंदगी अभिनय है। ऐसा नहीं है कि अभिनय होने से ज़िंदगी कुछ ख़राब हो जाती है। सच तो यह है कि अभिनय होने से ज़िंदगी बड़ी कुशल हो जाती है। इसलिए कृष्ण कहते हैं, योग तो कर्म की कुशलता है। असल में जब ज़िंदगी अभिनय हो जाती है, तो दंश चला जाता है, पीड़ा चली जाती है, काँटा चला जाता है, फूल ही रह जाता है, जब अभिनय ही करना है तो क्रोध का किसलिए करना, पागल हैं? जब अभिनय ही करना है तो प्रेम का ही किया जा सकता है। क्रोध का अभिनय करने का क्या प्रयोजन है? जब अभिनय ही करना है तो फिर क्रोध का सिर्फ़ पागल अभिनय करेंगें। जब अभिनय ही करना है तो प्रेम का ही हो सकता है। जब सपना ही देखना है तो दीनता-दरिद्रता का क्यों देखना, सम्राट् होने का देखा जा सकता है।

अपने कृत्यों को झाँक-झाँककर देखने से धीरे-धीरे पता चलता है कि मैं अभिनय कर रहा हूँ। पिता का अभिनय कर रहा हूँ, बेटे का अभिनय कर रहा हूँ, माँ का अभिनय कर रहा हूँ, पत्नी का अभिनय कर रहा हूँ, पति का अभिनय कर रहा हूँ, प्रेमी का अभिनय कर रहा हूँ, मित्र का अभिनय कर रहा हूँ। यह दिखाई पड़ना चाहिए। इसको आप एक-एक कृत्य को 'एटॉमिकली', एक-एक कृत्य को अणु में पकड़ लें और देखें कि क्या हो रहा है। और आप बहुत हँसेंगे। और हो सकता है, बाहर आँसू गिर रहे हों और भीतर हँसी आनी शुरू हो जाए कि यह मैं क्या कर रहा हूँ! हो सकता है, बाहर कुछ और हो रहा हो, भीतर कुछ और होना शुरू हो जाए। और तत्काल आप इस स्थिति को समझ पाने में समर्थ होते चले जाएँगे। जैसे-जैसे यह साफ़ होगा, वैसे-वैसे ज़िंदगी अभिनय हो जाएगी।

एक झेन फ़क़ीर मर रहा है। मरते वक़्त उसने मित्रों से पूछा, कि मुझे

ज़रा कुछ बताओ, क्योंकि मरे तो बहुत लोग हैं, मैं भी मरना चाहता हूँ, लेकिन कोई नए ढंग से मरें! कब तक पुराने ढंग से मरते रहेंगे? उन्होंने कहा, 'आप कैसी बातें कर रहे हैं, मरना कोई मज़ाक़ है!' उस फ़क़ीर ने कहा कि 'तुमने कभी किसी आदमी को चलते-चलते मरते हुए सुना है? चल रहा हो, और मर गया हो?' लोगों ने कहा, 'ऐसा तो सुना नहीं।' फिर भी एक बूढ़े ने कहा कि ऐसी कहानी मैंने पढ़ी है कि एक दफ़ा एक फ़क़ीर चलता हुआ मर गया था। उस मरनेवाले फ़क़ीर ने कहा कि फ़क़ीर ही चलते हुए मर सकता है। मर गया होगा। छोड़ो इस ढंग को। तुमने कभी किसी को खड़े-खड़े मरते हुए सुना है? किसी ने कहा कि हाँ, मुझे ऐसा पता है कि एक आदमी एक बार खड़े-खड़े मर गया था। तो उस फ़क़ीर ने कहा कि जो ढंग से ज़िंदा रहा हो, वह ढंग से मरता है। मर सकता है। अच्छा, तुमने कभी यह सुना है कि कोई आदमी शीर्षासन करते हुए मर गया हो? उन्होंने कहा, न सुना, न सोच सकते। शीर्षासन करके कोई कैसे मरेगा! तो उस फ़क़ीर ने कहा, फिर यह ढंग अपने लिए ठीक रहेगा। वह शीर्षासन लगाकर खड़ा हो गया और मर गया।

अब बड़ी मुसीबत हुई उस 'मॉनस्ट्री' में। उस आश्रम में बड़ी कठिनाई पड़ गयी, क्योंकि इसको उतारें कैसे! बड़े डरने लगे। एक तो यह आदमी ख़तरनाक मालूम पड़ा कि जो शीर्षासन लगाकर कहे कि अच्छा चलो, शीर्षासन लगाकर मर जाते हैं! यह पता नहीं मरा है कि नहीं मरा? या क्या हो गया है? सब तरफ़ से जाँच-पड़ताल की, पाया कि न श्वास का कोई पता है, न धड़कन का कोई पता है, वह मर ही गया। लेकिन यह शीर्षासन कर रहा हो मुर्दा, तो कौन उतारे! और पीछे कोई झंझट में पड़े। और यह मुर्दा कोई साधारण मालूम होता नहीं। तो वे सब, जिन्होंने कहा था तुम्हारे बिना हम एक क्षण न रह सकेंगे, वे भी उसको उतारने को तैयार नहीं थे। तब किसी ने कहा कि इसकी बहन भी साध्वी है और वह पास की एक 'मॉनस्ट्री' में रहती है। वह इसकी बड़ी बहन है। और जब भी यह कोई उपद्रव करता था तो उसको लोग बुलाकर लाते थे, इसको ठीक करवाने के लिए। तो अब हम कुछ नहीं समझ सकते, उसको बुला लिया जाए। वह बड़ी बहन कोई नब्बे वर्ष की बूढ़ी औरत, वह आयी। उसने अपना डंडा ज़ोर से बजाया और कहा कि ज़िंदगी-भर की मज़ाक़ मरते वक़्त भी छोड़ते नहीं हो? ढंग से मरो, जैसे कि सदा लोग मरते रहे हैं, तो वह आदमी नीचे उतरकर बैठ गया और उसने

कहा कि भाई नाराज़ मत हो, हम ढंग से मरे जाते हैं। हमें क्या फ़र्क़ पड़ता है। फिर वह आदमी बैठ गया और मर गया। और उसकी बहन ने लौटकर भी नहीं देखा, वह अपना डंडा लेकर वापस चली गयी। उसने कहा कि यह क्या बातचीत कर रही है कि मरने में तो कम-से-कम परंपरा निभाओ। वह आदमी बैठकर फिर लेट गया और मर गया।

अब यह जो आदमी है, अगर मृत्यु के क्षण में अभिनय कर सकता है, तो इसकी पूरी ज़िंदगी एक अभिनेता की ज़िंदगी है। इसको मैं कहूँगा यह निष्काम कर्म है। तब सब खेल हो जाता है। तब ज़िंदगी एक खेल है। तब हम सारी चीज़ों को खेल की तरह ले सकते हैं। लेकिन हम पहचानेंगे अपने भीतर के अभिनेता को अपने कृत्यों में, तभी यह हो पाएगा। आप अभिनय कर न सकेंगे। आप अभिनय कर ही रहे हैं, इस सत्य को पहचानना है। तो यह नहीं कहते हैं कि कृष्ण तुम अभिनय करो। अगर कोई अभिनय करेगा तो अभिनय करने में कर्त्ता बन जाएगा और गंभीर हो जाएगा, क्योंकि कर्त्ता तो रहेगा ही वह, अभिनय का कर्त्ता हो जाएगा। कृष्ण यह नहीं कह रहे हैं कि तुम अभिनय करो। कृष्ण यह कह रहे हैं, तुम जो करते हो उसे मैं जानता हूँ कि वह अभिनय है। तुम भी जानो। तुम भी पहचानो। तुम भी खोजो। और जिस दिन दिख जाए कि वह अभिनय है, उस दिन तुम करते हुए अकर्त्ता हो जाओगे। उस दिन ढंग की बात है।

फिर जो दो हिस्से उन्होंने बाँट दिए, निष्काम कर्मी का और संन्यासी का, वह ढंग की बात है। वह किसकी, क्या पसंद है, इसकी बात है। कोई करते हुए न करनेवाला हो जाएगा, कोई न करनेवाला होते हुए करनेवाला हो जाएगा। वह दो तरह के लोग हैं जगत् में। वह हमारे 'टाइप' की बात है। जैसे मैं मानता हूँ कि पुरुष के लिए आसान पड़ेगा कि वह करते हुए न करनेवाला हो जाए। स्त्री के लिए आसान पड़ेगा कि वह न करनेवाली होती हुई करनेवाली हो जाए। उसके 'टाइप' के फ़र्क़ हैं। स्त्री का जो चित्त है, वह 'पैसिव' है। पुरुष का जो चित्त है, वह 'एक्टिव' है। पुरुष का जो चित्त है, वह करनेवाले का है। स्त्री का जो चित्त है, वह न करनेवाले का है। स्त्री को अगर कुछ करना भी हो, तो वह न करने के ढंग से करती है। पुरुष को कुछ न भी करना हो, तो वह करनेवाले की तरह हमला कर देता है। मोटा विभाजन कर रहा हूँ। मोटा इसलिए कहता हूँ कि पुरुषों में कई स्त्रैण-चित्त

लोग हैं और स्त्रियों में कई पुरुष-चित्त स्त्रियाँ हैं। स्त्री कुछ करना भी चाहे, तो उसकी सारी व्यवस्था न करने की होगी। अगर वह किसी को प्रेम भी करती है, तो भी दिखाना नहीं चाहेगी कि प्रेम करती है, प्रकट भी नहीं करना चाहेगी कि प्रेम करती है। सब तरफ़ से छिपाएगी, इस प्रेम को वह न-करना बनाएगी। और पुरुष अगर प्रेम न भी करता हो, तो भी वह इतना उपाय करके प्रकट करेगा कि चारों तरफ़ से घेर लेगा और प्रेम की वर्षा कर देगा कि मैं प्रेम करता हूँ। पुरुष और स्त्री-चित्त के कारण ही—और दो ही तरह के चित्त हैं जगत् में, स्त्रियाँ और पुरुष मैं नहीं कह रहा हूँ, स्त्री-चित्त और पुरुष-चित्त—ऐसी स्त्रियाँ भी हैं, जो हमला करती हैं प्रेम में और ऐसे पुरुष भी हैं, जो प्रतीक्षा करते हैं प्रेम में। इसमें कोई कठिनाई नहीं है। ये दो चित्त हैं। 'फीमेल माइंड-फेमिनिन माइंड' और 'मेल माइंड'। कृष्ण ने इन दो चित्तों को ध्यान में रखकर ही दो हिस्से कर दिए।

संन्यास का तो मतलब एक ही है, हिस्से दो हैं। अगर स्त्रैण-चित्त का प्रतीक्षारत व्यक्तित्व, समर्पण करनेवाला, खोनेवाला, 'पैसिव माइंड' अगर इस दिशा में जाएगा, तो वह कहेगा कि न-करता हुआ। न-करना ही उसकी अवस्था होगी, और न-करने के बीच अपने को कर्त्ता जानना उसका अनुभव होगा। इसलिए स्त्री अगर, कभी 'इनिशिएटिव' नहीं लेती—किसी चीज़ का, कोई पहल नहीं करती। इसलिए पुरुष कई बार धोखे में भी पड़ता है। लेकिन स्त्री बहुत भलीभाँति जानती है कि पहल उसने ली है। लेकिन उसकी पहल प्रतीक्षावाली पहल है। वह एक शब्द न कहेगी प्रेम का। और अगर पुरुष उससे प्रेम के शब्द न कहे, तो वह दुःखी हो जाएगी, हालाँकि उसने एक शब्द नहीं कहा है। वह दुःखी हो जाएगी, क्योंकि उसके न कहने में भी उसकी पहल तो जारी है—बाक़ी उसकी पहल प्रतीक्षा करनेवाली है। अगर पुरुष प्रेम के शब्द न कहे और सीधा प्रेम करने लगे, तो किसी स्त्री को कभी पसंद नहीं आएगा। क्योंकि उसका प्रेम वह स्त्री पहचान ही नहीं पाएगी, जब तक कि वह आक्रामक न हो जाए। जब तक पुरुष का प्रेम आक्रमण न करे, तब तक स्त्री मान ही नहीं सकेगी कि वह प्रेम कर रहा है। इसलिए बहुत शांत पुरुष, जिसका प्रेम आक्रामक नहीं है, स्त्री को कभी तृप्ति नहीं दे पाता है। और ऐसा व्यक्ति भी, जो उतना क़ीमती भी नहीं है, उतना अर्थपूर्ण भी नहीं है, लेकिन अगर उसका प्रेम आक्रामक बन जाए तो वह स्त्री के लिए

बड़ा रस दे पाता है, क्योंकि उसका आक्रमण बताता है कि वह कितना प्रेम करता है! उसका आक्रामक होना बताता है कि वह कितना चाहता है! स्त्री अगर आक्रामक हो जाए तो किसी पुरुष को कभी तृप्ति नहीं दे पाती, क्योंकि तब वह पुरुष जैसी हो जाती है।

ये जो चित्त के दो विभाजन हैं, इस विभाजन के कारण दो हिस्से हैं—करते हुए न करता हुआ जानना, न करते हुए करता हुआ जानना। ये एक ही सिक्के के दो पहलू हैं!

भगवान्श्री, एक तकलीफ़ और पैदा हो गयी है। जैसे आज 'प्राइवेट सेक्टर' और 'पब्लिक सेक्टर', दोनों में इतना अंतर है कि अगर हमने 'प्राइवेट सेक्टर' को नष्ट कर दिया तो 'इनिशिएटिव' ख़त्म हो जाता है। और 'इनिशिएटिव' ख़त्म हो जाने से गति रुक जाती है। तो अनासक्ति में उतर जाने पर या निष्काम में उतर जाने पर या कर्म-संन्यास में उतर जाने पर ऐसा लगता है कि जो पहल है, जो स्फूर्ति है, जो 'इनिशिएटिव' है, वह सारी चीज़ 'कन्वर्ट' हो जाती है निष्क्रियता में। इसकी संभावना तो है।

ऐसा हो सकता है, अगर उलटा व्यक्तित्व हो। जैसा मैंने कहा, दो तरह के व्यक्तित्व हैं। मैंने कहा, एक व्यक्तित्व, जिसको स्त्रैण व्यक्तित्व कहें, जोकि न करते हुए करनेवाले का है। अगर स्त्रैण व्यक्तित्व संन्यासी हो जाए तो निष्क्रियता आ जाएगी। क्योंकि वह उस व्यक्तित्व का स्वभाव नहीं है। दूसरा, जैसा मैंने कहा पुरुष व्यक्तित्व, जोकि करनेवाले में ही न करनेवाले को जान सकता है; करे, करेगा तो ही, करना तो उसका जीवन ही होगा, अब इस करने के भीतर वह जान सकता है कि मैं अकर्त्ता हूँ। यह जाना जा सकता है। अब अगर ऐसा व्यक्ति, न करने की दुनिया में उतर जाए और फिर जानना चाहे कि में कर्त्ता हूँ, तो निष्क्रिय हो जाएगा। निष्क्रियता फलित होती है विपरीत व्यक्तित्व के कारण। इसलिए बहुत साफ़-साफ़ चुनाव ज़रूरी है और प्रत्येक व्यक्ति को समझना ज़रूरी है कि उसका 'टाइप' क्या है। अपने से उलटे को चुनने से कठिनाइयाँ पैदा होती हैं। अपने से उलटे को चुनकर सिर्फ़ एक ही

फल हो सकता है कि हमारा समस्त जीवन क्षीण हो जाए। उलटे को भर चुनने की भूल न हो, तो कर्म फैलेगा, बड़ा होगा। तेज़ी, निखार आएगा, प्रखरता आएगी, निखर जाएगा कर्म। क्योंकि पुरुष-चित्त का कर्म अगर कहीं से भी बाधा पाता है, तो उसके कर्त्ता होने से बाधा पाता है। अगर कर्त्ता विदा हो जाए और सिर्फ़ कर्म ही रह जाए तो कर्म की गति का अनुमान ही लगाना मुश्किल है। वह पूर्ण गति को उपलब्ध हो जाएगा। क्योंकि कर्त्ता होने में जितनी शक्ति ख़र्च होती थी वह भी अब कर्म को मिलेगी और कर्म पूर्ण हो जाएगा, 'टोटल ऐक्ट' पैदा हो जाएगा। स्त्री को कर्म करने में जितनी कठिनाई पड़ती है, वह अगर उससे मुक्ति मिल जाए उसे, और वह अपने अकर्म में पूरी राज़ी हो जाए, तो उसके अकर्म से, उसके न करने से विराट् कर्म का जन्म होगा। क्योंकि सारी शक्ति उसको उपलब्ध हो जाएगी। उसके ढंग में फ़र्क़ होंगे। लेकिन हम अक्सर भूल में पड़ जाते हैं। हम अक्सर अपने से विपरीत व्यक्तित्व को चुन लेते हैं। उसका भी कारण आप समझ लें।

हमारी पूरी ज़िंदगी में आकर्षण विपरीत का होता है– 'दि अपोजिट' का। पूरी ज़िंदगी में। पुरुष स्त्री को पसंद करता है, स्त्री पुरुष को पसंद करती है। हमारी पूरी ज़िंदगी जैसी है, उसमें विपरीत आकर्षक होता है। अध्यात्म में यही उपद्रव बन जाता है। उसमें भी हम विपरीत को चुन लेते हैं। अध्यात्म विपरीत की यात्रा नहीं है, अध्यात्म स्वभाव की यात्रा है। अध्यात्म उसका पाना नहीं है, जो आकर्षक है। अध्यात्म उसका पाना है, जो मैं हूँ ही। लेकिन जीवन की यात्रा में विपरीत आकर्षक है।

मैंने एक कहानी सुनी है कि एक द्वीप पर–एक छोटे-से द्वीप पर सागर में, अनजान किसी कोने में लोग एक बार बिलकुल निष्क्रिय हो गए और तामसी हो गए। उन्होंने सब काम-धाम बंद कर दिया। जो मिल जाता, खा-पी लेते और पड़ रहते, सो जाते। उस द्वीप के ऋषि बड़े चिंतित हुए, उन्होंने कहा कि अब क्या करें! लोग सुनते ही नहीं–क्योंकि तामसी हो गए हो, यह भी तो सुनने कोई नहीं आता था। ऋषि बहुत डुंडी भी पीटते तो पीटकर आ जाते, लेकिन कोई आता ही नहीं सुनने उनको। आलसी हो गए हो, यह सुनने तो वही आएगा न, जो थोड़ा बहुत आलसी नहीं है। तो ऋषि बहुत परेशान हुए। कोई रास्ता न सूझे। गाँव धीरे-धीरे मरने लगा, सिकुड़ने लगा। तब उन्होंने कहा कि अब बड़ी कठिनाई हो गयी! क्या किया जाए, क्या न किया जाए!

तो गाँव के एक बहुत वृद्ध आदमी से जाकर उन्होंने सलाह ली, तो उसने कहा, 'अब एक ही उपाय बचा है कि पास में एक द्वीप है, सब स्त्रियों को उस पर भेज दो, सब पुरुषों को इस पर रहने दो।' पर उन्होंने कहा, 'इससे क्या होगा?' उसने कहा, 'वह जल्दी नाव बनाने में लग जाएँगे। वह स्त्रियाँ भी जल्दी तैयारी करने में लग जाएँगी। इनको बाँटो। अब इनका पास-पास होना ठीक नहीं। विपरीत को विपरीत ही खड़ा कर दो, फिर जल्दी सक्रियता गूँजने लगेगी।'

जवानी में आदमी सक्रिय इसीलिए होता है, बुढ़ापे में निष्क्रिय इसीलिए हो जाता है। और कोई कारण नहीं है। जवानी में पूरे पुरजोश उसमें स्त्रीत्व और पुरुषत्व होता है। वह दोनों नाव बनाने में लग जाते हैं और यात्राएँ करने में लग जाते हैं। बुढ़ापा आते-आते सब थक जाता है। स्त्री पुरुष को जान लेती है, पुरुष स्त्री को जान लेता है, विपरीतता कम हो जाती है। वह जो 'अपोजिट' का आकर्षण है, परिचित होने से विदा हो जाता है, बुढ़ापे में आदमी शिथिल हो जाता है।

ज़िंदगी के सहज नियम में विपरीत आकर्षक है, और अध्यात्म के सहज नियम में स्वभाव, विपरीत नहीं। इसीलिए भूल होती है। इसलिए अध्यात्म जिन-जिन मुल्कों में फैलता है, वह निष्क्रिय हो जाते हैं। यह मुल्क हमारा निष्क्रिय हुआ। और उसका कुल कारण इतना है कि विपरीत का आकर्षण वहाँ भी खींचकर ले गए। तो वहाँ जो पुरुषगत साधना जिसे चुननी चाहिए थी, उसने स्त्रीगत साधना चुन ली और जिसे स्त्रीगत साधना चुननी चाहिए थी, उसने पुरुषगत साधना चुन ली। वे दोनों मुश्किल में पड़ गए। पूरा मुल्क निष्क्रिय हो गया। जिसको मीरा होना चाहिए था, वह महावीर हो गया, जिसको महावीर होना चाहिए था वह झाँझ मंजीरा लेकर मीरा हो गया, वह दिक़्क़त हो गयी। दिक़्क़त हो ही जानेवाली है।

इसलिए भविष्य के अध्यात्म की जो सबसे बड़ी वैज्ञानिक प्रक्रिया मेरे ख़याल में आती है, वह यह है कि हम साफ़ इस सूत्र को करें कि 'बॉयोलॉजी' का जो नियम है वह 'स्प्रीचुअलिटी' का नियम नहीं है। जीवशास्त्र जिस आधार से चलता है—वह विपरीत के आकर्षण से चलता है, अध्यात्म विपरीत का आकर्षण नहीं है, स्वभाव में निमज्जन है। वह दूसरे तक पहुँचना नहीं है, अपने तक पहुँचना है। लेकिन ज़िंदगी-भर का अनुभव

बाधा डालता है।

मैंने सुना है कि जब पहली दफ़े बिजली आयी, तो फ्रॉयड के घर एक आदमी मेहमान हुआ। और उसने कभी बिजली नहीं देखी थी। उसने तो हमेशा लालटेन देखी थी, दिया देखा था, वह मेहमान हुआ, उसको सुलाकर फ्रॉयड कमरे के बाहर चला गया। वह बड़ी मुश्किल में पड़ा, प्रकाश में नींद न आए तो उसने सीढ़ियाँ लगाकर, किसी तरह खड़े होकर फूँकने की कोशिश की, लेकिन फूँकने से बिजली बुझे न। अब वह आदमी भी क्या करे, उसकी कोई ग़लती नहीं! उसका एक ही अनुभव था कि दिए फूँकने से बुझ जाते हैं। उसकी परेशानी का अंत नहीं है। सामने बटन लगी है, लेकिन बटन से कोई संबंध नहीं है। उसके चित्त में बटन कहीं दिखायी ही नहीं पड़ती, आख़िर अनुभव ही तो हमें दिखलाता है। उसको बटन भर नहीं दिखायी पड़ती, वह सारे कमरे में सब तरह की खोज करता है कि माज़रा क्या है! चढ़कर बल्ब को सब तरफ़ से देखता है कि कहाँ से द्वार है इसमें, जिसमें से फूँक मार दूँ। कहीं कोई फूँक का द्वार नहीं दिखता। नींद आती नहीं, करवट बदलता है, फिर खड़ा होता है, लेकिन पुराने अनुभव से ही जीता है। डर लगता है कि किसी से जाकर कहूँ तो लोग कहेंगे, कैसे नासमझ, तुम्हें दिया बुझाना भी नहीं आता? तो रात जाता भी नहीं, पूछने में भी भयभीत है। सुबह जब उठता है, और फ्रॉयड जब कमरे में आता है तो देखता है, बिजली जली है। वह पूछता है, क्या बिजली बुझायी नहीं? उसने कहा, बुझायी तो बहुत, बुझी नहीं। अब तुमने पूछ ही लिया तो अब निवेदन कर दूँ। रात-भर इसी को बुझाने में गया। क्योंकि इसके जलते नींद नहीं आती और यह है कि बुझती नहीं! फ्रॉयड ने कहा, 'पागल हुए हो! यह रही बटन!' लेकिन उस आदमी के अनुभव में बटन का कोई सवाल नहीं उठता था। उस आदमी को हम दोषी नहीं ठहरा सकते।

हमारे ज़िंदगी-भर का अनुभव विपरीत के आकर्षण का अनुभव है। इसलिए जब हम अध्यात्म के जगत् में पहुँचते हैं, जहाँ कि यात्रा बिलकुल बदल जाती है, हम उसी अनुभव से दीये फूँकते चले जाते हैं, बटन का हमें ख़याल नहीं होता। यह भूल बड़ी लंबी है और बड़ी पुरानी है। इसलिए जिस मुल्क में अध्यात्म प्रभावी हो जाता है, वह निष्क्रिय हो जाता है। और जिस मुल्क में 'सेक्स' प्रभावी होता है, वह सक्रिय होता है। इसलिए दुनिया की

सभी सक्रिय सभ्यताएँ कामुक सभ्यताएँ होती हैं। और दुनिया की सभी निष्क्रिय सभ्यताएँ आध्यात्मिक होती हैं। ऐसा होना आवश्यक नहीं है। ऐसा अब तक हुआ है।

इसलिए जिस मुल्क में काम मुक्त हो जाएगा, 'फ्री सेक्स' होगा, उस मुल्क की 'एक्टीविटी' एकदम बढ़ जाएगी। उसकी 'एक्टीविटी' का हिसाब नहीं रहेगा! अगर हम प्रकृति में चारों तरफ़ नज़र डालें तो 'एक्टीविटी' 'सेक्स' से ही पैदा होती है। वसंत में फूल खिलने लगते हैं, और किसी कारण से नहीं; पक्षी गीत गाने लगते हैं, और किसी कारण से नहीं; पक्षी घोंसले बनाने लगते हैं, किसी और कारण से नहीं; सबके पीछे काम और 'सेक्स' की ऊर्जा है। पक्षी वह घोंसला बना रहा है, जो उसने कभी बनाया नहीं। उस अंडे को रखने की तैयारी कर रही है मादा, जो उसने कभी रखा नहीं। लेकिन सब तरफ़ गुनगुन हो गयी है, सब तरफ़ गीत चल रहा है, सब तरफ़ भारी क्रिया पैदा हो गयी है, वह 'बॉयोलॉजिकल एक्टीविटी' है। आदमी भी अभी एक ही तरह की 'एक्टीविटी' जानता है, 'बॉयोलॉजिकल'। इसलिए जिन मुल्कों में 'सेक्स' स्वतंत्र है, उन मुल्कों में मकान आकाश को छूने लगेंगे। वह घोंसला बनाने का ही विस्तार है। कोई और बड़ी बात नहीं है। जिन मुल्कों में मुक्त होगा काम, उन मुल्कों में नाच, रंग, गीत पैदा हो जाएँगे, रंग-बिरंगे कपड़े फैल जाएँगे। वह वही पक्षियों के गीत और मोर के पंख, उन्हीं का विस्तार है। कोई बहुत अंतर नहीं है।

जिन मुल्कों में हम कहेंगे कि हम जीवशास्त्र के विपरीत चलते हैं, और नियम जीवशास्त्र का ही मानेंगे—विपरीत से आकर्षित होंगे—वहाँ सब उदास, शून्य हो जाएगा। वहाँ मकान झोंपड़े रह जाएँगे, ज़मीन से लग जाएँगे, वहाँ सब गतिविधि क्षीण हो जाएगी, वहाँ कोई गीत नहीं गाएगा, गीत गाता हुआ आदमी अपराधी मालूम पड़ेगा, वहाँ रंग-बिरंगे कपड़े खो जाएँगे, वहा रंग-रौनक, सौंदर्य खो जाएगा, वहाँ सब उदास, दीन-हीन और क्षीण हो जाता है।

अब मेरा अपना मानना यह है कि दोनों के अपने नियम हैं, और ठीक पूरी संस्कृति दोनों नियमों पर खड़ी होती है। ठीक संस्कृति काम-मुक्त होगी। काम में आनंद लेगी, काम में उल्लसित होगी, तो क्रिया पैदा होगी। विराट् क्रिया का जाल फैलेगा। और ठीक अध्यात्म, ठीक 'टाइप' के चुनाव से अगर होगा, तो आध्यात्मिक क्रिया का जाल फैलेगा। कृष्ण ठीक अपने 'टाइप' में हैं। बुद्ध

अपने 'टाइप' में हैं, महावीर अपने 'टाइप' में हैं। इसलिए कृष्ण एक तरह की क्रिया करते हैं, लेकिन ऐसा नहीं है कि बुद्ध कोई क्रिया नहीं करते। बुद्ध का जीवन भी क्रिया का विराट् जाल है। महावीर भी एक क्षण शांत नहीं बैठे हैं। चालीस वर्ष सतत एक गाँव से दूसरे गाँव, एक गाँव से दूसरे गाँव भाग रहे हैं, भाग रहे हैं। अपना ढंग है उनकी क्रिया का। युद्ध पर लड़ने वह नहीं जाते हैं, लेकिन किसी और बड़े विराट् युद्ध में वह संलग्न हैं, किसी चीज़ को तोड़ने, मिटाने, बनाने में संलग्न हैं। बुद्ध बाँसुरी नहीं बजाते, लेकिन बुद्ध की वाणी में किसी और बड़ी बाँसुरी का स्वर है। इससे कोई अंतर नहीं पड़ता। लेकिन बुद्ध ने अपना 'टाइप' पा लिया। 'आथेंटिक', प्रामाणिक रूप से बुद्ध ने वह पा लिया, जो वह हो सकते हैं–वह हो गए हैं। कृष्ण ने पा लिया, जो वह हो सकते हैं–वह हो गए हैं। पीछे चलनेवाले साधक अक्सर 'टाइप' की भूल में पड़ते हैं। 'टाइप' का 'कन्फ्यूजन', इसकी मैंने पीछे बात की, वह वही मतलब है–'स्वधर्मे निधनम् श्रेय:'। वह अपनी निजता में मर जाना श्रेयष्कर, और दूसरे के धर्म को स्वीकार कर लेना भयावह।

'टाइप' को कैसे समझें?

'टाइप' को समझने में बहुत कठिनाई नहीं है। एक तो रास्ता यह है कि जो तुम्हें आकर्षित करता हो, समझना वह तुम्हारा 'टाइप' नहीं है। सीधा सूत्र, वह तुम्हारा 'टाइप' नहीं है। उससे बचना, उससे सावधान रहना। और जो तुम्हें विकर्षित करता हो, उस पर ज़रा चिंतन करना, वह तुम्हारा 'टाइप' होगा। अब यह बड़ी मुश्किल की बात है, जो तुम्हें विकर्षित करता हो, 'रिपल्सिव' सिद्ध होता हो, वह तुम्हारा 'टाइप' है। जैसे, पुरुष कैसे पहचाने कि मैं पुरुष हूँ? अगर पुरुषों के प्रति उसे कोई प्रेम-लगाव पैदा न होता हो, पहचान ले। और क्या रास्ता है? पुरुष उसे आकर्षित नहीं करते, वह विकर्षक है। स्त्री कैसे समझे कि वह स्त्री है? स्त्री को देखकर ही दिक़्क़त होती है। और अड़चन पैदा हो जाती है। दो स्त्रियों को पास रखना बड़ी कठिन बात है। वह विकर्षक है। वे एक-दूसरे के लिए आकर्षक नही हैं, 'रिपल्सिव' हैं। एक दूसरे को हटाती है। एक-दूसरे की तरफ़ उनकी आकर्षण की धारा नहीं बहती, विकर्षण की धारा बहती है। इसलिए दो स्त्रियों को साथ रखने से बड़ी कठिनाई और कुछ नहीं है।

जो तुम्हें आकर्षित करे, पहला समझ लेना कि यह तुम्हारा 'टाइप' नहीं होगा। जो तुम्हें विकर्षित करे, वह तुम्हारा 'टाइप' होगा। यह बड़ी कठिन और जटिल बात है। और इसलिए बड़े मज़े की बात है, आमतौर से जिन चीज़ों की तुम निंदा करते हो और जिनके तुम ख़िलाफ़ हो, वह तुम्हारी होंगी, वे तुम्हारे भीतर होंगी। जो आदमी दिन-रात 'सेक्स' का विरोध करता है, उसकी ख़बर मिलती है कि उसके भीतर 'सेक्सुअलिटी' होगी। यह बड़ा जटिल है। लेकिन ख़याल में ले लिया जाए तो बहुत आसान हो जाएगा। जो आदमी दिन-रात धन की निंदा करता हो, जानना कि वह धन-लोलुप है। जो आदमी संसार से भागता हो, जानना कि संसारी है। मैं यही कह रहा हूँ कि आपका विपरीत जो है, वह आपके लिए आकर्षक होता है। इसलिए जो आपको आकर्षित करे, समझना कि वह आपका 'टाइप' नहीं है।

'कभी यह आकर्षित करे, कभी वह आकर्षित न करे तो?'

तो उसको समझना कि तुम 'कन्फ़्यूज़्ड टाइप' हो। समझे न! उसका और कोई मतलब नहीं होता।

'समान व्यसन हों तो पुरुष-पुरुष में मैत्री हो जाती है?'

पूछते हैं कि समान व्यसन हो, तो मैत्री हो जाती है।

बहुत-सी बातें इसमें ख़याल लेनी पड़ेंगी। समान व्यसन की जो मैत्री है, वह एक ही 'टाइप' के लोगों में भी हो सकती है। लेकिन समान व्यसन उनकी मैत्री का आधार होगा। उनके बीच कोई मैत्री नहीं होगी, व्यसन ही उनकी मैत्री का सेतु होगा। अगर व्यसन छूट जाए, मैत्री तत्काल टूट जाएगी। अगर दो आदमी शराब पीते हैं, तो उनमें मैत्री हो जाती है। शराब पीने के कारण। एक ही काम दोनों करते हैं, इसलिए मैत्री हो जाती है। लेकिन मैत्री नहीं है कोई भी। क्योंकि मैत्री सदा अकारण होती है। मैत्री सदा अकारण होती है। अगर कारण है, तो मैत्री नहीं, सिर्फ़ 'एसोसिएशन' है, साथ है।

साथ और मैत्री में फ़र्क़ है।

हम दो आदमी एक रास्ते पर चल रहे हैं, साथ हो जाता है। यह

कोई मैत्री नहीं है। फिर मेरी मंज़िल का रास्ता मुड़ जाता है अलग, आपकी मंज़िल का अलग, तो हम अपने रास्तों पर चले जाते हैं। एक रास्ते पर चलनेवाले दो राहगीर जैसे बीच में साथ हो जाते हैं, ऐसे ही एक व्यसन पर चलनेवाले दो लोग साथ हो जाते हैं। लेकिन यह मैत्री नहीं है। सच तो यह है कि मैत्री सदा विपरीत व्यक्तित्वों में होती है। विपरीत व्यक्तित्वों में मैत्री होती है। इसलिए मैत्री जितनी गहरी होगी, उतने विपरीत व्यक्तित्व होंगे। क्योंकि वह 'कांप्लीमेंट्री' होते हैं। मित्र जो हैं, वे एक-दूसरे को 'कांप्लीमेंट्री' होते हैं, एक-दूसरे के परिपूरक होते हैं। इसलिए अक्सर ऐसा हुआ है कि दो बुद्धिमान लोगों में मैत्री नहीं हो सकेगी। वह 'कांप्लीमेंट्री' नहीं हैं। उनमें कलह हो सकती है, मैत्री नहीं हो सकती। अगर बुद्धिमान से किसी की मैत्री होगी तो वह निर्बुद्धि से होगी, वह 'कांप्लीमेंट्री' है। दो शक्तिशाली व्यक्तियों में मैत्री नहीं हो सकेगी। असल में दो समकक्ष और ठीक एक दिशा से आए हुए व्यक्तियों में मैत्री नहीं हो सकेगी। दो कवियों में मैत्री मुश्किल है। दो चित्रकारों में मैत्री मुश्किल है। और अगर होगी, तो उसके कारण उनके चित्रकार होने से अन्य होंगे। क्योंकि एक व्यक्ति में बहुत-सी बातें हैं। दोनों शराब पीते होंगे, यह हो सकती है मैत्री। कि दोनों जुआ खेलते होंगे, यह हो सकती है मैत्री। लेकिन यह संग-साथ है, यह मैत्री नहीं है। मैत्री का नियम भी विपरीत का ही है। मैत्री प्रेम का ही एक रूप है।

इसलिए मनोवैज्ञानिक तो यह कहते हैं कि अगर दो पुरुषों में बहुत गहरी मैत्री है, तो किसी-न-किसी गहरे अर्थों में वे 'होमोसेक्सुअल' होने चाहिए। अगर दो स्त्रियों में बहुत गहरी मैत्री है, तो वह 'होमोसेक्सुअल' होनी चाहिए। एकदम से राज़ी होना बहुत मुश्किल हो जाता है, लेकिन इसमें सच्चाइयाँ हैं। इसलिए आप देखेंगे कि बचपन जैसी मैत्री फिर बाद में कभी निर्मित नहीं होती। क्योंकि बचपन में एक 'फेज' 'होमोसेक्सुअलिटी' का हर आदमी की ज़िंदगी में आता है। लड़के, इसके पहले कि लड़कियों में उत्सुक हों, लड़कों में उत्सुक होते हैं। लड़कियाँ, इसके पहले कि लड़कों में उत्सुक हों, पहले लड़कियों में उत्सुक होती हैं। असल में 'सेक्स मेच्योरिटी' होने के पहले, काम की दृष्टि से, यौन की दृष्टि से परिपक्व होने के पहले कोई काम-भेद बुनियादी नहीं होता। लड़के लड़कों में उत्सुक होते हैं, लड़कियाँ लड़कियों में उत्सुक होती हैं। इसलिए बचपन की सहेलियाँ

और बचपन के मित्र चिरस्थायी हो जाते हैं। 'सेक्स' के जन्म के बाद, जब 'सेक्स' अपने पूरे प्रभाव में प्रकट होता है, तो जो लोग सहज स्वस्थ हैं, लड़के लड़कियों में उत्सुक होना शुरू हो जाएँगे, लड़कियाँ लड़कों में उत्सुक होना शुरू हो जाएँगी। पुरानी मित्रताएँ और सहेलीपन शिथिल होने लगेंगे या याददाश्तें रह जाएँगी। धीरे-धीरे नयी मैत्रियाँ बननी शुरू होंगी, जो 'अपोजिट' से होंगी, विपरीत से होंगी। हाँ, कोई पच्चीस-तीस 'परसेंट' लोग नहीं पार कर पाएँगे इस स्थिति को। इसका मतलब है कि उनकी 'मेंटल एज' पिछड़ गयी। उसका मतलब है कि वह मानसिक रूप से अस्वस्थ हैं।

ऐसा हो सकता है कि एक लड़का अठारह-बीस साल का हो गया, फिर भी लड़कियों में उत्सुक नहीं है और लड़कों में ही उत्सुक है, तो उसकी मानसिक उम्र पिछड़ गई। यह मानसिक रूप से बीमार है। इसको चिकित्सा की ज़रूरत है। अगर कोई लड़की पच्चीस साल की होकर भी लड़कियों में ही उत्सुक है, लड़कों में उत्सुक नहीं है, तो इसके मनस के साथ कोई बीमारी हो गयी है। कोई दुर्घटना घट गयी है। यह स्वस्थ नहीं है। इसका यह मतलब नहीं है कि बाद में मित्रताएँ नहीं होंगी, बाद में मित्रताएँ होंगी लेकिन वे 'एसोसिएशन' की होंगी। एक ही क्लब में आप ताश खेलते हैं, मित्रता हो जाएगी। एक ही धंधे में काम करते हैं, मित्रता हो जाएगी। एक ही सिद्धांत को मानते हैं, कम्यूनिस्ट हैं दोनों, तो मित्रता हो जाएगी। एक ही गुरु के शिष्य हो गए हैं तो मित्रता हो जाएगी। लेकिन ये मित्रताएँ वैसी मित्रताएँ नहीं हैं जैसा कि यौन-जन्म के पहले एक गहरा प्रगाढ़ मैत्री का संबंध होता है। इसलिए बचपन की मैत्री फिर कभी नहीं लौटती। वह लौट नहीं सकती। उसका आधार खो गया।

और विपरीत में बड़ा गहरा आकर्षण है। अगर आप इसको ऐसा भी समझें तो थोड़ा ख़याल में आ जाएगा। आप अक्सर देखेंगे, नंगे फ़क़ीर के पास कपड़ों को प्रेम करनेवाले लोग पहुँचेंगे। त्यागी के पास भोगी इकट्ठे हो जाएँगे। जो ख़ूब खाने-पीने में मज़ा लेते हैं, वे किसी उपवास करनेवाले की पूजा करने लगेंगे। अब यह बड़े मज़े की बात है। महावीर नग्न थे और जैन कपड़ा बेचने का ही काम करते हैं। कैसे जैनों ने कपड़ा बेचने का काम चुन लिया, थोड़ा सोचने जैसा है। ज़रूर कपड़े को प्रेम करनेवाले लोग महावीर के इर्द-गिर्द इकट्ठे हो गए। महावीर सब छोड़कर दीन हो गए, हिंदुस्तान में

महावीर को माननेवाले सबसे ज़्यादा समृद्ध हैं। यह आकस्मिक नहीं है, 'एक्सिडेंटल' नहीं हैं ये घटनाएँ। इनके ऐतिहासिक कारण हैं। असल में महावीर ने जब सब छोड़ा, तो जो सबसे ज़्यादा प्रभावित होंगे, वे ही होंगे जो सब पकड़े हुए हैं। क्योंकि वे कहेंगे, अरे, हम एक पैसा नहीं छोड़ सकते हैं, और इस आदमी ने सब छोड़ दिया, लात मार दी। भगवान् है यह आदमी! यह जो उनका आकर्षण है चित्त का, यह उनकी पकड़ की वजह से। त्यागी महावीर से बिलकुल प्रभावित नहीं होगा, वह कहेगा क्या किया तुमने? इसमें है ही क्या? राख को लात मार दी तो मार दी। इसमें कौन-सी बड़ी बात है। लेकिन जो उस राख को समझता था हीरा है, वह फौरन महावीर के चरणों में सिर रख देगा कि मान गए, आप हैं आदमी! हम एक पैसा नहीं छोड़ सकते और तुमने सब छोड़ दिया! तुम हमारे गुरु हुए।

फिर जो कुछ नहीं छोड़ सकता, उसके मन में छोड़ने की कामना सदा बसी रहती है। जो कुछ नहीं छोड़ सकता है, वह भी सोचता है कि बड़ा दुःख झेल रहा हूँ पकड़ने से, कब वह दिन आएगा, जब सब छोड़ दूँ। तो जो सब छोड़ देता है, वह उसे आदर्श बन जाता है फौरन, कि इस आदमी को वह दिन आ गया, जिसकी मुझे अभी प्रतीक्षा है। कोई बात नहीं, अभी मैं तो नहीं हो सका, लेकिन तुम हो गए। हम तुम्हें भगवान् तो मान ही सकते हैं। इसलिए त्यागियों के पास भोगी इकट्ठे हो जाएँगे। यह बड़ा 'मेग्नेटिक' काम है, जो अपने-आप चलता रहता है। इसको अगर हम पहचान लें तो हम सारी दुनिया की चेतना को 'मेग्नेटिक फील्ड्स' में बाँट सकते हैं कि किस तरह दुनिया की चेतना आकर्षित होती रहती है, बनती रहती है, मिटती रहती है। अजीब काम चलता है, जो दिखायी नहीं पड़ता ऊपर से।

तो जब भी आप किसी से आकर्षित हों, तो एक बात पक्की समझ लेना कि इस आदमी से बचना। यह आपका 'टाइप' नहीं है, यह उलटा 'टाइप' है। 'कंप्लीमेंट्री' है। अध्यात्म की यात्रा में सहयोगी न होगा, संसार की यात्रा में साथी हो सकता है। अध्यात्म की यात्रा में आपको अपनी ही खोज करनी पड़ेगी, स्वधर्म की। मैं कौन हूँ उसकी ही खोज करनी पड़ेगी, वह खोज हो जाए, तो आप जीवन को बिना छोड़े, गति को बिना छोड़े, कर्म को बिना छोड़े अकर्म को उपलब्ध हो जाएँगे। संसार को बिना छोड़े सत्य को उपलब्ध हो जाएँगे। सब जैसा है, वैसा ही रहेगा, सिर्फ़ आप बदल जाते हैं।

सब जैसा है, ठीक वैसा ही रहेगा। सिर्फ़ आप बदल जाते हैं। और जिस दिन आप बदल जाते हैं, उस दिन सब बदल जाता है, क्योंकि जो सब दिखायी पड़ता है, वह आपकी दृष्टि है।

'भगवान्श्री, श्रीकृष्ण अर्जुन से कहते हैं कि यदि तू सुख-दुःख, लाभ-हानि, जय-पराजय को समान समझकर युद्ध करेगा, तो तू पाप को नहीं, स्वर्ग को उपलब्ध होगा। यह क्यों और कैसे संभव है? क्या हिंसा तब हिंसा की घटना न रह जाएगी?'

इसमें दो-तीन बातें ख़याल लेनी चाहिए।

पहली तो बात यह है कि कृष्ण कहते हैं कि हिंसा एक असत्य है, जो हो नहीं सकती। भ्रम है, जो संभव नहीं है। कोई मारा नहीं जा सकता। 'न हन्यते हन्यमाने शरीरे'। शरीर को मार डालने से वह नहीं मरता, जो पीछे है, और शरीर मरा ही हुआ है। इसलिए शरीर मरता है, यह कहना व्यर्थ है।

कृष्ण पहले तो यह कहते हैं कि हिंसा असंभव है। क्या इसका यह मतलब है कि कोई भी जाए और किसी की हिंसा करे? नहीं। कृष्ण यह कहते हैं कि हिंसा तो असंभव है, लेकिन हिंसक वृत्ति संभव है। तुम किसी को मारना चाहो, यह संभव है, कोई नहीं मरेगा, यह दूसरी बात है। तुम्हारे मारने से कोई नहीं मरेगा, यह दूसरी बात है। तुम मारना चाहते हो, यह बिलकुल दूसरी बात है। तुम मारना चाहते हो, इसमें पाप है, उसके मरने का तो कोई सवाल नहीं है, वह तो मरेगा नहीं। हिंसा में पाप नहीं है, हिंसकता में पाप है। तुमने तो मारना ही चाहा, वह नहीं मरा, यह दूसरी बात है। तुम्हारी चाह तो मारने की है। कोई नहीं बचेगा, इसमें पुण्य नहीं है, कि कोई बचेगा, इसमें पुण्य नहीं है। तुमने बचाना चाहा, इसमें पुण्य है। एक आदमी मर रहा है, जब जानते हुए कि मरेगा, तुम बचाने की कोशिश में लगे हो। यह तुम्हारी बचाने की कोशिश से वह बचेगा नहीं, मर जाएगा कल, लेकिन तुम्हारी बचाने की कोशिश में पुण्य है। पाप दूसरे को नुकसान पहँचाने की वृत्ति है, पुण्य दूसरे को लाभ पहुँचाने की वृत्ति है।

और कृष्ण तीसरी जो बात कहते हैं, वह कहते हैं कि अगर तू पाप और पुण्य, अगर तू सुख और दुःख, दोनों के पार उठ जा, तो फिर न पाप

है, फिर न पुण्य है। फिर भी कुछ नहीं है। फिर न हिंसा है, न अहिंसा है, अगर तू इन दोनों के ऊपर उठ जाए और जान ले कि उस तरफ़ हिंसा नहीं होती, तो मैं नाहक हिंसा करने के ख़याल से क्यों मरूँ? और उस तरफ़ कोई बचता नहीं, तो मैं नाहक बचाने के पागलपन में क्यों पड़ूँ? अगर तू सत्य को देखकर अपनी वृत्तियों को भी समझ ले कि ये वृत्तियाँ व्यर्थ हैं–असंभव हैं–अगर तू इन दोनों बातों को ठीक से समझ ले, तो तू स्वर्ग को उपलब्ध हो ही गया। हो जाएगा ऐसा नहीं, हो ही गया। क्योंकि हो जाने का क्या सवाल है? ऐसी स्थिति में, जहाँ सुख और दुःख, लाभ और हानि, जय और पराजय, हिंसा और अहिंसा, सब समान हो गए हैं, समत्व उपलब्ध हुआ, ऐसी स्थिति में स्वर्ग मिल ही गया। अब कुछ स्वर्ग बचा नहीं पाने को। ऐसी स्थिति में, ऐसी समत्व बुद्धि को ही कृष्ण योग कहते हैं।

वे कहते यह हैं कि दो तरह की भ्रांतियाँ हैं। एक भ्रांति तो यह कि कोई मरेगा और एक भ्रांति यह कि मैं मरूँगा। एक भ्रांति यह कि कोई बचेगा और एक भ्रांति यह कि मैं बचाऊँगा। ये दोनों ही भ्रांतियाँ हैं। अगर पहली भ्रांति छूट जाए, कि कोई मरता नहीं, कोई बचता नहीं, जो है वह है, अगर यह पहली भ्रांति छूट जाए, तो फिर एक दूसरी भ्रांति बचती है कि कोई नहीं मरता तो भी मैं मारने की कोशिश करता हूँ, तो पाप है। कोई नहीं बचता तो भी मैं बचाने की कोशिश करता हूँ, तो पुण्य है। लेकिन पाप और पुण्य भी अधूरा अज्ञान है। आधा। आधा अज्ञान बच गया। अगर यह भी चला जाए कि न मैं किसी को बचाता, न कोई बचता; न मैं किसी को मारता, न कोई मरता; अगर यह पूरा ही चला जाए, तो ज्ञान है। फिर ऐसे ज्ञानवाले व्यक्ति को जो हो रहा है, वह होने देता है। बाहर, भीतर, कहीं भी जो हो रहा है, वह होने देता है। क्योंकि अब न होने देने का कोई सवाल नहीं। तब वह 'टोटल एक्सेप्टिबिलिटी' को, समग्र स्वीकार को उपलब्ध हो जाता है।

तो कृष्ण अर्जुन से यही कहते हैं कि तू सब देख और स्वीकार कर और जो होता है, होने दे; तू धारा के ख़िलाफ़ लड़ मत, तू बह। और फिर तू स्वर्ग को उपलब्ध हो जाता है।

दूसरा प्रवचन

फलाकांक्षामुक्त कर्म के प्रतीक कृष्ण

‘साधना-जगत् में यज्ञों और ‘रिचुअल्स’ का बहुत उल्लेख है। यज्ञ की बहुत-सी विधियाँ भी हैं। होमात्मक यज्ञ की बात आती है। लेकिन गीता में जपयज्ञ और ज्ञानयज्ञ को विशेष स्थान दिया गया है। साथ ही आपने जप पर बात करते हुए अजपा जप के बारे में कहा था। तो गीता के जपयज्ञ, ज्ञानयज्ञ और अजपा जप पर भी प्रकाश डालने की कृपा करें।’

जीवन में ‘रिचुअल्स’ की, क्रियाकांड की अपनी जगह है। जिसे हम जीवन कहते हैं, वह नब्बे प्रतिशत ‘रिचुअल्स’ और क्रियाकांड से ज़्यादा नहीं है। जीवन को जीने के लिए, जीवन से गुज़रने के लिए बहुत कुछ जो अनावश्यक है, आवश्यक मालूम होता है। आदमी का मन ऐसा है।

मनुष्य-जाति के पूरे इतिहास में हज़ारों तरह के ‘रिचुअल्स’, हज़ारों तरह के क्रियात्मक खेल विकसित हुए हैं। ये सारे-के-सारे खेल अगर गंभीरता से लिए जाएँ, तो बीमारी बन जाते हैं। अगर ये सारे खेल की तरह लिए जाएँ, तो उत्सव बन जाते हैं। जैसे, जब पहली बार अग्नि का आविष्कार हुआ—और सबसे बड़े आविष्कारों में अग्नि का आविष्कार है। आज हमें पता नहीं किस आदमी ने सबसे पहले अग्नि पैदा की है, लेकिन जिसने भी पैदा की होगी, उससे बड़ी क्रांति अभी तक नहीं हो सकी है। बहुत कुछ आदमी ने फिर खोजा है। और फिर न्यूटन है, और गैलेलियो है और कोपरनिकस है और कैपलर है और आइन्स्टीन है और मेक्सब्लांट और हज़ारों खोजी हैं, लेकिन अब तक भी, हमारी अणु की खोज भी, हमारा चाँद पर पहुँच जाना भी उतना बड़ा आविष्कार नहीं है, जितना बड़ा आविष्कार उस दिन हुआ था, जिस दिन पहले आदमी ने अग्नि पैदा कर ली थी।

आज हमें बहुत कठिनाई होगी यह सोचकर, क्योंकि अग्नि आज बिलकुल सहज बात है। माचिस में बंद है। लेकिन सदा ऐसा नहीं था। फिर हमारा जो भी विकास हुआ है मनुष्य का, जैसा मनुष्य आज है, उसमें नब्बे प्रतिशत अग्नि का हाथ है। फिर हमारे जो भी आविष्कार हुए हैं, वे सब बिना अग्नि के हो नहीं सकते। उन सब की बुनियाद में वह अग्नि का आविष्कर्त्ता खड़ा है।

स्वभावतः जब पहली बार अग्नि किसी ने खोजी होगी, तो हमने अग्नि का भी स्वागत किया था—उसके चारों ओर नाचकर। यह ज़िंदगी की बिलकुल सहज घटना थी। अग्नि को और किसी तरह धन्यवाद किया भी नहीं जा सकता। और अग्नि ने एक केंद्रीय अर्थ मनुष्य की ज़िंदगी में उस दिन बना लिया था। मनुष्य के सारे पुराने धर्म, किसी-न-किसी रूप में अग्नि या सूरज के आसपास विकसित हुए हैं। रात थी अंधकारपूर्ण, ख़तरनाक, पशुओं का डर था। दिन था उजाले से भरा, निर्भय, हमला कोई कर सके, इसके पहले पता चल जाता था। तो सूर्य बड़ा मित्र मालूम हुआ। अंधकार बड़ा शत्रु बन गया। अंधकार में ख़तरे थे, भय था, उपद्रव था। सूर्य के साथ सब खतरे तिरोहित हो जाते थे, सब भय मिट जाते थे। तो सूर्य परमात्मा की तरह ख़याल में आया था। और जब अग्नि का आविष्कार कर लिया, तो स्वभावतः, रात के अंधकार पर भी हमारी विजय हो गयी थी। सूर्य से भी ज़्यादा अग्नि प्रीतिकर हो गयी थी। इस अग्नि के आसपास नाच का, गान का, नृत्य का, प्रेम का, उत्सव का विकसित हो जाना बिलकुल स्वाभाविक था। वह विकसित हुआ।

कभी आपने ख़याल किया कि जब यूरी गागरिन पहली बार अंतरिक्ष की यात्रा करके लौटा, तो सारी पृथ्वी उत्सव से भर गयी थी। और यूरी गागरिन एक दिन में विश्वविख्यात व्यक्ति हो गया था। ठेठ दूर देहात के गाँवों में भी उसका नाम पहुँच गया था। लाखों लोगों ने अपने बच्चों का नाम यूरी गागरिन के ऊपर रखा— सारी दुनिया, बिना जाति-पाँति-धर्म की फिक्र किए। यूरी गागरिन की हैसियत पाने के लिए किसी आदमी को सत्तर-अस्सी साल मेहनत करनी पड़ती है, तब सारी दुनिया उसे जान पाती है। इस आदमी ने कुछ और नहीं किया, यह सिर्फ़ पृथ्वी की जो 'आर्बिट' है, उसको पार कर गया। लेकिन बड़ी घटना थी। यूरी गागरिन जहाँ गया, वहीं लोग दीवाने

हो गए उसके दर्शन करने को। बड़े नगरों में लोग मरे, 'एक्सीडेंट' से, जहाँ यूरी गागरिन गया।

मनुष्य का मन, उस सबके प्रति उत्सव से भर जाता है, जो नया है, जिससे नये का आगमन होता है। नये बच्चे के जन्म पर ही हम बैंडबाजा नहीं बजाते और उत्सव से भर जाते, जब भी इस जगत् में नया कुछ पैदा होता है, तो हमारा चित्त उत्सव से उसका स्वागत करता है और उचित है कि ऐसा हो। क्योंकि जिस दिन आदमी नये के स्वागत में भी उत्सवपूर्ण नहीं रहेगा, उस दिन समझना चाहिए कि आदमी के भीतर कुछ महत्वपूर्ण मर गया है।

यह मैंने इसलिए कहा कि हम यज्ञ को समझ सकें। यह उन लोगों का आविष्कार था, जिनकी ज़िंदगी में अग्नि पहली बार आयी थी और इस अग्नि के लिए वे उत्सव मना रहे थे। वे इसके चारों ओर नाच रहे थे। और जो कुछ श्रेष्ठ उनके पास था, उन्होंने अग्नि को दिया। क्या दे सकते थे? उनके पास गेहूँ था, उन्होंने गेहूँ दिया। उनके पास सोमरस था–उस दिन की सुरा थी–वह उन्होंने दी, उनके पास जो श्रेष्ठतम गाय होगी, वह उन्होंने अग्नि को दी, उनके पास जो भी था, वह उन्होंने अग्नि को भेंट किया। एक देवता अवतरित हुआ था, जिसने ज़िंदगी को सब बदल दिया था। उसके उत्सव में उन्होंने सब यह किया। यह बहुत सहज था। लेकिन, यह बहुत 'सोफिस्टिकेटेड' नहीं था। यह बिलकुल ग्रामीण-चित्त से उठी हुई बात थी, और ग्राम ही थे जगत् में, ग्रामीण-चित्त ही था।

गीता के समय तक ऐसा यज्ञ बेमानी हो गया था, क्योंकि गीता के समय तक अग्नि घर-घर की चीज़ हो गयी थी। उसके आसपास नाचना व्यर्थ मालूम होने लगा था। उसमें गेहूँ फेंकना, मंत्र पढ़ना सार्थक नहीं रह गया था। और हज़ारों लोग इसका विरोध कर चुके थे इस बीच की प्रक्रिया में। क्योंकि उनको कुछ भी पता नही था कि अग्नि का पहला आगमन जिनकी ज़िंदगी में हुआ था, वे उसे भगवान् की तरह ही स्वीकार कर सकते थे। उनके लिए उतना बड़ा वरदान था। इसलिए गीता ने फिर शब्दों पर नयी कलमें लगायीं और कृष्ण ने नए शब्द ईजाद किए–ज्ञानयज्ञ। यज्ञ था शब्द पुराना, ज्ञान से उसे जोड़ा जैसे अभी विनोबा ने नयी कलम लगायी–भूदान-यज्ञ। यज्ञ शब्द पुराना, भूदान से उसे जोड़ा।

कृष्ण के समय तक जीवन काफ़ी 'सोफिस्टिकेटेड', काफ़ी विकसित हुआ था। और अब अग्नि के आसपास नाचना अपने-आप में अर्थपूर्ण न था। अब तो ज्ञान की अग्नि जलाने की बात कृष्ण ने उठायी थी। लेकिन स्वभावत: पुराने शब्दों का उपयोग करना पड़ता है। अब अगर नाचना ही था तो ज्ञान की ज्योति के आसपास नाचना था। और अब कुछ भेंट भी करना था तो गेहूँ के दानों से क्या भेंट होगी, अब अपने को ही दान कर देना था। ज्ञानयज्ञ का अर्थ है, ज्ञान की अग्नि में स्वयं को जो समर्पित कर देता है। ज्ञानयज्ञ का अर्थ है, ज्ञान की अग्नि में जो स्वयं की अस्मिता और अहंकार को जला डालता है। ज्ञानयज्ञ का अर्थ है कि अब साधारण अग्नि से नहीं, ज्ञान की अग्नि से, जिसमें व्यक्ति जलता है और समाप्त हो जाता है। यह अग्नि का प्रतीक लेकिन जारी रहा।

इसके जारी रहने के पीछे बहुत गहरे कारण थे।

सबसे गहरा कारण जो था वह यह था कि अतीत के मनुष्य की ज़िंदगी में सदा ऊपर की तरफ़ जानेवाली चीज़ सिवाय अग्नि के और कोई भी न थी। पानी नीचे की तरफ़ जाता है। उसे कहीं से भी डालो, वह नीचे की जगह खोज लेता है। अग्नि के साथ कुछ भी उपाय करो, उसकी लपटें सदा ऊपर की तरफ़ भागती हैं। पुराने मनुष्य के समक्ष अग्नि भर एक ऐसी चीज़ थी, जो सदा ऊपर की तरफ़ भागती है, ऊपर की तरफ़ भागना, ऊर्ध्वगमन ही जिसका स्वभाव है, जिसे हम नीचे की तरफ़ बहा ही नहीं सकते। अगर हम उल्टी भी कर दें जलती हुई लकड़ी को, तो लकड़ी ही उल्टी होती है, अग्नि ऊपर की तरफ़ ही भागती रहती है। ऊर्ध्वगमन का प्रतीक बन गयी अग्नि। उसकी लपटें आकाश की यात्रा की, अज्ञात की यात्रा की सूचक हो गयीं। ज़मीन के 'ग्रेवीटेशन' को तोड़नेवाली वह पहली चीज़ मालूम पड़ी। पृथ्वी की जो कशिश है, उसको तोड़ देती है, उसको उससे कोई फिक्र नहीं है, अग्नि पर उसका कोई प्रभाव नहीं है। एक कारण तो यह था कि ऊर्ध्वगमन का प्रतीक अग्नि बन गयी, इसलिए जिन्होंने अग्नि की लपटों के आसपास नृत्य किया था, नाचे थे, गीत गाए थे, ख़ुशी प्रकट की थी, उन्होंने एक प्रतीक के अर्थ में भी वह ख़ुशी प्रकट की थी कि किस दिन वह दिन होगा जिस दिन हम भी अग्नि की लपटों की तरह आकाश की तरफ़ यात्रा करेंगे।

अभी आदमी का मन जैसा है वह सदा नीचे की तरफ़ यात्रा करता है, पानी की तरह है। आदमी का मन जैसा है, वह सदा नीचे की तरफ़ यात्रा करता है, उसके नियम पानी के नियम हैं, वह नीचे गड्ढे खोजता है। उसे पर्वत-शिखर पर भी ले जाकर छोड़ दो तो बहुत जल्दी खाई में नीचे आकर झील में विश्राम करने लगता है। उसे कितनी ही ऊँचाई पर ले जाओ, वह तत्काल नीचे की तरफ़ जाने को आतुर है। जैसा मनुष्य का मन अभी है, वह नीचे जाने की आतुरता है। अग्नि के आसपास नाचनेवाले ऋषियों ने घोषणा की कि हम ऊपर की तरफ़ की यात्रा के सूत्र को नमस्कार करते हैं। और हम अपने भीतर के प्राणों को अग्नि जैसा बनाना चाहते हैं कि वे ऊपर की तरफ़ भागें। हम उन्हें नीचे खाई में छोड़ दें, खंदक में भी छोड़ दें, घाटी में छोड़ दें, तो भी वे शिखर पर चले जाएँ। यह बड़ा 'सिंबालिक', बड़ा प्रतीकात्मक था।

दूसरी बात अग्नि में और बड़ी ख़ूबी की थी और वह और भी गहरी थी, और वह थी कि अग्नि पहले तो ईंधन को जलाती और फिर ख़ुद ही जल जाती। पहले ईंधन राख होता है। फिर अग्नि ख़ुद राख हो जाती है। ज्ञान के लिए यह प्रतीक बड़ा गहरा बन गया। ज्ञान पहले तो अज्ञान को जलाता है। पहले तो ज्ञान अज्ञान को मिटाता है और फिर ज्ञान ज्ञान को ही मिटा देता है। इसलिए उपनिषद् कहते हैं, अज्ञानी तो भटकते ही हैं अंधकार में, ज्ञानी महा अंधकार में भटक जाते हैं। निश्चित ही यह व्यंग्य में कही गई बात है उन ज्ञानियों के लिए, जिनके पास उधार है, क्योंकि जिनके पास अपना ज्ञान है, वे तो बचते ही नहीं, उनके भटकने का तो उपाय नहीं है। ज्ञान पहले तो अज्ञान को जलाता है, फिर ज्ञान को भी जला देता है, ज्ञानी को भी जला देता है, पीछे कुछ भी बचता नहीं। अग्नि पहले ईंधन को जलाती है, फिर ईंधन जल जाता है, फिर अग्नि भी बुझ जाती है, फिर अंगारे भी बुझ जाते हैं, फिर राख ही रह जाती है, फिर सब समाप्त हो जाता है।

तो ज्ञान की घटना जिनके जीवन में घटी, उनको दिखायी पड़ा कि ज्ञान की घटना अग्नि जैसी है। पहले अज्ञान जलेगा, फिर ज्ञान भी जलेगा, फिर ज्ञानी भी जलेगा और पीछे तो सिवाय राख के कुछ बचेगा नहीं। सब तिरोहित हो जाएगा। इतना शून्य होने को जो तैयार है, वह ज्ञान की यात्रा पर निकल सकता है।

तीसरी बात। अग्नि की लपटें हमने उठते देखी हैं, थोड़ी दूर तक ही दिखायी पड़ती हैं, फिर खो जाती हैं। अग्नि बहुत थोड़ी दूर तक दृश्य है, इसके बाद अदृश्य हो जाती है। ज्ञान भी बहुत थोड़ी दूर तक दिखायी पड़ता है, या ऐसा कहें कि थोड़े दूर तक ज्ञान का संबंध दिखायी पड़नेवाले से रहता है, और इसके बाद उसका संबंध अदृश्य से हो जाता है। फिर दृश्य खो जाता है और अदृश्य ही रह जाता है। इन सारे कारणों से अग्नि बड़ा ही समर्थ प्रतीक ज्ञान का बन गया और कृष्ण ज्ञान-यज्ञ शब्द का उपयोग कर सके।

ये प्रतीक अगर हमारे ख़याल में हों, तो ज्ञानयज्ञ सदा जारी रहेगा। अग्नि के आसपास निर्मित हुए दूसरे 'रिचुअल' और यज्ञ तो खो जाएँगे, क्योंकि वे परिस्थिति से पैदा होते हैं, लेकिन ज्ञानयज्ञ सदा जारी रहेगा। इसलिए कृष्ण ने यज्ञ को पहली दफ़ा परिस्थिति से मुक्त करके शाश्वत अर्थ दे दिया। वेद जिस यज्ञ की बात करते थे वह परिस्थिति से बँधा था, एक घटना से जुड़ा था। कृष्ण ने उसे उस घटना से मुक्त कर दिया और एक शाश्वत अर्थ दे दिया। अब कृष्ण के अर्थ में ही यज्ञ का प्रयोजन होगा आगे। उसका अर्थ कृष्ण के द्वारा ही निकल सकता है। और कृष्ण के पहले के अध्याय बंद हो गए हैं। अब भी जो कृष्ण के पहले के यज्ञ की बात करता है, वह असामयिक, 'आउट आफ डेट' व्यर्थ की बात करता है, अब उसमें कोई अर्थ नहीं रह गया है, वह बात समाप्त हो चुकी है। अब अग्नि के आसपास आनंद से नहीं कूदा जा सकता, क्योंकि अग्नि अब हमारे जीवन में कोई ऐसी घटना नहीं है।

वे जपयज्ञ की भी बात करते हैं। कृष्ण जपयज्ञ की भी बात करते हैं। जप के साथ भी वही राज़ है, जो ज्ञान के साथ है। जप पहले तो दूसरे विचारों को जलाएगा, फिर जब दूसरे विचार जल जाएँगे, तो जप का विचार भी जल जाएगा। जो शेष रह जाएगा, वह अजपा स्थिति होती है। इसलिए उसको भी अग्नि से प्रतीक बनाया जा सकता है। वह भी यज्ञ बनाया जा सकता है।

आपके मन में बहुत विचार हैं। आप एक शब्द का जप की भाँति प्रयोग करते हैं। सारे विचारों को हटा देते हैं, एक ही विचार पर आप अपने मन को डोलाते हैं। एक घड़ी ऐसी आती है कि यह विचार भी बेमानी हो

जाता है कि इसको क्यों दोहराए चले जाना। जब सब विचार ही छूट जाता है। फिर आप जिस स्थिति में होते हैं, वह अजपा स्थिति है, वहाँ जप भी नहीं है। अग्नि ने पहले ईंधन जलाया, फिर ख़ुद भी जल गयी।

लेकिन ख़तरा है जप के साथ, जैसा कि ज्ञान के साथ ख़तरा है। ख़तरे सब चीज़ों के साथ हैं। ऐसा कोई भी रास्ता नहीं है, जिस पर न भटका जा सके। ऐसा रास्ता हो भी कैसे सकता है! जो भी रास्ता पहुँचा सकता है, उस पर यात्री चाहे तो भटक भी सकता है। सब रास्ते इस अर्थों में भटकाने वाले की तरह प्रयोग किए जा सकते हैं, और आदमी ऐसा है कि वह सब रास्तों को पहुँचने के लिए काम में कम लाता है, भटकने के लिए ज़्यादा काम में लाता है। मैंने कहा कि ज्ञानयज्ञ है, जैसा कृष्ण कहते हैं। लेकिन आदमी ज्ञान का अर्थ ले सकता है पांडित्य, 'इनफॉर्मेशन', सूचनाएँ, शास्त्र, सिद्धांत, शब्द, और इनको इकट्ठा कर ले सकता है। तब वह भटक गया। वैसा आदमी ज्ञान को उपलब्ध ही नहीं हुआ। ज्ञान के नाम से उसने कुछ और ही अपने ऊपर थोप लिया है। और ध्यान रहे, अज्ञान से इतना नुकसान नहीं हैं, जितना झूठे, उधार, वाले ज्ञान से है। क्योंकि बासे ज्ञान में कोई अग्नि नहीं होती। बासा ज्ञान समझना चाहिए कि बुझ गए अंगारों के बुझे कोयलों की तरह है। उसे कितना ही इकट्ठा कर लो, उससे कोई रूपांतरण नहीं होता है। लेकिन अगर कोई ज्ञान का यह अर्थ ले ले, तो भटकेगा।

ऐसे ही जप के साथ कठिनाई है। जप का अगर कोई यह अर्थ ले ले कि जप करते-करते ही पहुँच जाऊँगा, तो ग़लती में है। जप करते-करते कोई कभी नहीं पहुँचा है। जप का उपयोग ऐसा ही किया जाता है जैसे पैर में एक काँटा लग गया हो और उस काँटे को हम दूसरे काँटे से निकाल देते हैं। लेकिन फिर दूसरे काँटे को पहले वाले काँटे से घाव में रख नहीं लेते सुरक्षित। पहला काँटा निकला कि दूसरा वैसे ही बिलकुल बेकार है, जैसा पहला है, और दोनों को एक साथ फेंक देते हैं। लेकिन हो सकता है कोई नासमझ! वह कहे कि जिस काँटे ने मेरा काँटा निकाला, उसको मैं कैसे फेंक सकता हूँ। वह कहे कि शिष्टता भी तो कम-से-कम इतना कहती है कि जिस काँटे ने मेरा काँटा निकाला, उसको मैं सम्हालकर रखूँ। तब यह आदमी पागल है।

बुद्ध निरंतर कहते हैं, बार-बार एक कहानी वह कहते हैं कि एक गाँव में कुछ लोग एक नाव से उतरे, फिर जब वे नाव से नदी के किनारे

उतर गए तो उन आठों लोगों ने तय किया–वे बड़े बुद्धिमान थे–उन्होंने तय किया कि जिस नाव ने हमें नदी पार करायी, उस नाव को हम छोड़ कैसे सकते हैं! और उन्होंने सोचा कि जिस नाव से हम नदी पार किए और जिस पर हम बैठकर सवार हुए, अब उचित है कि हम उसको अपने ऊपर सवार करें। तो उन्होंने नाव को आठों आदमियों ने अपने सिरों पर उठा लिया और बाज़ार की तरफ़ चले। गाँव में लोग उनसे पूछने लगे कि पागलो, हमने नाव पर तो बहुत बार लोगों को देखा, लेकिन नाव लोगों पर नहीं देखी, यह बात क्या है? वे सब कहने लगे कि तुम हो अकृतज्ञ। तुम्हें 'ग्रेटीच्यूड' का कुछ पता नहीं है। हम जानते हैं अनुग्रह का भाव। इस नाव ने हमें नदी पार करवायी है, अब हम इस नाव को संसार पार करवा के रहेंगे। अब तो सदा यह हमारे सिर पर रहेगी।

तो बुद्ध यह मज़ाक़ में कहते हैं कि बहुत लोग हैं, जो फिर साधन को इस बुरी तरह से पकड़ लेते हैं कि वही साध्य हो जाता है। नदी पार करने को नाव है, सिर पर ढोने को नाव नहीं है।

जप का उपयोग किया जा सकता है, इस होश के साथ कि वह भी एक काँटा है। और अगर आपने उसको काँटा नहीं समझा और प्रेम में पड़ गए उसके, तो जो दूसरे विचार आपको भरे थे वह तो हट जाएँगे, जप आपको भर देगा। अब एक आदमी चौबीस घंटे निरर्थक विचारों से भरा हुआ है, और दूसरा आदमी चौबीस घंटे राम-राम, राम-राम, राम-राम कर रहा है, इन दोनों के मन पर एक-सा तनाव है। और मज़े की बात यह है कि जो आदमी चौबीस घंटे राम-राम, राम-राम कर रहा है, उसकी बजाय हो सकता है जो व्यर्थ विचारों से भरा है, उसके जीवन में भी कुछ सार्थकता फलित हो जाए, क्योंकि उसके व्यर्थ विचारों में भी कुछ आ सकता है। इसके पास सिवाय राम-राम के कुछ आने को नहीं है। और अब यह राम-राम को छोड़ने को राज़ी नहीं होगा, यह कहेगा सब विचारों से छुटकारा दिलाया राम-राम ने, तो अब मैं कैसे छोड़ सकता हूँ, अब तो मैं नाव को सिर पर रखूँगा।

जप को यज्ञ कहना बड़ी 'सीक्रेट' बात है। कृष्ण जब जप को यज्ञ कहते हैं तो वह कहते हैं, ध्यान रखना, जप भी अग्नि की भाँति है। पहले दूसरे को जलाएगा, फिर खुद को जलाएगा। और जब खुद को जला ले तभी समझना कि सार्थक हुआ है।

तो हम शब्द को उपयोग कर सकते हैं दूसरे शब्दों को बाहर करने में, लेकिन फिर उस शब्द को भी बाहर करना पड़ेगा। और अगर मोहग्रस्त हुए और उस शब्द को सम्हालकर रखा तो जप यज्ञ न रहेगा, जप सम्मोहन हो जाएगा। फिर हम जप शब्द से ही 'ऑब्सेस्ड' हो गए, फिर हम उसी से पीड़ित होकर रहने लगेंगे, और वही हमारा पागलपन बन जाएगा। इसलिए जो लोग जप करते वक़्त जप में लीन हो जाते हैं, वे लोग जप को फिर कभी न छोड़ सकेंगे, क्योंकि लीनता में एक गहरा संबंध स्थिर हो जाता है। जो लोग जप करते समय साक्षी बने रहते हैं, जो ऐसा अनुभव नहीं करते कि मैं जप कर रहा हूँ, वे एक दिन जप के बाहर जा सकते हैं। तब जप यज्ञ हो जाता है, क्योंकि तब जप अग्नि की भाँति हो जाता है। पहले वह दूसरे विचारों को जला देता है, फिर ख़ुद जलकर राख हो जाता है। आप जब खाली रह जाते हैं, शून्य, तब आप ध्यान को, समाधि को उपलब्ध होते हैं।

इसलिए कृष्ण ने ज्ञान और जप, दोनों के साथ यज्ञ का प्रयोग किया। यज्ञ का प्रयोग अग्नि के केंद्र पर है। और अग्नि के प्रतीक को हम समझ लें तो ये दोनों बातें भी साफ़ समझ में आ सकती हैं। असल में जो जलने को तैयार है, वह यज्ञ के लिए तैयार है। जो मिटने को तैयार है, वह यज्ञ के लिए तैयार है। जो होम होने को तैयार है, वह यज्ञ के लिए तैयार है। और तब सब यज्ञ छोटे पड़ जाते हैं और जीवनयज्ञ ही शेष रह जाता है।

‘भगवान्‌श्री, श्रीकृष्ण कहते हैं कि ज्ञानीजन कर्मफल त्यागकर जन्मरूपी बंधन से छूट जाते हैं और परमपद को प्राप्त करते हैं। तो क्या कृष्ण जन्म को बंधन मानते हैं? आप तो जन्म को, संसार को निर्वाण ही है, ऐसा कहते हैं।’

कृष्ण कहते हैं, ज्ञानीजन कर्मफल की आसक्ति को छोड़कर फलासक्ति को छोड़कर जन्मरूपी बंधन से मुक्त हो जाते हैं। ये सब बातें समझने जैसी हैं।

पहली बात, फलासक्ति से मुक्त होकर। कर्म से मुक्त होकर नहीं, फलासक्ति से मुक्त होकर। कर्म से मुक्त होने को नहीं कहा जा रहा है कि काम से मुक्त हो जाते हैं, कर्म से मुक्त हो जाते हैं, नहीं, फलासक्ति से मुक्त

हो जाते हैं। फलासक्ति से मुक्त हो जाने का ज़ोर ही इसलिए है कि कर्म पीछे बचाया गया है। कर्म तो रहेगा, फलासक्ति नहीं रहेगी।

फलासक्ति से मुक्त होकर कोई कैसे कर्म को उपलब्ध होगा, यह थोड़ा सोचने जैसा है। हम तो अगर फल से मुक्त हो जाएँ तो कर्म से ही मुक्त हो जाएँगे। अगर कोई आपसे कहे कि फल की कामना न करें, और कर्म करें, तो आप कहेंगे, मैं पागल हूँ! अगर फल की कामना नहीं है तो कर्म क्यों होगा? फल की कामना से ही तो कर्म होता है। एक क़दम भी उठाते हैं तो किसी फल की कामना से उठाते हैं। अगर फल की कामना नहीं होगी तो क़दम ही क्यों उठेगा? हम उठाएँगे ही क्यों?

इस 'फलासक्ति से मुक्त होकर', इस शब्द ने, जिन लोगों ने कृष्ण को सोचा है, उन्हें बड़ी कठिनाई में डाला है। और सबसे बड़ी कठिनाई उन्होंने यह पैदा की है कि तब उन्होंने एक बहुत ही रहस्यपूर्ण ढंग से फल की पुनर्प्रतिष्ठा कर दी है। फिर उन्होंने यह कहा कि जो फलासक्ति से मुक्त होते हैं, वे मोक्ष को या मुक्ति को उपलब्ध हो जाते हैं। और मुक्ति और मोक्ष को फल की तरह उपयोग में लाना शुरू किया है कि तुम ऐसा करोगे, तो ऐसा मिलेगा। तुम ऐसा करोगे तो ऐसा नहीं मिलेगा। यही तो फल की आकांक्षा है। मोक्ष को भी फल बना लिया। तभी वे लोगों को समझा पाए कि तुम सब और फलों को छोड़ दो। तो मोक्ष को अगर पाना चाहते हो, तो सब फलों को छोड़कर ही मोक्ष को पा सकते हो। लेकिन यह तो कृष्ण के साथ बड़ी ज़्यादती हो गयी। अगर कृष्ण ऐसा भी कहते हैं कि जो सब फलासक्ति से मुक्त हो जाते हैं, वे ज्ञानीजन जन्मरूपी बंधन से मुक्त होते हैं, तो उनकी मुक्त होने की जो बात है वह सिर्फ़ परिणाम की सूचक है। 'कांसीक्वेंस' की ख़बर है। वह फल नहीं है। ऐसा नहीं है कि जिन्हें जन्मरूपी बंधन से मुक्त होना है, वे फल की आकांक्षा छोड़ दें, तब तो यह फिर फल की ही आकांक्षा हो गयी। यह सिर्फ़ ख़बर है कि ऐसा होता है। फल की आकांक्षा छोड़ने से मुक्ति फ़लित होती है, ऐसा होता है। लेकिन मुक्ति की आकांक्षा जो करता है उसे तो मुक्ति कभी फलित नहीं हो सकती, क्योंकि वह फल की आकांक्षा करता है। लेकिन हम बिना फल-आकांक्षा के कर्म कैसे करेंगे?

इसे समझने के लिए यह देखना ज़रूरी होगा कि हमारी ज़िंदगी में दो तरह के कर्म हैं। एक कर्म तो वह है, जो हम अभी करते हैं, कल कुछ पाने

की आशा में। ऐसा कर्म भविष्य की तरफ़ से 'पुल' है, खींचना है। भविष्य खींच रहा है, लगाम की तरह। जैसे एक गाय को कोई गले में रस्सी बाँधकर खींचे लिए जा रहा है, ऐसा भविष्य हमारे गले में रस्सियाँ डालकर हमें खींचे लिए जा रहा है। यह मिलेगा, इसलिए हम यह कर रहे हैं, वह मिलेगा, इसलिए हम वह कर रहे हैं। मिलेगा भविष्य में, कर अभी रहे हैं। रस्सी अभी गले में पड़ी हैं, हाथ में जो फंदा है रस्सी का, वह भविष्य के लिए है। मिलेगा, नहीं मिलेगा, यह पक्का नहीं है। क्योंकि भविष्य का अर्थ ही यह है कि जो पक्का नहीं है। भविष्य का अर्थ ही यह है, जो अभी नहीं हुआ है, होगा। लेकिन उस आशा में हम रस्सी में बँधे हुए पशु की तरह भागे चले जा रहे हैं।

यह बड़े मज़े की बात है, यह शब्द पशु बड़ा बढ़िया है। कभी आपने शायद ख़याल न किया होगा कि पशु का मतलब ही होता है, जो पाश में बँधा हुआ चला जा रहा है। पशु शब्द का ही मतलब होता है, जो पाश में बँधा हुआ खिंचा जा रहा है। तब तो हम सब पशु हैं, अगर हम भविष्य के पाश में बँधे हुए खिंचे जा रहे हैं। पशु का मतलब ही इतना है कि जो भविष्य से बँधा है और जिसकी लगाम भविष्य के हाथों में है और जो खिंचा जा रहा है। जो रोज़ आज इसलिए जीता है कि कल कुछ होगा, कल भी इसलिए जिएगा कि परसों कुछ होगा। जो हर दिन आज कल के लिए जिएगा और कभी नहीं जी पाएगा—क्योंकि जब आएगा, तब आज आएगा और जीना उसका सदा कल होगा। कल भी यही होगा, परसों भी यही होगा, क्योंकि जब भी समय आएगा, वह आज की तरह आएगा और यह आदमी पाश में बँधा हुआ पशु की तरह भविष्य से खिंचा हुआ कल में जिएगा। यह कभी नहीं जी पाएगा। इसकी पूरी ज़िंदगी अनजियी, 'अनलिव्ड' बीत जाएगी। मरते वक़्त यह कह सकेगा कि मैंने सिर्फ़ जीने की कामना की, मैं जी नहीं पाया हूँ। और मरते वक़्त इसकी सबसे बड़ी पीड़ा यही होगी कि अब आगे कोई कल नहीं दिखायी पड़ता। और कोई पीड़ा नहीं है। अगर आगे कोई कल दिखायी पड़ जाए इसे, तो यह मौत को भी झेलने को राज़ी हो जाएगा। इसलिए मरता हुआ आदमी पूछता है, पुनर्ज़न्म है? मैं मरूँगा तो नहीं? वह असल में यह पूछ रहा है, कल है अभी बाक़ी? अगर कल हो तो चल सकता है, क्योंकि मेरे जीने का ढंग कल पर निर्भर है। अगर कल नहीं है अब, तो बड़ा मुश्किल हो गया। मैं तो रोज़-रोज़ कल के लिए जिया और आज अचानक पाता हूँ कि आज के साथ ही सब

समाप्त होता है और कल नहीं है। 'फ्यूचर ओरिएंटेड लिविंग' जो है, वह फलासक्ति का अर्थ है। भविष्य-केंद्रित जीवन।

एक ऐसा कर्म भी है, जो भविष्य से खिंचाव की तरह नहीं निकलता, बल्कि 'स्पांटेनियस' है और झरने की तरह हमारे भीतर से फूटता है। जो हम हैं, उससे निकलता है। जो हम होंगे, उससे नहीं। रास्ते पर आप जा रहे हैं, किसी आदमी का—आपके सामने चल रहा है, उसका छाता गिर गया है, आपने उठाया और छाता दे दिया। न तो छाता देते वक़्त यह ख़याल आया कि कोई 'प्रेस-रिपोर्टर' आसपास है या नहीं, न छाता देते वक़्त वह ख़याल आया कि कोई 'फ़ोटोग्राफ़र' आसपास है या नहीं, न छाता देते वक़्त यह ख़याल आया कि कोई देख रहा है कि नहीं देख रहा है, न छाता देते वक़्त यह ख़याल आया कि वह आदमी धन्यवाद देगा कि नहीं, तो वह कर्म फलासक्ति-रहित हुआ। यह आपसे निकला सहज। लेकिन समझें कि उस आदमी ने आपको धन्यवाद नहीं दिया, दबाया छाता और चल दिया। और अगर मन में विषाद की ज़रा सी भी रेखा आयी, तो आपको फलाकांक्षा का पता नहीं था, लेकिन अचेतन में फलाकांक्षा प्रतीक्षा कर रही थी। आप सचेतन नहीं थे कि इसके धन्यवाद देने के लिए मैं छाता उठाकर दे रहा हूँ, लेकिन अचेतन मन माँग ही रहा था कि धन्यवाद दो। उसने धन्यवाद नहीं दिया, उसने छाता दबाया और चल दिया, तो आपके मन में विषाद की एक रेखा छूट गयी और आपने कहा कि यह कैसा कृतघ्न, कैसा अकृतज्ञ आदमी है! मैंने छाता उठाकर दिया और धन्यवाद भी नहीं! तो भी फलाकांक्षा हो गयी। अगर कृत्य अपने में पूरा है, 'टोटल', अपने से बाहर उसकी कोई माँग ही नहीं है, तो फलाकांक्षा-रहित हो जाता है।

कोई भी कृत्य जो अपने में पूरा है, 'सर्किल' की तरह है; वृत्त की तरह अपने को घेरता है और पूर्ण हो जाता है और अपने से बाहर की कोई अपेक्षा ही उसमें नहीं है। बल्कि छाता देकर आपने उसे धन्यवाद दिया कि तूने मुझे एक पूर्ण कृत्य करने का मौक़ा दिया, जिसमें कि कोई आकांक्षा न थी, वह अवसर मेरे लिए दे दिया। फलाकांक्षा से भरा हुआ व्यक्ति किसी-न-किसी तरह की आकांक्षा, अपेक्षा से भरा होगा। लेकिन जब पूर्ण कृत्य होता है तो वह इतना आनंद दे जाता है कि उसके पार कोई माँग नहीं है। फलाकांक्षा-रहित कृत्य का मेरी दृष्टि में जो अर्थ है, वह यह है कि कृत्य पूर्ण हो, उसके बाहर कोई सवाल ही नहीं है। वह खुद ही इतना आनंद दे

जाता है, वह ख़ुद ही अपना फल है, कृत्य ही अपना फल है, आज ही अपना फल है, यही क्षण अपना फल है।

जीसस एक गाँव से गुजर रहे हैं और उस गाँव के आसपास लिली के फूलों के बड़े खेत हैं और वह अपने शिष्यों से कहते हैं कि देखते हो इन लिली के फूलों को? शिष्य बड़ी देर से देख रहे थे, लेकिन नहीं देख रहे थे, क्योंकि सिर्फ़ आँखों से तो नहीं देखा जाता, प्राणों से देखा जाता है। जीसस ने कहा, देखते हो इन लिली के फूलों को? उन्होंने कहा, देखते हैं, इसमें देखने जैसा क्या है? जैसे लिली के फूल होते हैं, वैसे हैं। जीसस ने कहा कि नहीं, मैं तुमसे कहता हूँ कि सोलोमन भी–सम्राट् सोलोमन भी अपनी पूरी प्रतिष्ठा और गौरव में इतना सुंदर न था, जितना ये ग़रीब लिली के फूल इस गाँव के किनारे हैं। जीसस से पूछा कि सोलोमन से इनकी आप क्या तुलना करते हैं? कहाँ सोलोमन! यहूदी विचार में कुबेर का तुलनात्मक प्रतीक है सोलोमन। कहाँ सोलोमन, कहाँ ये ग़रीब लिली के फूल, इस अनजाने गाँव के रास्तों पर खिले! जीसस ने कहा कि नहीं, लेकिन देखो गौर से। सोलोमन भी अपनी पूरी 'ग्लोरी' में, जब वह पूरा अपने वैभव पर था, तब भी इस एक साधारण से लिली के फूल के बराबर सुंदर न था।

कोई पूछता है कि क्या कारण है? तो जीसस कहते हैं, फूल अभी और यहीं खिलते हैं, सोलोमन सदा भविष्य में रहता है। और भविष्य का तनाव कुरूप कर जाता है। फूल अभी और यहीं खिलते हैं। फूलों को कल का कोई पता नहीं। यही हवा का झोंका सब कुछ है, यही सूरज की किरण सब कुछ है, यही पृथ्वी का टुकड़ा सब कुछ है, यही राह, यही होना, बस यही सब कुछ है, इसके बाहर कुछ होना नहीं। ऐसा नहीं कि साँझ नहीं आती है। साँझ अपने से आएगी। आपकी अपेक्षाओं से आती है? आपकी आकांक्षाओं से आती है? ऐसा नहीं है कि इन फूलों में बीज नहीं लगेंगे और फल नहीं बनेंगे, वे अपने से लगते हैं। आपकी अपेक्षाओं से लगते हैं? लेकिन हम उस पागल औरत की तरह हैं, जिसके बाबत हम सबको पता होगा ही, क्योंकि हम सब उसकी तरह हैं।

एक पागल औरत एक दिन सुबह अपने गाँव से नाराज़ होकर चली गयी। गाँव-भर के लोगों ने कहा कि यह क्या कर रही हो? कहाँ जा रही हो? उसने कहा कि अब मैं जा रही हूँ, तुमने मुझे बहुत सताया, अब कल

से तुम्हें पता चलेगा! पर उन लोगों ने कहा कि बात क्या है? उसने कहा, कि अब मैं जा रही हूँ, तुमने मुझे बहुत सताया, अब कल से तुम्हें पता चलेगा! पर उन लोगों ने कहा कि बात क्या है? उसने कहा, मैं वह मुर्ग़ा अपने साथ लिए जा रही हूँ जिसकी बाँग देने से इस गाँव में सूरज उगा करता था। अब यह सूरज दूसरे गाँव में उगेगा। वह दूसरे गाँव पहुँच गई। सूरज सुबह उगा–मुर्गे ने बाँग दी, सूरज उगा, उसने कहा, अब रोते होंगे नासमझ, क्योंकि अब सूरज इस गाँव में उग रहा है।

उस बूढ़ी औरत के तर्क में कोई खामी है? ज़रा भी नहीं। उसके मुर्ग़े की बाँग देने से सूरज उगता था। और फिर जब दूसरे गाँव में भी बाँग देने से सूरज उगा, तब तो बिलकुल पक्का ही हो गया न, कि अब उस गाँव का क्या होगा! मुर्ग़े ऐसी भ्रांति में नहीं पड़ते, लेकिन मुर्ग़ों के मालिक पड़ जाते हैं। मुर्ग़े तो सूरज उगता है, इसलिए बाँग देते हैं, मुर्ग़ों के मालिक समझते हैं कि अपना मुर्ग़ा बाँग दे रहा है, इसलिए सूरज उग रहा है।

हम सबका चित्त ऐसा है। भविष्य तो आता है अपने से। वह आ ही रहा है, वह हमारे रोके न रुकेगा। फल आते हैं अपने से, वे हमारे रोके न रुकेंगे। हम अपने कृत्य को पूरा कर लें, इतना काफ़ी है, उसके बाहर हमें होने की ज़रूरत नहीं है। कृष्ण इतना ही कहते हैं कि तुम्हारा कृत्य पूरा हो–'दॅ एक्ट मस्ट बी टोटल'। 'टोटल' का मतलब है कि उसके बाहर करने को तुम्हें कुछ भी न बचे, तुम पूरा उसे कर लिए और बात ख़त्म हो गयी। इसलिए वे कहते हैं कि तुम परमात्मा पर छोड़ दो फल। परमात्मा पर छोड़ने का कुल इतना ही मतलब है कि उसके बाहर करने को तुम्हें कुछ भी न बचे, तुम पूरा उसे कर लिए और बात ख़त्म हो गयी। इसलिए वे कहते हैं कि तुम परमात्मा पर छोड़ दो फल। परमात्मा पर छोड़ने का मतलब यह नहीं है कि कोई नियंता, कहीं 'कंट्रोलर' कोई बैठा है, उस पर तुम छोड़ दो, वह तुम्हारा हिसाब-किताब रखेगा। परमात्मा पर छोड़ने का कुल इतना ही मतलब है कि तुम कृपा करो, तुम सिर्फ़ करो और समष्टि से उस करने की प्रतिध्वनि की चिंता मत करो, पहाड़ प्रतिध्वनि करते ही हैं। तुम पहाड़ों पर छोड़ दो प्रतिध्वनि की बात। तुम नाहक चिंतित मत होओ, क्योंकि तुम्हारी चिंता तुम्हें ठीक से ध्वनि भी न करने देगी और फिर हो सकता है प्रतिध्वनि भी न हो पाए, क्योंकि प्रतिध्वनि होने के लिए ध्वनि तो होनी चाहिए। फलाकांक्षा कर्म को ही नहीं करने देती। फलाकांक्षा में उलझे हुए लोग कर्म करने से चूक ही जाते हैं, क्योंकि कर्म का

क्षण है—वर्तमान और फल का क्षण है—भविष्य। जिनकी आँखें भविष्य पर गड़ी हैं, वे अगर वर्तमान के बहुत नाजुक क्षण से चूक जाते हों तो इसमें आश्चर्य नहीं है। क्योंकि आँखें तो गड़ी हैं भविष्य पर, कल पर, फल पर, तो काम तो बेमानी हो जाता है। किसी तरह हम करते हैं। नज़र लगी होती है आगे, ध्यान लगा होता है आगे—और जहाँ ध्यान है, वहीं हम हैं। और अगर ध्यान वर्तमान क्षण पर नहीं है, तो ग़ैर ध्यान में, 'इनअटेंटिवली' जो होता है, होता है। उस होने में बहुत गहराई नहीं होती, उस होने में पूर्णता नहीं होती, उस होने में आनंद नहीं होता है।

कृष्ण की फलाकांक्षा-रहित कर्म की जो दृष्टि है, उसका कुल मतलब इतना है कि तुम इतना भी अपना हिस्सा भविष्य के लिए मत तोड़ो कि इस काम में बाधा पड़ जाए, तुम इस काम को पूरा ही कर लो। भविष्य जब आए तब भविष्य में पूरे हो लेना, कृपा करके अभी तुम पूरे हो लो। अभी तुम इसी में पूरे हो लो, भविष्य आएगा और तुम्हारे पूरे होने से फल निकलेगा। उसकी तुम चिंता ही मत करो, उसे तुम निश्चिंत हो परमात्मा पर छोड़ सकते हो। इसका मतलब यह हुआ कि हम जो कर रहे हैं, वह हमारा आनंद हो जाए। तभी हम भविष्य से और फल से बच सकते हैं। जो हम कर रहे हैं, वह हमारे आनंद से सृजित हो, वह हमारे आनंद से निकले, उसका आविर्भाव हमारे आनंद से हो, वह हमारे भीतर से झरने की तरह फूटे—किसी भविष्य के लिए नहीं, पशु की तरह नहीं, झरने की तरह। झरना किसी भविष्य के लिए नहीं फूट रहा है।

भला आप सोचते होंगे कि नदियाँ सागर के लिए बह रही हैं, ग़लती में हैं आप। सागर तक पहुँच जाती हैं, यह दूसरी बात है। नदियाँ बहती हैं अपने वेग से, नदियाँ बहती हैं अपने 'ओरिजनल सोर्स' की क्षमता से। गंगोत्री की क्षमता से गंगा बहती है। सागर तक पहुँचती है, यह बिलकुल दूसरी बात है। इस पूरी लंबी यात्रा में गंगा को सागर से कुछ लेना-देना नहीं है। सागर मिलेगा कि नहीं मिलेगा, इससे कोई संबंध ही नहीं है। गंगा की भीतरी ऊर्जा इतनी है कि वह बहाए लिए जाती है, बहाए लिए जाती है और हर तट पर गंगा नाच रही है। कोई सागर के तट पर ही नाचती है, ऐसा नहीं, हर तट पर नाच रही है। पत्थरों में, पहाड़ों में, गड्ढों में, ऊँचाइयों पर, नीचाइयों में, सुख में, दुःख में, निर्जन में, रेगिस्तान में, वृक्षों में, हरियाली में, मनुष्यों में, न-मनुष्यों में, वह हर जगह नाच रही है। जहाँ है, जिस तट पर, वहाँ नाच पूरा है। उसी नाच से

वह अगले तट पर पहुँच जाती है, यह दूसरी बात है। लेकिन अगले तट पर पहुँचने के लिए वह किसी तट से जल्दी में नहीं है। फिर एक दिन वह सागर तक पहुँच जाती है। सागर तक पहुँच जाना उसके जीवन की फलश्रुति है। वह फल है, लेकिन उस फल के लिए कहीं कोई आकांक्षा नहीं है। एक झरना फूट रहा है, अपनी भीतरी ऊर्जा से फूटता है। कृष्ण यह कह रहे हैं कि आदमी ऐसा जिए कि अपनी भीतरी ऊर्जा से उसका कृत्य फूटता रहे। मेरी दृष्टि में संन्यासी और गृहस्थ में यही फ़र्क़ है। गृहस्थ रोज कल के लिए जीता है, संन्यासी आज की ऊर्जा से फूटता है और जीता है। आज पर्याप्त है। कल आएगा, वह भी आज की तरह आएगा, उसमें भी हम आज की तरह जी लेंगे।

मुहम्मद के जीवन में एक छोटी-सी घटना है। मुहम्मद उन थोड़े-से संन्यासियों में से हैं, जैसे संन्यासी मैं दुनिया में देखना चाहूँगा। मुहम्मद को रोज लोग भेंट कर जाते हैं। कोई मिठाइयाँ दे जाता है, कोई रुपये दे जाता है, कोई कुछ कर जाता है। साँझ तक जो लोग आते हैं, खाते हैं, पीते हैं, साँझ को मुहम्मद अपनी पत्नी को कहते हैं कि अब सब बाँट दो, क्योंकि साँझ हो गयी। तो जो भी होता है, सब बाँट दिया जाता है। साँझ मुहम्मद फिर फ़क़ीर हो जाते हैं। उनकी पत्नी उनसे पूछती भी है कि यह ठीक नहीं है, कल के लिए कुछ बचाना उचित है, तो मुहम्मद कहते हैं कि जो आज ले आया था, कल उसकी फिर प्रतीक्षा करेंगे। और जब आज बीत गया, तो कल भी बीत जायेगा। और फिर वह अपनी पत्नी से कहते हैं कि क्या तू मुझे नास्तिक समझती है कि मैं कल का इंतज़ाम करूँ? कल का इंतज़ाम नास्तिकता है। कल का इंतज़ाम इस बात की सूचना है कि जिस समष्टि ने आज दिया, कल पता नहीं देगी, नहीं देगी! कल का इंतज़ाम अश्रद्धा है। कल का इंतज़ाम अश्रद्धा है—जागतिक ऊर्जा पर, विश्व-प्राण पर। जिसने मुझे आज दिया, वह कल मुझे देगा या नहीं देगा, इसलिए मैं इंतज़ाम कर लूँ। लेकिन मैं कितना इंतज़ाम कर पाऊँगा, क्या इंतज़ाम कर पाऊँगा और मेरे इंतज़ाम कहाँ तक काम पड़ेंगे, मुहम्मद कहते हैं बाँट दे, कल सुबह फिर श्रद्धा से प्रतीक्षा करेंगे। मुहम्मद कहते हैं, मैं आस्तिक हूँ। तो कल के लिए बचा कर नहीं रख सकता, नहीं तो परमात्मा क्या कहेगा कि ऐ मुहम्मद, तेरा इतना भी भरोसा नहीं! तो रोज साँझ सब बँट जाता है।

फिर मुहम्मद की मौत आती है। मरने की रात, चिकित्सकों ने कहा कि आज वह बच न सकेंगे। तो उनकी पत्नी ने सोचा कि आज तो कुछ

बचा ही लेना चाहिए, रात दवा की ज़रूरत हो सकी है! खैर कल सुबह कोई लाएगा, वह तो ठीक है, लेकिन आधी रात कौन लाएगा? तो उसने पाँच दीनार पाँच रुपये के नीचे छिपा दिये। साँझ को जब सब बाँटा है, पाँच रुपये तकिये के नीचे छिपा दिये। रात को बारह बजे मुहम्मद बड़ी तड़फन में हैं। बड़ी पीड़ा में हैं। आख़िर उन्होंने अपनी चादर उघाड़ी और अपनी पत्नी से पूछा कि मैं सोचता हूँ, समझता हूँ कि मालूम होता है आज ग़रीब मुहम्मद ग़रीब नहीं है। कुछ घर में बचा है। उसकी पत्नी तो बहुत घबरा गयी। उसने कहा आपको कैसे पता चला? तो मुहम्मद ने कहा कि तेरे चेहरें को देखकर पता चलता है, क्योंकि आज तू वैसी निश्चित नहीं है जैसी सदा निश्चित है। घर में तूने ज़रूर कुछ बचाया है। जो चिंतित हैं वे भी बचा लेते हैं, जो बचा लेतें हैं वे भी चिंतित हो जाते हैं, वह 'विसियस सर्किल' है। तो मुहम्मद कहते हैं, उसे निकाल और बाँट दे अभी। मुझे शांति से मरने दे। आखिरी रात, कहीं ऐसा न हो कि परमात्मा कहे कि आखिरी रात मुहम्मद, तू चूक गया? और जब मैं उसके सामने जाऊँ तो अपराधी की तरह खड़ा होना पड़े। निकाल कहाँ है? उसकी पत्नी ने घबराहट में वह पाँच रुपये जो छिपा रखे थे कि रात दवा की ज़रूरत पड़े, निकाले। मुहम्मद ने कहा, किसी को भी पुकार दे। पुकार दी गयी है, कोई बाहर सड़क पर भिखारी था, वह भीतर आ गया। मुहम्मद ने कहा, देख, आधी रात को लेने वाला आ सकता है तो देने वाला भी आ सकता है। तू उसको दे दे। ये पाँच रुपये दे दे। वे पाँच रुपये उसे दे दिए गए, फिर मुहम्मद ने चादर ओढ़ ली और वह उनका आखिरी कृत्य था उनका चादर ओढ़ना। जैसे वे पाँच रुपये अटकाव थे। जैसे वे पाँच रुपये बाधा थे। जैसे वे पाँच रुपये पीड़ा थे। जैसे वह पाँच रुपये की गाँठ उस संन्यासी को भारी पड़ रही थी, रोके हुए थी।

प्रत्येक कृत्य और प्रत्येक क्षण और प्रत्येक दिन अपने में पूरा होता जाए, तो भी कल आता है। कल सदा आता रहा है, लेकिन तब कल रोज नया होता है। बासा नहीं होता। और तब कल जैसा भी आता है, वह 'फ्रस्ट्रेट' नहीं करता। कल हमें विषाद से भर देगा अगर आज की हमारी अपेक्षाओं के विपरीत पड़ा। क्योंकि भविष्यं इतने विराट् पर निर्भर है और हमारी अपेक्षाएँ इतने क्षुद्र पर निर्भर हैं कि इस क्षुद्र की अपेक्षाएँ इस विराट् में कैसे पूरी होंगी, उनका कोई पता ही नहीं चलेगा। यह ऐसा हीं है जैसे कि नदी की बहती धारा

में एक बूँद तय करती हो कि अगर पश्चिम को कल बहें तो बड़ा अच्छा। नदी की पूरी धारा में एक बूँद कहाँ निर्णायक होगी कि पश्चिम को बहें। नदी को जहाँ बहना है, बहेगी। एक बूँद उसके साथ ही होगी, लेकिन कल दुःखी होगी। क्योंकि उसने तय किया था पश्चिम में बहने का और नदी पूरब बही जा रही है और तब विषाद और पीड़ा भर जाएगी। अपेक्षाएँ, फलाकांक्षाएँ, विषाद, दुःख, 'फ्रस्ट्रेशंन' और पीड़ा से भर जाती हैं, असफलताओं से भर जाती हैं। जो आदमी प्रतिपल पूरा जी रहा है, उसके जीवन में विषाद नहीं है।

इसलिए जो कर रहे हैं, उस करने में पूरे हो जाएँ और फल परमात्मा पर छोड़ दें। ऐसा जो करेगा, तो कृष्ण कहते हैं, वह जन्म के, जन्मरूपी बंधन से छूट जाता है। और वह बड़े मज़े की बात कर रहे हैं, वह यह कह रहे हैं, जन्मरूपी बंधन से। जन्म बंधन है, ऐसा वह नहीं कर रहे हैं। असल में जो आदमी फलाकांक्षा से भरा है, वह आदमी जन्म लेने की आतुरता से भरा होता है। क्योंकि फल को पूरा करने के लिए कल तो होना चाहिए न! जो आदमी फलों में जीता है, वह आदमी जन्म लेने की आतुरता में जीता है। उसे जन्म लेना ही पड़ेगा। और जो आदमी फलों में जीता है, उसके लिए जन्म बंधन बन जाता है। वह उसकी मुक्ति नहीं रहती। रहेगी नहीं मुक्ति। क्योंकि जन्म का भी आनंद उसे नहीं है। आनंद तो उसे कुछ फल मिलने का है। जन्म भी उसके लिए आनंद नहीं है। जन्म भी एक अवसर है, जिसमें वह कुछ फलों को पाकर आनंदित होना चाहता है। मृत्यु उसके लिए दुःख होगी, क्योंकि मृत्यु उसे उन सब मार्गों को तोड़ देगी, जिन मार्गों से भविष्य में जिया जा सकता था। और जन्म उसके लिए बंधन मालूम पड़ेगा। जन्म उसके लिए इसलिए बंधन मालूम पड़ेगा कि वह जीवन को जानता ही नहीं है, जो मुक्ति है। और एक बार कोई जीवन को जान ले, तो जन्म भी नहीं रह जाता और मृत्यु भी नहीं रह जाती है। कृष्ण ने उसमें जो बात कही है वह अधूरी है, उसे पूरा किया जाना चाहिए। वह कह रहे हैं, जन्मरूपी बंधन से मुक्त हो जाता है। मैं आपको कहता हूँ, वह मृत्युरूपी बंधन से भी मुक्त हो जाता है।

इसका मतलब यह नहीं है कि जन्म और मृत्यु बंधन हैं। इसका मतलब यह है कि जन्म और मृत्यु बंधन प्रतीत होते हैं—अज्ञान में। ज्ञानी के लिए तो जन्म और मृत्यु रह ही नहीं जाते। यह जो बंधन की प्रतीति है, वह अज्ञानी चित्त की प्रतीति है। और जो मुक्ति की प्रतीति है, वह ज्ञानी चित्त

की प्रतीति है। जन्म बुरा है, ऐसा वह नहीं कह रहे। लेकिन जैसे हम हैं, उनको जन्म बंधन मालूम होगा। हम जैसे आदमी प्रेम तक को बंधन बना लेते हैं। मेरे पास न-मालूम कितने मित्रों की लड़कियों के, लड़कों के विवाह के निमंत्रण आते हैं, उसमें लिखा रहता है कि मेरी पुत्री प्रेम के बंधन में बंधने जा रही है, मेरा बेटा विवाह के बंधन में बँध रहा है। हम प्रेम को भी बंधन बना लेते हैं, जबकि प्रेम मुक्ति है। कहना तो यही उचित होगा कि मेरी बेटी प्रेम में मुक्त होने जा रही है। हम कहते हैं, बेटी प्रेम में बँधने जा रही है। हम प्रेम को भी बंधन बना लेते हैं। इसमें प्रेम बंधन है ऐसा नहीं, हम जैसे हैं, हम प्रेम को भी बंधन बना लेते हैं। हम जैसे हैं, हम जन्म को भी बंधन बना लेते हैं। हम जैसे हैं, हम मृत्यु को भी बंधन बना लेते हैं। हम जैसे हैं, हम पूरे जीवन को ही बंधनों की एक शृंखला बना लेते हैं। जो व्यक्ति क्षण में जीता, वर्तमान में जीता, फलाकांक्षा से मुक्त जीता, अनासक्त जीता, जो व्यक्ति जीवन को अभिनय की तरह जीता, जो करता हुआ न करता है, न करता हुआ करता है, ऐसा व्यक्ति ज़िंदगी में जो भी है, उस सबको मुक्ति बना लेता है। उसके लिए बंधन भी मुक्ति हो जाते हैं, हमारे लिए मुक्ति भी बंधन है। यह हमारे होने के ढंग पर निर्भर करता है। इसलिए कृष्ण की बात में कोई जन्म बंधन है, ऐसा जन्म की निंदा नहीं है। हम जैसे हैं, हमने जन्म को बंधन बनाया है। और अगर हम फलाकांक्षा-रहित होकर जीना शुरू करें, तो जन्म हमारे लिए बंधन रह जाएगा। ऐसा व्यक्ति जीवनमुक्ति को उपलब्ध होता है। यही जीवन है मुक्ति। यहीं है वह जीवन, अभी है वह जीवन। हमारे देखने पर निर्भर करता है।

मैंने सुना है कि एक विद्रोही को—एक फ़क़ीर को, एक सूफ़ी को किसी खलीफा ने कारागृह में डाल दिया। उसके हाथों पर ज़ंजीरें डाल दीं, उसके पैरों में बेड़ियाँ डाल दीं और वह सूफ़ी, वह फ़क़ीर जो निरंतर स्वतंत्रता के गीत गाता था, जेल के सींखचों में डाल दिया गया। सम्राट्—वह खलीफा उससे मिलने गया। और उसने पूछा कि कोई तकलीफ़ तो नहीं है? तो उस फ़क़ीर ने कहा, तकलीफ़ कैसी! शाही मेहमान को तकलीफ़ कैसे हो सकती है! आप मेज़बान, आप 'होस्ट', तकलीफ़ कैसे हो सकती है! हम बड़े आनंद में हैं। झोंपड़े से महल में ले आए। उस सम्राट् ने कहा, मज़ाक़ तो नहीं करते हो? उस फ़क़ीर ने कहा, ज़िंदगी को मज़ाक़ समझा, इसलिए ऐसा कह पाते

हैं। तो उसने कहा, कि ज़ंजीरें बहुत बोझिल तो नहीं हैं? ये ज़ंजीरें कोई पीड़ा तो नहीं देतीं? तो उस फ़क़ीर ने ज़ंजीरों को गौर से देखा और उसने कहा कि मुझसे बहुत दूर हैं। मेरे और इन ज़ंजीरों के बीच बड़ा फ़ासला है। सो तुम इस भ्रम में होओगे कि तुमने मुझे कारागृह में डाला, लेकिन मेरी मुक्ति को तुम कारागृह नहीं बना सकते, क्योंकि मैं कारागृह को भी मुक्ति बना सकता हूँ।

इस पर ही सब निर्भर करता है कि हम कैसे देखते हैं। उस फ़क़ीर ने कहा, बड़ा फ़ासला है इन ज़ंजीरों में और मुझमें। तुम कैसे मुझ पर ज़ंजीरें डालोगे? मंसूर को सूली दी गयी और मंसूर के हाथ-पैर काटे गए और लाख लोग देखने इकट्ठे थे, लेकिन मंसूर हँसता ही रहा और उसकी हँसी बढ़ती ही गयी। जब उसके पैर काटे, तब वह जितना हँस रहा था। जब हाथ काटे तब और ज़ोर से हँसने लगा। लोगों ने पूछा कि पागल मंसूर, यह कोई हँसने की घड़ी है? मंसूर ने कहा कि मैं इसलिए हँस रहा हूँ कि तुम समझ रहे हो कि मुझे मार रहे हो, और तुम किसी और को काटे जा रहे हो! याद रखना, मंसूर ने कहा, कि मंसूर को जब काट रहे थे, तब वह हँस रहा था। ध्यान रखना कि तुम मंसूर को छू भी नहीं सकते हो, काटना तो बहुत दूर की बात है। और तुम जिसे काट रहे हो, वह मंसूर नहीं है। मंसूर तो वही है, जो हँस रहा है। तब तो जो जल्लाद उसको काट रहे थे, जो उसके दुश्मन उसको काट रहे थे, उन्होंने कहा कि कैसे हँसता है हम देखें, उन्होंने जीभ काट दी मंसूर की, लेकिन तब मंसूर की आँखें हँस रही थीं। लाखों लोगों ने कहा, जीभ तो तुमने काट दी, लेकिन मंसूर का चेहरा हँस रहा है, उसकी आँखें हँस रही हैं। उन जल्लादों ने उसकी आँखें फोड़ दीं। लेकिन मंसूर का चेहरा हँसता रहा। उसका रोआँ-रोआँ हँस रहा था। लोगों ने कहा कि तुम इसको न रुला सकोगे। अब इस आदमी के पास काटने को भी कुछ नहीं बचा, लेकिन उसका पूरा अस्तित्व हँस रहा है।

जीवन वैसा ही हो जाता है, जैसे हम हैं। जन्म वैसा ही हो जाता है, जैसे हम हैं। मृत्यु वैसी ही हो जाती है, जैसे हम हैं। यदि हम मुक्ति हैं, तो जन्म मुक्ति है, जीवन मुक्ति है। यदि हम बँधे हैं, पाश में, पशु हैं, तो जन्म बंधन है, जीवन बंधन है, प्रेम बंधन है, मृत्यु बंधन है, सब बंधन है। परमात्मा भी तब एक बंधन की तरह ही दिखायी पड़ता है।

‘पहले एक चर्चा में आपने कहा था कि पुरुष में साठ प्रतिशत पुरुष और चालीस प्रतिशत स्त्री, तथा स्त्री में साठ प्रतिशत स्त्री और चालीस प्रतिशत पुरुष होता है। यदि दोनों शक्तियों को पचास-पचास प्रतिशत अनुपात हो जाए, तो क्या वह शक्ति नपुंसक होगी? और परमात्मा को अर्धनारीश्वर क्यों कहा है?’

मैंने ऐसा नहीं कहा कि साठ और चालीस का अनुपात होता है, उदाहरण के लिए कहा। अनुपात बहुत हो सकते हैं सत्तर-तीस भी हो सकता है, अस्सी-बीस भी हो सकता है, नब्बे-दस भी हो सकता है, इक्यावन-उनचास भी हो सकता है। और पचास-पचास भी हो सकता है। और जब पचास-पचास होता है, तभी 'एसेक्सुअलिटी' पैदा हो जाती है। तभी वह व्यक्ति यौन की दृष्टि से द्वंद्व के बाहर हो जाता है, जिसको हम नपुंसक या 'इम्पोटेंट' कह रहे हैं।

यह बड़े मजे की बात है कि इस मुल्क ने ब्रह्म शब्द को नपुंसक लिंग में रखा है। ब्रह्म पुरुष है कि स्त्री? नहीं, ब्रह्म 'इम्पोटेंट' है। वह जो कि 'ऑमनीपोटेंट' है, वह जोकि सर्वशक्तिमान है, उसको हमने जो लिंग रखा है वह नपुंसक लिंग में रखा है। क्योंकि वह कैसे स्त्री हो सकता है, वह पक्ष हो जाएगा। वह कैसे पुरुष हो सकता है, वह पक्ष हो जाएगा। वह निष्पक्ष है। निष्पक्ष है, तो वह पचास-पचास दोनों पूरा है, तभी निष्पक्ष हो सकता है। अर्धनारीश्वर की कल्पना ब्रह्म की कल्पना है। उसमें नारीत्व और पुरुषत्व आधा-आधा है। वह दोनों है एक-साथ। क्योंकि वह दोनों नहीं है। अगर पुरुष है तो स्त्री-तत्त्व का इस जगत् में कहाँ से आविर्भाव होगा? अगर वह स्त्री है, तो पुरुष-तत्त्व कहाँ से आएगा, कहाँ से शुरू होगा, कहाँ से पैदा होगा? वह दोनों ही है। एक-साथ दोनों है। इसलिए दोनों को पैदा कर पाता है।

और हम जब तक स्त्री हैं और पुरुष हैं, तब तक हम परमात्मा के टूटे हुए दो हिस्से हैं। इसलिए स्त्री-पुरुष का आपसी आकर्षण एक होने का आकर्षण है। स्त्री-पुरुष का आकर्षण पूरा होने का आकर्षण है। वह आधे-आधे हैं। अर्धनारीश्वर की हमारी कल्पना और हमारी प्रतिमा बड़ी अनूठी है। दुनिया ने बहुत प्रतिमाएँ बनायी हैं, लेकिन अर्धनारीश्वर में जो बहुत मनोवैज्ञानिक सत्य है, उसका कोई मुकाबला नहीं है। अर्धनारीश्वर में हम इतना ही कह रहे हैं

कि परमात्मा दोनों हैं, एक साथ, और पूरा है। एक पहलू उसका स्त्रैण है, एक पहलू उसका पुरुष है। या ऐसा कहें कि वह दोनों का सम्मिलन है, दोनों का मध्य है, या दोनों का 'बियांड' है, दोनों का पार है।

यह जो मैंने कहा कि परमात्मा को, ब्रह्म को, यह जो मध्य की स्थिति है, जीसस ने एक बहुत अच्छा शब्द उपयोग किया है, 'इनंचेज ऑफ़ गॉड'। जीसस ने कहा है कि जिसे प्रभु को पाना है, उसे प्रभु के लिए नपुंसक हो जाना पड़ेगा। बड़ी अजीब बात कही है। पर कही बिलकुल ठीक है। जिसे प्रभु को पाना है, उसे प्रभु जैसा होना ही पड़ेगा। इसलिए बुद्ध अपनी पूरी गरिमा में, या कृष्ण अपनी पूरी गरिमा में न स्त्री हैं, न पुरुष हैं। अपनी पूरी गरिमा में वे दोनों हैं। अपनी पूरी गरिमा में वे मिश्रित हैं, अपनी पूरी गरिमा में एक अर्थ में वे 'ट्रांसेंडेंटल सेक्स' हैं, वे पार हो गए दोनों द्वंद्वों के और दोनों के बाहर हो गए। लेकिन हमारे बीच द्वंद्व है। मात्राओं का द्वंद्व है।

और जो उन्होंने पूछा कि जो हमारे बीच 'थर्ड सेक्स' पैदा होता है कभी, उसका क्या कारण है? उसका वही कारण है। अगर उसके भीतर 'फिजियोलॉजिकली', शारीरिक तल पर दोनों तत्त्व समान रह गए, तो उसका लिंग विकसित नहीं हो पाता किसी भी दिशा में। उसकी जाति ठीक से विकसित नहीं हो पाती। दोनों बराबर समतुल्य शक्तियाँ एक-दूसरे को काट जाती हैं। यह भी संभव हो गया है, पहले तो कभी-कभी आकस्मिक होता था कि कोई स्त्री बाद के जीवन में पुरुष हो गयी, या कोई पुरुष बाद में स्त्री हो गया।

लंदन में पीछे एक बड़ा मुक़दमा चला। और सनसनीखेज मुक़दमा था और मुक़दमा यह था कि एक लड़की और एक लड़के का विवाह हुआ, लेकिन विवाह के बाद वह लड़की जो थी, वह लड़का हो गयी। और अदालत में जो मुक़दमा था, वह यह था कि उस लड़की ने धोखा दिया, वह लड़का थी ही। बड़ी कठिनाई हुई इस मुक़दमे में। उस लड़की का तो कहना था, वह लड़की थी, और यह विकास उसमें बाद में हुआ है। लेकिन तब तक विज्ञान इस संबंध में बहुत साफ़ नहीं था। लेकिन अभी इधर बीस-पच्चीस़ वर्षों में विज्ञान बहुत साफ़ हुआ। और घटनाएँ बहुत तरह की घटी हैं, जिनमें 'सेक्स'-रूपांतरण हुआ, जिनमें कोई पुरुष स्त्री हो गया, कोई स्त्री पुरुष हो गयी। अगर यह 'मार्जिनल केसेज' हैं, अगर उनचास और इक्यावन का 'मार्जिन' है,

तो बदलाहट कभी भी हो सकती है। थोड़े-से 'केमिकल' फ़र्कों से बदलाहट हो सकती है। और अब, अब तो बहुत सुविधापूर्ण हो गयी है बात और भविष्य में बहुत ज़्यादा दिन नहीं हैं कि कोई आदमी ज़िंदगी-भर पुरुष रहने का ही कष्ट भोगे, या कोई स्त्री ज़िंदगी-भर स्त्री रहने के ही चक्कर में रहे। इसमें बदलाहट कभी की जा सकती है। यह 'सेक्स' जो है, यह रूपांतरित हो सकेगा, क्योंकि उसके 'केमिकल' की मात्रा बढ़ा दी जाए, व्यक्तित्व के शरीर में हारमोन्स बदल दिए जाएँ, तो उस व्यक्तित्व में स्त्री प्रकट हो सकती है—फिर पुरुष स्त्री हो सकता है, स्त्री पुरुष हो सकती है।

स्त्री और पुरुष एक ही तरह के व्यक्ति हैं, सिर्फ़ मात्राओं के फ़र्क़ हैं उनमें कुछ। उन मात्राओं के कारण सारी-की-सारी बात है।

अर्धनारीश्वर इस बात की सूचना है कि विश्व का मूलस्रोत न तो स्त्री है, न पुरुष है। वह दोनों एक-साथ है। लेकिन क्या मैं आपसे यह कहूँ कि वह जो 'इम्पोटेंट' है, नपुंसक है, वह परमात्मा के ज़्यादा निकट पहुँच जाएगा? यह मैं नहीं कह रहा हूँ। परमात्मा दोनों हैं और नपुंसक दोनों नहीं हैं।

इस फ़र्क़ को आप ख़याल में ले लेना।

परमात्मा दोनों हैं एक-साथ, और जिसे हम नपुंसक कहें, वह दोनों नहीं है। नपुंसक हमारा सिर्फ़ अभाव है, 'एब्सेंस' है। और परमात्मा भाव है, 'प्रेजेंस' है। परमात्मा में स्त्री और पुरुष दोनों हैं। इसलिए अर्धनारीश्वर की प्रतिमा है, उसमें आधी स्त्री है, आधा पुरुष है। हम परमात्मा को नपुंसक जैसा भी बना सकते थे, जिसमें न स्त्री होती, न पुरुष होता, लेकिन वह अभाव होता। परमात्मा दोनों का भाव है, दोनों की 'पॉजिटिविटी' है। और जिसे हम नपुंसक कहते हैं, वह बेचारा दोनों का अभाव है। उसके पास कोई व्यक्तित्व नहीं है, इसलिए उसकी पीड़ा का कोई अंत नहीं है। इसलिए जब जीसस कहते हैं, 'इनंचेज ऑफ गॉड', तब वह बिलकुल दूसरी बात कह रहे हैं। वह यह नहीं कह रहे हैं कि लोग नपुंसक हो जाएँ। वह यह कह रहे हैं कि परमात्मा में, परमात्मा के लिए वे न स्त्री रह जाएँ, और तब वे दोनों रह जाएँगे, दोनों हो जाएँगे।

‘जैन-शास्त्रों में क्यों कहा है कि स्त्रियों के लिए मोक्ष नहीं है?’

बात ज़रा बदल जाएगी। एक सवाल छोटा-सा पूछा है। बात बदल जाएगी, इसलिए थोड़े में करें, फिर हम ध्यान के लिए बैठेंगे। पूछा है कि जैन-शास्त्रों में क्यों कहा है कि स्त्रियों के लिए मोक्ष नहीं है। उसका कारण है कि जैन-शास्त्र पुरुष-चित्त के द्वारा निर्मित शास्त्र हैं। जैन-साधना पुरुष-साधना है। जैन-साधना की पूरी प्रक्रिया 'एग्रेसिव' है, आक्रामक है। और इसलिए जैन-शास्त्र सोच ही नहीं सकता कि स्त्री को कैसे मोक्ष हो सकता है? अगर कृष्ण के भक्त से हम पूछें तो वह बहुत मुश्किल में पड़ेगा। वह कहेगा, स्त्री के सिवाय और किसी का मोक्ष हो ही कैसे सकता है! पुरुष का मोक्ष होगा कैसे! क्योंकि कृष्ण-भक्त अगर पुरुष भी है, तो अपने को स्त्री बनाकर कृष्ण के प्रेम में पड़ता है। मीरा जब गयी वृंदावन और वहाँ के मंदिर में प्रवेश पर उस पर रोक लगायी गयी, क्योंकि प्रवेश में, उस मंदिर में जो पुजारी था, वह स्त्रियों को नहीं देखता था। और जब मीरा को रोका तो मीरा ने कहा, एक सवाल उन पुजारी से पूछ लो कि क्या कृष्ण के अलावा और कोई पुरुष भी है? और कृष्ण के पुजारी होकर अभी तक पुरुष बने हुए हो? तो उस पुजारी ने कहा, उसको आने दो। मेरी भूल मुझे पता चल गयी, मैं ग़लती में था। तो कृष्ण के आसपास तो 'पैसिव', संपूर्ण, 'सरेंडर', वह जो स्त्री का चित्त है, वह।

महावीर के आसपास पुरुष-चित्त की गति है। महावीर स्वयं पुरुष-चित्त के साधक हैं। उनकी सारी साधना पुरुष-चित्त की साधना है, इसलिए महावीर सोच भी नहीं सकते, मान भी नहीं सकते कि स्त्री मोक्ष जा सकती है। तो महावीर की परंपरा में स्त्री को थोड़ी प्रतीक्षा करनी पड़े, उसे एक पर्याय और लेना पड़े, एक बार पुरुष होना पड़े, फिर ही वह जा सकती है। और मैं मानता हूँ कि इसमें ग़लती नहीं है। अगर महावीर की ही साधना करनी हो तो दुनिया में कोई स्त्री नहीं कर सकती। स्त्रैण-चित्त ही महावीर की साधना नहीं कर सकता। सिर्फ़ पुरुष-चित्त ही कर सकता है। और अगर पुरुष-चित्त की साधना करनी हो तो कृष्ण के साथ बहुत कठिनाई है। हो नहीं सकती। पुरुष-चित्त का कृष्ण से तालमेल नहीं बैठेगा।

ये हमारे जो दो चित्त हैं, इन दो चित्तों पर सब कुछ निर्भर करता है। फिर कल सुबह बात करेंगे।[9]

तीसरा प्रवचन

राजपथरूप भव्य जीवनधारा के प्रतीक कृष्ण

‘भगवान्श्री, महावीर की वीतरागता, क्राइस्ट की ‘होली इनडिफरेंस’, बुद्ध की उपेक्षा, कृष्ण की अनासक्ति, इनमें क्या सूक्ष्म समानता व भिन्नता है? इस पर प्रकाश डालें।’

क्राइस्ट की तटस्थता, बुद्ध की उपेक्षा, महावीर की वीतरागता और कृष्ण की अनासक्ति, इनमें बहुत-सी समानताएँ हैं, लेकिन बुनियादी भेद भी हैं। समानता अंत पर है, उपलब्धि पर है, भेद मार्ग में है। अंतिम क्षण में ये चारों बातें एक ही जगह पहुँचा देती हैं। लेकिन चारों के रास्ते बड़े अलग-अलग हैं।

जीसस जिसे तटस्थता कहते हैं, बुद्ध जिसे उपेक्षा कहते हैं, इनमें बड़ी गहरी समानता है। यह जगत् जैसा है, इस जगत् की धाराएँ जैसी हैं, इस जगत् के अंतर्द्वंद्व जैसे हैं, इस जगत् के भेद और विरोध जैसे हैं, उनके प्रति कोई तटस्थ हो सकता है। लेकिन तटस्थता कभी भी प्रसन्नता नहीं हो सकती। तटस्थता बहुत गहरे में उदासी बन जाएगी। इसलिए जीसस उदास हैं। और अगर वे किसी आनंद को भी पाते हैं, तो वह इस उदासी के रास्ते से ही उन्हें उपलब्ध होता है, लेकिन उनका पूरा रास्ता उदास है। वे इस जीवन के पथ पर गीत गाते हुए नहीं निकले। तटस्थता उदासी बन ही जाएगी। और जीसस की तटस्थता बहुत उदासी बन गयी है।

अगर न मैं यह चुनूँ, अगर कोई चुनाव न हो, तो मेरे भीतर की बहने वाली सारी धाराएँ रुक जाएँगी। नदी न पूरब बहे, न दक्षिण बहे, न उत्तर बहे, तटस्थ हो जाए, तो एक उदास तालाब बन जाएगी। तालाब भी सागर तक पहुँच जाता है, लेकिन नदी के रास्ते से नहीं, सूर्य की किरणों के रास्तों से पहुँचता है। लेकिन नदी जो बीच का नाचता हुआ, गीत गाते हुए जो रास्ता तय करती है, वह भाग्य तालाब का नहीं है। तालाब सूखता है धूप

में, गर्मी में, उत्तप्त होता है, उड़ता है, भाप बनता है, बादल बनता है, सागर तक पहुँच जाता है। लेकिन नदी की मुदिता, उसकी प्रफुल्लता, उसकी 'इक्सटेसी' तालाब को नहीं मिलती। वह उदासी स्वाभाविक है। सूरज की किरणों में तपना और भाप बनना उदास ही हो सकता है। तालाब नाचता हुआ बादलों पर नहीं चढ़ता, नदी नाचती हुई सागर में उतर जाती है और तालाब सीधा भी सागर तक नहीं पहुँचता, बीच में भाप बनता है, फिर पहुँचता है। तो जीसस एक उदास बादल की तरह हैं, जो आकाश में मँडराता है और सागर की यात्रा करता है। नाचती हुई नदी की भाँति नहीं हैं।

तो बुद्ध और जीसस की जीवन-व्यवस्था में थोड़ी निकटता है, लेकिन एकदम निकटता नहीं, क्योंकि बुद्ध और तरह के व्यक्ति हैं। जहाँ जीसस की तटस्थता जीसस को उदास कर जाती है, वहाँ बुद्ध की उपेक्षा बुद्ध को सिर्फ़ शांत कर जाती है, उदास नहीं। उतना फ़र्क़ है। बुद्ध की उपेक्षा सिर्फ़ शांत कर जाती है। न वहाँ उदासी है जीसस जैसी, न वहाँ कृष्ण जैसा नाचता हुआ गीत है, न महावीर जैसा झरता हुआ अप्रकट सुख और आनंद है। बुद्ध शांत हैं। तटस्थ नहीं हैं। वे उपेक्षा को उपलब्ध हैं। पाया है कि यह भी व्यर्थ है, पाया है कि वह भी व्यर्थ है। इसलिए उत्तेजित होने का उन्हें कोई उपाय नहीं रहा है। उन्हें कोई भी 'आल्टरनेटिव', कोई भी विकल्प उत्तेजित नहीं कर पाता। सब विकल्प समान हो गए हैं। जीसस के लिए तटस्थता है, सब विकल्प समान नहीं हो गए हैं। जीसस अभी भी कहेंगे, यह ठीक है और वह ग़लत है, यह करो और वह मत करो। यद्यपि वे दोनों से तटस्थ हैं, लेकिन बहुत गहरे में उनका चुनाव जारी है। बुद्ध अचुनाव को, 'च्वॉइसलेसनेस' को उपलब्ध होते हैं। बुद्ध को अगर हम ठीक से समझें तो बुद्ध के लिए न कुछ सही है, न कुछ ग़लत है। सिर्फ़ चुनाव ही ग़लत है और अचुनाव सही होना है। 'च्वॉइस' ग़लत है, 'च्वॉइसलेसनेस' सही है।

इसलिए जीसस अपनी तटस्थता, 'होली इनडिफरेंस' में भी मंदिर में जाकर कोड़ा उठा लेते हैं और सूदख़ोरों को कोड़े से पीट देते हैं। उनके तख़्ते उलट देते हैं। यहूदियों के मंदिर में, 'सिनागॉग' में पुरोहित ब्याज का काम भी करते थे। हर वर्ष लोग इकट्ठे होते थे मेले पर और तब वे उन्हें उधार दे देते थे और सूद लेते थे। और सूद की दरें इतनी बढ़ गयी थीं कि लोग अपना मूल तो कभी चुका नहीं पाते थे, ब्याज भी नहीं चुका पाते थे और

ज़िंदगी-भर मेहनत करके बस इतना ही काम करते थे कि वे हर वर्ष आकर और पुरोहितों को उनके ब्याज का पैसा चुका जाएँ। पूरे मुल्क का धन 'सिनॉगॉगों' में इकट्ठा होने लगा था। तो जीसस कोड़ा उठा लेते हैं, तख़्ते उलट देते हैं सूदख़ोरों के।

जीसस 'इनडिफरेंट' हैं, तटस्थ हैं, लेकिन चुनाव जारी है। वे कहते हैं कि इस जगत् के प्रति एक तटस्थता चाहिए। लेकिन इस जगत् में अगर ग़लत हो रहा है, तो जीसस चुनाव करते हैं। लेकिन बुद्ध को हाथ में हम कोड़ा उठाए हुए नहीं सोच सकते। उनका कोई चुनाव नहीं है। उनका कोई चुनाव ही नहीं है। अचुनाव के कारण वे गहरी 'साइलेंस' को, एक गहरी शांति को उपलब्ध हुए हैं। इसलिए बुद्ध को समझते वक़्त शांति सबसे महत्त्वपूर्ण शब्द है। तो बुद्ध की प्रतिमा से जो भाव प्रकट होता है और झरता है चारों तरफ़, वह शांति का है। कहना चाहिए, शांति मूर्तिमंत बुद्ध में हुई है। कोई उत्तेजना नहीं है, तालाब की उत्तेजना भी नहीं है। तालाब भी कम-से-कम धूप की किरणों में भाप बनता है और आकाश की तरफ़ उड़ता है। बुद्ध इतने शांत हैं कि वे कहते हैं कि मैं सागर की तरफ़ जाने की भी उत्तेजना नहीं लेता। सागर को आना हो तो आ जाए। वे उतनी भी यात्रा करने की तैयारी में नहीं हैं। उतनी यात्रा भी तनाव है।

इसलिए बुद्ध ने सागरवाची जितने भी प्रश्न हैं, सबको इनकार कर दिया। कोई पूछे, ईश्वर है? कोई पूछे, ब्रह्म है? कोई पूछे, मोक्ष है? कोई पूछे, आत्मा का मरने के बाद क्या होता है? इस तरह के जितने भी प्रश्न हैं वह, बुद्ध उनको हँसकर टाल देते हैं; वह कहते हैं यह पूछो ही मत। क्योंकि अगर कुछ भी है, तो उस तक की यात्रा पैदा होती है और यात्रा अशांति बन जाती है। वे कहते हैं, मैं जहाँ हूँ, वहीं हूँ। मुझे कोई यात्रा नहीं करनी, मुझे कोई चुनाव नहीं करना है। इसलिए बुद्ध की उपेक्षा अगर बहुत गहरे में देखें, तो सिर्फ़ संसार की उपेक्षा नहीं है—जीसस की उपेक्षा सिर्फ़ संसार की उपेक्षा है, लेकिन परमात्मा का चुनाव जारी है—बुद्ध की उपेक्षा परमात्मा की भी उपेक्षा है। वे कहते हैं, परमात्मा को भी पाना है तो यह भी तो मन की 'डिज़ायर' तृष्णा और ईर्ष्या है। आख़िर नदी क्यों सागर को पाना चाहे? और नदी सागर को पाकर पा भी क्या लेगी? अगर सागर में ज़्यादा जल है, तो मात्रा का ही फ़र्क़ पड़ता है। नदी में भी जल है और सागर के जल में और

नदी के जल में फ़र्क़ क्या है? बुद्ध कहते हैं, हम जो हैं, हैं। और वहीं शांत हैं। इसलिए बुद्ध की उपेक्षा यात्रा-विहीन है। बुद्ध के गहरे चेहरे पर, बुद्ध की आँखों में यात्रा नहीं देखी जा सकती है। वे स्थिर हैं, ठहर गयी हैं, वहीं हैं। जैसे कोई झील बिलकुल शांत हो। न नदी की तरह भागती हो, न आकाश की तरफ़ उड़ती हो, बिलकुल शांत हो, एक लहर भी न उठती हो, एक 'रिपिल' भी पैदा न होती हो, ऐसे बुद्ध का होना है।

स्वभावतः बुद्ध की शांति 'निगेटिव' होगी, नकारात्मक होगी। उसमें कृष्ण का प्रकट आनंद नहीं हो सकता। उसमें महावीर का अप्रकट आनंद भी नहीं हो सकता। लेकिन जो इतना शांत होगा, इतना शांत होगा कि जिसे सागर तक पहुँचने की इच्छा भी नहीं है, क्या वह अंततः आनंद को उपलब्ध नहीं हो जाएगा? हो जाएगा, लेकिन वह बुद्ध की भीतरी दशा होगी। उनके अंतरतम में वह आनंद का दीया जलेगा। लेकिन बाहर उनकी सारी-की-सारी आभा, उनका जो प्रभामंडल है, वह शांति का होगा। दिए की गहरी ज्योति तो जहाँ होगी, वहाँ तो आनंद होगा, लेकिन उसका प्रभामंडल सिर्फ़ शांति का होगा। बुद्ध को हिलते-डुलते सोचना भी कठिन मालूम पड़ता है। बुद्ध की कोई चिंतना करे, सोचे, तो ऐसा भी नहीं लगता कि यह आदमी उठकर चला भी होगा। उनकी प्रतिमा देखें तो वह ऐसी लगती है जैसे यह आदमी सदा बैठा ही रहा होगा। यह उठा भी होगा, हिला भी होगा, डुला भी होगा, इसने पैर भी उठाया होगा, इसने ओंठ भी खोला होगा, यह बोला भी होगा, ऐसा भी मालूम नहीं पड़ता। बुद्ध की प्रतिमा 'जस्ट स्टिलनेस' की प्रतिमा है। जहाँ सब चीज़ें ठहर गयी हैं, जहाँ कोई 'मूवमेंट' नहीं है। किसी तरह की कोई गति नहीं है। तो बुद्ध की आभा जो है, वह शांति की है।

बुद्ध की उपेक्षा समस्त तनावों की उपेक्षा है, चाहे वे तनाव मोक्ष के ही क्यों न हों! कोई आदमी मोक्ष ही क्यों न पाना चाहे, बुद्ध कहेंगे कि पागल हो! कहीं मोक्ष है! कोई कहे, आत्मा पानी है, तो बुद्ध कहेंगे, पागल हो, कहीं आत्मा है? असल में जब तक पाना है, तब तक बुद्ध कहेंगे तुम न पा सकोगे। तुम उस जगह खड़े हो जाओ, जहाँ पाना ही नहीं है। तब तुम पा लोगे, लेकिन यह बात वह कभी साफ़ कहते नहीं हैं। क्योंकि अगर वह इतना भी कहें कि तब तुम पा लोगे, तो हम तत्काल पाने को दौड़ पड़ेंगे। तो बुद्ध सिर्फ़ निषेध करते जाते हैं। वह कहते हैं, न परमात्मा है, न आत्मा

है, न मोक्ष है, कोई भी नहीं है, है ही नहीं कुछ। क्योंकि जब तक कुछ है, तब तक तुम पाना चाहोगे और जब तक तुम पाना चाहोगे, तब तक तुम न पा सकोगे। क्योंकि जो भी पाना है वह ठहरकर, रुककर, मौन में, थिरता में, शून्य में पाना है। और तुम्हारी चाह, तुम्हारी तृष्णा तुम्हें दौड़ाती रहेगी। तृष्णा मूल है बुद्ध के लिए और उपेक्षा सूत्र है तृष्णा से मुक्ति का। चुनो ही मत, पूछो ही मत कि कहीं जाना है। मंज़िल बनाओ ही मत। मंज़िल नहीं है कोई।

जीसस के लिए मंज़िल है। इसलिए जगत् के प्रति वे एक 'होली इनडिफरेंस' पवित्र तटस्थता की बात करते हैं, लेकिन परमात्मा के प्रति उनकी 'इनडिफरेंस नहीं हो सकती। अगर वैसा कोई 'इनडिफरेंट' आदमी है, तो वह 'अनहोली इनडिफरेंस' होगी, वह अपवित्र तटस्थता होगी। पवित्र तटस्थता संसार के प्रति है। अगर हम जीसस से पूछें कि बुद्ध तो कहते हैं, कोई परमात्मा नहीं, कैसा परमात्मा? कोई आत्मा नहीं है, कैसी आत्मा? न कुछ पाने को है, न कोई पानेवाला है। वह तो कहते हैं, जब यह भाव ही तुम्हारा पूरा बैठ जाएगा–इसलिए बुद्ध जो बातें करते हैं वे बहुत अद्‌भुत हैं। अगर उनसे पूछो कि कोई भी नहीं है। तो वह कहते हैं, यह जो हमें दिखायी पड़ रहा है, सिर्फ़ संघात है, सिर्फ़ एक 'कंपोजीशन' है। जैसे एक रथ है, उसका चाक अलग कर लें, घोड़े अलग कर लें, बल्ली अलग कर लें, तो फिर रथ पीछे नहीं बचता। रथ सिर्फ़ एक जोड़ है। ऐसे ही तुम भी एक जोड़ हो। यह सारा जगत् एक जोड़ है। चीज़ें टूट जाती हैं, पीछे कुछ भी नहीं बचता–न कोई आत्मा, न कोई परमात्मा। और यही पाने योग्य है। लेकिन, यह सदा बुद्ध भीतर कहते हैं। यह कभी बाहर नहीं कहते। इसलिए जो बहुत गहरे समझ सकते हैं, वही समझ पाते हैं, अन्यथा बुद्ध के पास से तृष्णालु व्यक्ति सभी लौट जाते हैं। जिनको कुछ भी पाना है, वे कहते हैं, यह आदमी व्यर्थ है। इसके पास पाने को कुछ भी नहीं है, सिर्फ़ शांत होने को हम नहीं आए, हम कुछ पाने को आए हैं। और बुद्ध उन पर हँसते हैं, क्योंकि वे कहते हैं, शांत होकर ही पाया जा सकता है। वह जो परमात्मा है, शांत होकर ही पाया जा सकता है। वह जो आत्मा है, शांत होकर ही पाया जा सकता है। वह जो मोक्ष है, लेकिन तुम इनको लक्ष्य मत बनाओ। तुम अगर मुझसे पूछोगे, मोक्ष है? और मैं कहूँ, है, तो तुम तत्काल लक्ष्य बना लोगे। और लक्ष्य की तरफ़ दौड़ता आदमी कभी शांत नहीं होता है। इसलिए बुद्ध की

अपनी तकलीफ़ है। उनकी उपेक्षा शांति में ले जाती है–इतनी गहरी शांति में, जहाँ कोई यात्रा ही नहीं है।

महावीर की वीतरागता बुद्ध की शांति से मेल खाती है, थोड़ी दूर तक, क्योंकि इस जगत् में वे भी उपेक्षा के पक्ष में हैं। और थोड़ी दूर तक महावीर की वीतरागता जीसस से मेल खाती है, क्योंकि इस जगत् में मोक्ष के प्रति उनका चुनाव है। महावीर मोक्ष के प्रति अचुनाव में नहीं हैं। क्योंकि महावीर कहेंगे कि अगर मोक्ष भी नहीं है, तो फिर शांत होने का भी प्रयोजन क्या है? फिर चुप और मौन बैठने का प्रयोजन भी क्या है! महावीर कहेंगे कि सब छोड़ा जाए, तो कुछ पाने को है। और जो पाने को है, उसी के लिए सब छोड़ा जा सकता है। इसलिए मोक्ष के प्रति महावीर की उपेक्षा नहीं है। वीतरागता उनकी इस जगत् का जो द्वंद्व है, उसके पार ले जानेवाली है। निर्द्वंद्व की उपलब्धि का मार्ग है, लेकिन महावीर की वीतरागता किसी उपलब्धि का मार्ग है। बुद्ध की उपेक्षा अनुपलब्धि का द्वार है, जहाँ सब शून्य हो जाएगा और सब खो जाएगा।

बुद्ध का संन्यास एक अर्थ में पूर्ण है। उसमें परमात्मा की भी माँग नहीं है। महावीर के संन्यास में मोक्ष की जगह है। और महावीर यह कहते हैं कि संन्यास संभव ही नहीं है, अगर मोक्ष नहीं है, तो किसलिए? क्योंकि महावीर का चिंतन बड़ा वैज्ञानिक है और 'कॉज़ल' है। महावीर कहते हैं कि बिना 'कॉज़लिटी' के, बिना कार्य-कारण के कुछ होता ही नहीं। इसलिए वह बुद्ध से राज़ी न होंगे कि हम सिर्फ़ शांत हो जाएँ–बिना किसी वजह के। महावीर कहते हैं, अशांत होने की भी वजह होती है और शांत होने की भी वजह होती है। वे कृष्ण से भी राज़ी न होंगे–इस बात के लिए कि हम सब कुछ स्वीकार कर लें। क्योंकि महावीर कहते हैं कि अगर हम सब कुछ स्वीकार कर लेते हैं, तो हम आत्मवान ही नहीं रह जाते, हम पत्थर की तरह हो जाते हैं। आत्मा के होने का अर्थ ही है, 'डिसक्रिमिनेशन'। महावीर कहते हैं, आत्मवान होने का अर्थ है, विवेक। यह ठीक है और यह ग़लत है, इस बात का विवेक ही आत्मवान होने का अर्थ है। और जो ग़लत है, उसे छोड़ते जाना है, और राग भी ग़लत है और विराग भी ग़लत है, इसलिए दोनों को छोड़ देना है, और वीतरागता को पकड़ लेना है। महावीर के लिए वीतरागता उपलब्धि है और वीतरागता से मोक्ष है।

तो महावीर सिर्फ़ शांत नहीं हैं, शांत हैं ही, लेकिन आनंदित भी हैं। मोक्ष की उपलब्धि की किरणें उनके भीतर ही नहीं फैलतीं, उनके शरीर से चारों तरफ़ नाचने लगतीं हैं। इसलिए, अगर हम महावीर और बुद्ध को साथ-साथ खड़ा करें, तो बुद्ध बिलकुल 'पैसिव साइलेंस' में हैं, जैसे हों ही न। महावीर 'ऐक्टिव साइलेंस' हैं, बहुत होकर हैं, बहुत मजबूती से हैं। हाँ, उनके होने में चारों तरफ़ आनंद की प्रखरता है। लेकिन अगर कृष्ण के पास महावीर को खड़ा करें, तो महावीर का आनंद भी 'साइलेंट' मालूम पड़ेगा, शांत मालूम पड़ेगा, और कृष्ण का आनंद भी आंदोलित मालूम पड़ेगा। कृष्ण नाच सकते हैं, महावीर नाच नहीं सकते। अगर महावीर के नाच को देखना है, तो उनकी शांति, मौन, उनकी स्थिरता में ही देखना होगा। वह दिखायी पड़ सकता है, उनके रोएँ-रोएँ से, उनकी श्वास-श्वास से, उनकी आँख के हिलने-डुलने से, उनके चलने से। सब तरफ़ से उनका आनंद दिखायी पड़ेगा, लेकिन वे नाच नहीं सकते। यह नाच देखना पड़ेगा, लेकिन वे नाच नहीं सकते। यह नाच देखना पड़ेगा, यह 'इनडाइरेक्ट' है, यह परोक्ष है।

तो महावीर की वीतरागता प्रकट रूप से आनंद को घोषित करती है। इसलिए महावीर की प्रतिमा और बुद्ध की प्रतिमा में वही फ़र्क़ है। महावीर की प्रतिमा में आनंद प्रकट होता मालूम पड़ेगा, महावीर के बाहर कुछ जाता हुआ मालूम पड़ेगा, बुद्ध एकदम भीतर चले गए हैं, उनके बाहर कुछ जाता हुआ मालूम नहीं पड़ता। वह बिलकुल ऐसे हो गए हैं जैसे न हों। महावीर ऐसे हो गए हैं, जैसे पूरी तरह हैं। उनके अस्तित्व की घोषणा समग्र है, इसलिए महावीर ईश्वर को इनकार कर देते हैं, लेकिन आत्मा को इनकार नहीं कर पाते। महावीर कह देते हैं, कोई परमात्मा नहीं है। हो भी कैसे सकता है। मैं ही परमात्मा हूँ। इसलिए महावीर कहते हैं, आत्मा ही परमात्मा है। तुम सब परमात्मा हो, कोई और अलग परमात्मा नहीं है। यह घोषणा उनके प्रगाढ़ आनंद की 'एक्सटेसी' से निकलती है। हर्षोन्माद में वे यह घोषणा करते हैं कि मैं ही परमात्मा हूँ। कोई और ऊपर परमात्मा नहीं है। क्योंकि महावीर कहते हैं, अगर मुझसे ऊपर कोई भी परमात्मा है, तो फिर मैं कभी पूरी तरह स्वतंत्र न हो पाऊँगा। स्वतंत्रता की फिर कोई संभावना न रही। कोई एक परमात्मा ऊपर बैठा ही है। अगर मेरे ऊपर कोई एक नियंता है, जिसके क़ानून से जगत् चलता है, तो मेरी मुक्ति का क्या अर्थ है! कल

अगर वह सोच ले कि वापिस भेज दो इस मुक्त आदमी को संसार में, तो मैं क्या कर सकूँगा? इसलिए महावीर कहते हैं, स्वतंत्रता की 'गारंटी' सिर्फ़ इसमें है कि परमात्मा न हो। परमात्मा और स्वतंत्रता दोनों साथ-साथ नहीं चल सकते हैं। इसलिए परमात्मा को इनकार कर देते हैं, लेकिन आत्मा को बड़ी प्रगाढ़ता से घोषित करते हैं कि आत्मा ही परमात्मा है। इसलिए महावीर में प्रकट आनंद दिखायी पड़ता है। वह उनकी वीतरागता है।

वीतरागता में वे बुद्ध से सहमत हैं—अचुनाव के लिए। राग और विराग में चुनाव नहीं करना है। लेकिन संसार और मोक्ष में चुनाव नहीं करना है, इस बात में वे बुद्ध से राज़ी नहीं हैं। वे कहते हैं, संसार और मोक्ष में तो चुनाव करना ही है। इस मामले में वे जीसस से राज़ी हैं। इस मामले में जीसस की तटस्थता उनके क़रीब आती है। लेकिन जीसस का परमात्मा परलोक में है। और मरने के बाद ही जीसस प्रसन्न हो सकते हैं, जब परमात्मा से मिल जाएँ। महावीर का कोई परमात्मा परलोक में नहीं है। महावीर का परमात्मा भीतर है और वह यहीं पाकर प्रसन्न हैं। इसलिए जीसस उदास हैं और महावीर उदास नहीं हैं।

कृष्ण की अनासक्ति का भी तीनों से कुछ तालमेल है और कुछ बुनियादी भेद हैं। कृष्ण को अगर हम इन तीनों का इकट्ठा जोड़ और कुछ ज़्यादा कहें तो कठिनाई नहीं है। कृष्ण की अनासक्ति उपेक्षा नहीं है। कृष्ण कहते हैं, जिसके प्रति उपेक्षा हो गयी, उसके प्रति हम अनासक्त नहीं हो सकते, क्योंकि उपेक्षा भी विपरीत आसक्ति है। रास्ते में मैं गुज़रा और मैंने आपकी तरफ़ देखा ही नहीं। देखने में भी एक आसक्ति है, न देखने में भी एक आसक्ति है। सिर्फ़ विपरीत आसक्ति है कि नहीं देखूँगा। और फिर कृष्ण कहते हैं, उपेक्षा किसके प्रति, क्योंकि परमात्मा के अतिरिक्त कुछ है ही नहीं। जिसके प्रति भी उपेक्षा हुई, वह परमात्मा ही है। यह जगत् पूरा-का-पूरा ही अगर परमात्मा है, तो उपेक्षा किसके प्रति? और उपेक्षा करेगा कौन? मैं करूँगा उपेक्षा? बुरे की उपेक्षा करूँगा अच्छे के लिए, संसार की उपेक्षा करूँगा मोक्ष के लिए। करेगा कौन? और करेगा किसकी? इसलिए उपेक्षा जैसे नकारात्मक और 'कंडेमनेटरी', निंदात्मक शब्द का उपयोग कृष्ण नहीं कर सकते।

तटस्थता का भी उपयोग वह नहीं कर सकते हैं। क्योंकि कृष्ण

कहेंगे कि परमात्मा खुद भी तटस्थ नहीं है, तो हम कैसे तटस्थ हो सकते हैं? तटस्थ हुआ नहीं जा सकता। कृष्ण कहते हैं कि हम सदा धारा में हैं, तट पर हो नहीं सकते। जीवन एक धारा है, जीवन का तट कोई है ही नहीं, जिस पर हम खड़े हो जाएँ और तटस्थ हो जाएँ। हम कह दें, हम धारा के बाहर हैं। हम जहाँ भी हैं, जीवन में हैं। हम जहाँ भी हैं, अस्तित्व में हैं, तट पर हम खड़े हो नहीं सकते। होना ही, अस्तित्व ही धारा है। इसलिए तटस्थ हम होंगे कैसे? हाँ, नदी के किनारे हम तट पर खड़े हो जाते हैं। नदी बहती जाती है, हम तट पर खड़े रहते हैं; लेकिन जीवन की ऐसी कोई नदी नहीं है, जिसके किनारे हम खड़े हो जाएँ। जीवन की नदी का कोई किनारा ही नहीं है। तो तटस्थता शब्द का प्रयोग वे नहीं कर सकते, उपेक्षा शब्द का वे प्रयोग नहीं कर सकते।

वीतराग शब्द का वे इसलिए प्रयोग नहीं कर सकते कि वे यह कहते हैं कि अगर राग बुरा है, अगर विराग बुरा है, तो है ही क्यों? बुरे का अस्तित्व भी कैसे हो सकता है? या तो हम ऐसा मानें कि जगत् में दो शक्तियाँ हैं—एक शुभ की, परमात्मा की शक्ति है, एक अशुभ की, शैतान की शक्ति है। जैसा कि जरथुस्त्र मानते हैं, जैसा कि ईसाई मानते हैं, जैसा कि मुसलमान मानते हैं, उन सबकी तकलीफ़ यही है कि अगर जगत् में अशुभ है, तो फिर अशुभ की शक्ति हमें अलग करनी पड़ेगी परमात्मा से। क्योंकि परमात्मा अशुभ का स्रोत! वह जरथुस्त्र नहीं सोच पाए, मुहम्मद नहीं सोच पाए, जीसस भी राज़ी नहीं हैं। इसलिए शैतान, 'डेविल', अशुभ को हमें कोई जगह बनानी पड़ती है। कृष्ण यह कहते हैं कि अगर अशुभ भी है, अलग भी है, तो भी क्या वह परमात्मा की आज्ञा से है, या परमात्मा की आज्ञा के बिना है? उसके होने में भी परमात्मा के सहारे की ज़रूरत है या वह स्वतंत्र रूप से है? अगर वह स्वतंत्र रूप से है, तब वह ठीक परमात्मा के समतुल्य शक्ति हो गयी। फिर इस जगत् में शुभ कभी भी फलित नहीं हो सकता। फिर वह हारेगा भी क्यों? हारने की ज़रूरत भी क्या है? फिर इस जगत् में दो परमात्मा हो गए। और इस जगत् में दो परमात्माओं की कल्पना असंभव है।

इसलिए कृष्ण कहते हैं कि शक्ति तो एक है, और उसी शक्ति से सब उठता है। जिस शक्ति से स्वस्थ फल लगता है वृक्ष में, उसी शक्ति से

सड़ा हुआ फल भी लगता है। उसके लिए किसी अलग शक्ति के होने की ज़रूरत नहीं। ओर जिस चित्त से बुराई पैदा होती है, उसी चित्त से भलाई पैदा होती है, उसके लिए अलग शक्ति की ज़रूरत नहीं है। शुभ और अशुभ एक ही शक्ति के रूपांतरण हैं। अंधकार और प्रकाश एक ही शक्ति के रूपांतरण हैं। इसलिए कृष्ण यह कहते हैं कि मैं दोनों को छोड़ने को नहीं कहता, दोनों को उनकी समग्रता में जीने को कहता हूँ।

अनासक्ति का अर्थ, एक के पक्ष में दूसरे के प्रति आसक्ति नहीं, शुभ के पक्ष में अशुभ की आसक्ति नहीं, अशुभ के पक्ष में या विपक्ष में शुभ की आसक्ति नहीं–आसक्ति ही नहीं। चुनाव ही नहीं। और जीवन जैसा है, इस समग्र जीवन की पूर्ण स्वीकृति और इस समग्र जीवन के प्रति स्वयं का पूर्ण समापन, पूर्ण समर्पण। अनासक्ति का अर्थ यह है कि मैं अलग हूँ ही नहीं, एक ही हूँ इस जगत् से। कौन चुने, किसको चुने? जगत् जैसा करवा रहा है, वैसा मैं लहर की तरह सागर में बहा जा रहा हूँ। मैं अलग हूँ ही नहीं।

इसमें कुछ समानताएँ मिलेंगी।

कृष्ण बुद्ध जैसी शांति को उपलब्ध हो जाएँगे, क्योंकि कुछ उन्हें पाना नहीं है। जो भी है, वह पाया हुआ है। वे महावीर जैसे वीतराग दिखायी पड़ेंगे किन्हीं क्षणों में, क्योंकि उनके आनंद का कोई पारावार नहीं है। वे जीसस जैसे परमात्मा की घोषणा करते हुए दिखाई पड़ेंगे। इसलिए नहीं कि इस लोक और परलोक में परमात्मा कहीं बैठा है, बल्कि सब कुछ परमात्मा ही है। कृष्ण की अनासक्ति समग्र समर्पण है, मैं का न हो जाना है। मैं है ही नहीं, यह जानना है। इसके जान लेने के बाद जो हो रहा है, वह हो रहा है। इसमें कोई उपाय ही नहीं है। इसमें हम कुछ कर सकते हैं, ऐसा है ही नहीं। इसमें हमारे द्वारा कुछ हो सकता है, इसकी कोई संभावना ही नहीं है। कृष्ण अपने को एक लहर की तरह सागर में देखते हैं। कोई चुनाव नहीं करना है। इसलिए कोई आसक्ति नहीं है। अनासक्ति की यह स्थिति अगर ठीक से हम समझें तो स्थिति नहीं है, 'स्टेट ऑफ माइंड' नहीं है, यह समस्त 'स्टेट ऑफ माइंड' को छोड़ देना है, समस्त स्थितियों को छोड़ देना है और अस्तित्व के साथ एक हो जाना है।

इस एकता में कृष्ण वहीं पहुँच जाते हैं, जहाँ अपनी-अपनी सँकरी

गलियों से महावीर पहुँचते हैं, जीसस पहुँचते हैं, बुद्ध पहुँचते हैं। लेकिन उनके चुनाव पगडंडियों के हैं। कृष्ण का चुनाव राजपथ का है। पगडंडियों वाले भी पहुँच जाते हैं, राजपथ वाला भी पहुँच जाता है। पगडंडियों की सुविधाएँ भी हैं, असुविधाएँ भी हैं। राजपथ की सुविधाएँ हैं, असुविधाएँ भी हैं।

व्यक्तिगत चुनाव है। कुछ लोग हैं, जो पगडंडियों पर ही चलना पसंद करेंगे। उन्हें चलने का मज़ा ही तब आएगा, जब पगडंडी होगी, जब वे अकेले होंगे, जब न कोई आगे होगा न पीछे होगा, जब भीड़ के धक्के न होंगे और जब प्रतिपल उन्हें रास्ता खोजना पड़ेगा घने जंगल में, तभी उनकी चेतना को चुनौती होगी। वे पगडंडियों को खोजकर ही पहुँचेंगे। कुछ लोग हैं, जो पगडंडियों पर चलना बिलकुल आनंदपूर्ण न पाएँगे। अकेला होना उन्हें भारी पड़ जाएगा। सबके साथ होना ही उनका होना है, सबके साथ ही उनका आनंद है। आनंद उनके लिए सहजीवन, सहयोग, साथ में है, संग में है। वे राजपथ पर चलेंगे। निश्चित ही पगडंडियों पर चलनेवाले उदासी से चल सकते हैं। राजपथ पर चलनेवाले उदासी से चलेंगे तो पगडंडियों पर धक्का दे दिए जाएँगे। राजपथ पर जहाँ लाखों लोग चलेंगे, वहाँ नाचते हुए ही चला जा सकता है, वहाँ गीत गाते हुए ही चला जा सकता है। पगडंडियों पर चलनेवाले शांति से चल सकते हैं। राजपथ पर चलनेवालों पर अशांतियों के बादल भी आते रहेंगे। उनको उनके लिए भी राज़ी होना पड़ेगा, यही उनकी शांति होगी। पगडंडियों पर चलनेवाले अपनी निपट निजता के आनंद में तल्लीन हो सकते हैं, राजपथ पर चलनेवालों को दूसरों के सुख-दुःख में भागीदार भी होना पड़ेगा। यह सब भेद होंगे। लेकिन कृष्ण, जैसा मैंने कहा, 'मल्टीडायमेंशनल' हैं, उनका चुनाव राजपथ का है।

और ठीक से अगर हम समझें, तो परमात्मा तक पहुँचने का कोई एक मार्ग नहीं है। जो जहाँ है, वहीं से हर एक के लिए मार्ग बन सकता है कि वह परमात्मा तक पहुँच जाए। परमात्मा तक पहुँचने के लिए कोई बना हुआ मार्ग नहीं है। सब अपनी तरफ़ से, अपने ढंग से पहुँच सकते हैं। पहुँचने पर यात्रा एक ही मंज़िल पर पूरी हो जाती है। उनकी भी, जो वीतरागता से जाते हैं; उनकी भी, जो तटस्थता से जाते हैं; उनकी भी, जो उपेक्षा से जाते हैं; उनकी भी, जो आनंद से जाते हैं।

मंज़िल एक है, रास्ते अनेक हैं। और प्रत्येक व्यक्ति को उसके क्या अनुकूल है, उसे चुन लेना चाहिए। उसे इसकी बहुत चिंता में नहीं पड़ना चाहिए कि कौन ग़लत है, कौन सही है? उसे इसकी फिक्र में पड़ जाना चाहिए कि मेरे अनुकूल, मेरे स्वभाव के अनुकूल क्या है?

‘भगवान्श्री, अभी आपने कृष्ण के अचुनाव के संबंध में कहा। परंतु गीता में उल्लेख है कि उत्तरायण का सूर्य हो, तब जिसका अंत हो तो मोक्ष होता है। यदि दक्षिणायण का सूर्य हो तो क्या कोई तकलीफ़ पड़ती है। और स्थितप्रज्ञ और भक्त के विषय में गीता में जो बात कही है, इन दोनों में क्या समानता या भिन्नता है?

स्थितप्रज्ञ मनुष्य सुख में अनुद्विग्न रहेगा और दुःख में भी अनुद्विग्न रहेगा, तो ऐसी मुसीबत खड़ी होने की शक्यता नहीं कि सुख-दुःख दोनों में उसकी संवेदनशीलता, ‘सेंसिटिविटी’ ‘ब्लंट’ हो जाए? अगर सुख को सुख की भाँति और कष्ट को कष्ट की भाँति न लें, तो उनकी संवेदना को ‘ह्यूमन’ कैसे कहेंगे हम?’

यह सूत्र बहुत बहुमूल्य है। कृष्ण का यह कहना कि सुख और दुःख में अनुद्विग्न रहे, वही स्थितप्रज्ञ है। यह प्रश्न बहुत अच्छा है, अर्थपूर्ण है कि यदि सुख में कोई सुखी न हो और दुःख में कोई दुःखी न हो, तो क्या उसकी संवेदनशीलता, उसकी ‘सेंसिटिविटी’ मर नहीं जाएगी?

दो उपाय हैं सुख और दुःख में अनुद्विग्न होने के। एक उपाय यही है, जो प्रश्न में उठाया गया है। एक उपाय यही है कि अगर संवेदनशीलता मार डाली जाए, तो सुख सुख जैसा मालूम न होगा, दुःख दुःख जैसा मालूम न होगा। जैसे कि जीभ जला दी जाए तो न प्रीतिकर स्वाद का पता चलेगा, न अप्रीतिकर स्वाद का पता चलेगा। जैसे आँखें फोड़ डाली जाएँ तो न अँधेरे का पता चलेगा, न उजाले का पता चलेगा। जैसे कि कान नष्ट कर दिए जाएँ तो न संगीत का पता चलेगा, न विसंगीत का पता चलेगा। सीधा रास्ता यही मालूम पड़ता है कि संवेदनशीलता नष्ट कर दी जाए, ‘सेंसिटिविटी’ मार

डाली जाए, तो व्यक्ति दुःख-सुख में अनुद्विग्न हो जाएगा। और साधारणतः कृष्ण को न समझनेवाले लोगों ने ऐसा ही समझा है। और ऐसा ही करने की कोशिश की है। जिसको हम संन्यासी कहते हैं, त्यागी कहते हैं, विरक्त कहते हैं, वह यही करता रहा है, वह संवेदनशीलता को मारता रहा है। संवेदनशीलता मर जाए, तो स्वभावतः सुख-दुःख का पता नहीं चलता।

लेकिन, कृष्ण का सूत्र बहुत और है। कृष्ण कहते हैं, सुख-दुःख में अनुद्विग्न। वह यह नहीं कहते हैं कि सुख-दुःख में असंवेदनशील, वह कहते हैं सुख-दुःख में अनुद्विग्न। सुख-दुःख के पार, उनके विगत, उनके आगे, उनके ऊपर। साफ़ है यह बात कि सुख-दुःख मिट जाएँ, ऐसा वह नहीं कहते हैं। अगर सुख-दुःख मिट जाएँ, तो उनके पार कैसे होइएगा? सुख-दुःख अगर पता ही न चलें, तो सुख-दुःख में अनुद्विग्नता का क्या अर्थ होगा? कोई अर्थ नहीं होगा। मरा हुआ आदमी सुख-दुःख के बाहर होता है, अनुद्विग्न नहीं होता।

नहीं, इसलिए मैं दूसरा ही अर्थ करता हूँ।

एक और मार्ग है, जो कृष्ण का मार्ग है। अगर कोई व्यक्ति सुख को पूरा अनुभव करे—पूरा—इतना पूरा अनुभव करे कि बाहर रह ही न जाए, सुख में पूरा हो जाए, सुख के प्रति पूरा संवेदनशील हो, तो अनुद्विग्न हो जाएगा, क्योंकि उद्विग्न होने को बाहर कोई बचेगा नहीं। अगर कोई व्यक्ति दुःख में पूरा डूब जाए, 'टोटल' दुःख में डूब जाए, तो दुःख के बाहर दुःखी होने को कौन बचेगा? कृष्ण जो कह रहे हैं, वह संवेदनशीलता का अंत नहीं है, संवेदनशीलता की पूर्णता की बात है। अगर हम पूरे संवेदनशील हो जाएँ—समझें कि मुझ पर दुःख आया। यह मुझे पता चलता है कि दुःख आया, क्योंकि दुःख से अलग खड़ा होकर मैं सोचता हूँ। मैं ऐसा कहता हूँ कि मुझ पर दुःख आया, मैं ऐसा नहीं कहता हूँ कि मैं दुःखी हो गया हूँ। और जब हम यह भी कहते हैं कि मैं दुःखी हो गया हूँ, तब भी फ़ासला बनाए रखते हैं। हम ऐसा नहीं कहते कि मैं दुःख हूँ।

इसे थोड़ा समझना उपयोगी होगा।

हम ज़िंदगी में सब चीज़ों को तोड़कर रख देते हैं, जबकि वे सत्य नहीं हैं। जब मैं किसी से कहता हूँ कि मुझे तुमसे प्रेम है, तब भाषागत ठीक बात कही जाने पर भी अस्तित्वगत रूप से ग़लत है। जब मुझे किसी से प्रेम

होता है तो ऐसा नहीं होता है कि मुझे किसी से प्रेम है, बल्कि ऐसा होता है कि मैं किसी के प्रति प्रेम हूँ। मैं पूरा ही प्रेम होता हूँ। मेरे पार कुछ बच ही नहीं रहता जो कि प्रेम न हो। और अगर मेरे पार इतना भी कोई बच सकता है, जो कहने को भी हो कि मुझे उससे प्रेम हो गया है, तो मैं पूरा प्रेम में नहीं चला गया हूँ। और जो पूरा प्रेम में नहीं चला गया है, वह प्रेम में गया ही नहीं है, वह जा ही नहीं सकता। जब हम पर सुख आते हैं, दुःख आते हैं, तब हम पूरे उनमें नहीं हो जाते हैं। अगर हम पूरे हो जाएँ और उसके बाहर हमारे भीतर कुछ भी न बचे, तो कौन कहेगा, कौन उद्विग्न होगा, कौन पीड़ित होगा? मैं दुःख ही हो जाऊँ। तो संवेदनशीलता तो पूर्ण होगी, अपनी पूरी त्वरा में, अपनी पूरी चरमता में होगी। क्योंकि मेरी पुलक-पुलक दुःख से भर जाएगी, मेरा रोआँ-रोआँ दुःख से भर जाएगा, मेरी आँख, मेरी साँस, मेरा अस्तित्व दुःख हो जाएगा। लेकिन तब उद्विग्न होने को कोई नहीं बचेगा। मैं दुःखी हूँ, उद्विग्न कौन होगा?

ऐसे ही जब सुख आए तो मैं पूरा सुख हो जाऊँ तो उद्विग्न कौन होगा? मैं सुखी हो जाऊँगा। और अगर सुख और दुःख में मैं इस तरह पूरा होता चला जाऊँ, तो कभी भी सुख और दुःख की 'कंपेरीजन', तुलना करने का मौक़ा कैसे आएगा, कौन तौलेगा? कि जब मैं दुःखी था तो बहुत बुरा था, अब जब मैं सुखी हूँ तो बहुत अच्छा हूँ। और अब आगे भी सुख ही होना चाहिए, दुःख नहीं होना चाहिए। प्रतिपल हमारे पूरे अस्तित्व को घेर ले, तो संवेदनशीलता समग्र होती है, पूर्ण होती है, लेकिन उद्विग्नता खो जाती है। उद्विग्नता का कोई कारण नहीं हो जाता। कोई कारण नहीं रह जाता।

एक मित्र मेरे पास आए, अभी दो दिन पहले, और उन्होंने कहा कि मैं सिगरेट पीता हूँ और इससे बड़ा परेशान हूँ। मैंने कहा कि मालूम होता है तुमने अपने को दो हिस्सों में तोड़ा होगा-एक सिगरेट पीनेवाला, एक परेशान होने वाला। नहीं तो यह कैसे संभव है? या सिगरेट पिओ या परेशान होओ। ये दो बातें एक-साथ तभी संभव हैं, जब तुमने अपने को दो हिस्सों में तोड़ लिया, तुमने अपने दो 'सेल्फ' बनाए, दो आत्माएँ कर लीं-एक जो सिगरेट पिए चली जाती है और एक जो पश्चात्ताप किए चली जाती है। अब वह जो पश्चात्ताप करती है, वह पश्चात्ताप करती रहेगी ज़िंदगी-भर और जो सिगरेट पीती है, वह ज़िंदगी-भर सिगरेट पीती रहेगी। जो पश्चात्ताप करती है,

वह कभी-कभी नियम-व्रत भी लेगी और जो पश्चात्ताप नहीं करती है, सिगरेट पीती है, वह नियम-व्रत तोड़ेगी। मैंने उनसे क़हा, या तो तुम सिगरेट ही पिओ या पश्चाताप ही करो। दो-दो काम एक साथ करोगे तो कष्ट पैदा होता है। सिगरेट पिओ तो सिगरेट पीने वाले ही हो जाओ। फिर पीछे बचाओ मत अपने को। वह जो दूर खड़ा होकर कहे कि बुरा कर रहे हो, भला कर रहे हो, उसे पार मत बचाओ। और मैंने उनसे कहा, अगर किसी दिन सिगरेट पिओ और पूरे हो जाओ, तो पूरा आदमी सिगरेट छोड़ भी सकता है। क्योंकि तब वह पूरी तरह कर सकता है, छोड़ना भी। जब पीना पूरा कर सकता है, तो छोड़ना भी पूरा कर सकता है। और तब इस तरह की दुविधा में नहीं जीता है। या तो वह पूरी तरह पीता है, तब भी आनंदित होता है। या पूरी तरह छोड़ देता है और तब भी आनंदित होता है।

यह जो अधूरा-अधूरा बँटा हुआ आदमी है, यह पीते वक़्त कष्ट पाता है—पश्चात्ताप वाले हिस्से से कि बुरा कर रहे हो। नहीं पीते वक़्त कष्ट पाता है—पीने वाले हिस्से से कि मौक़ा चूक रहे हो। इसके कष्ट का कोई अंत नहीं, यह कष्ट झेले ही चला जाता है। यह हर हालत में उद्विग्नता इसका भाग्य बन जाएगी, नियति बन जाएगी। यह अनुद्विग्न हो ही नहीं सकता। अनुद्विग्न वही हो सकता है, जो 'टोटल' है, जो पूरा है। क्योंकि तब उद्विग्न होने को कोई बचता नहीं। जो पूरा है, जो समग्र है किसी स्थिति में, जो भी स्थिति आती है, उसके साथ समग्र रूप से एक होता है, कुछ बचता नहीं पीछे, ऐसा व्यक्ति साक्षी नहीं हो सकेगा। ऐसा व्यक्ति साक्षी के पार जा चुका। साक्षी सिर्फ़ साधन है, सिद्धि नहीं है। कृष्ण सिद्ध हैं। सिद्ध का मतलब यह है कि अब इतना भी फ़ासला नहीं तोड़ा जाता कि कौन देख रहा है और कौन देखनेवाला है। अब तो सिर्फ़ देखने की क्रिया रह गयी है, जिसके दो छोर हैं। एक छोर पर लोग कहते हैं, दिखायी पड़नेवाला है। एक छोर पर लोग कहते हैं, देखनेवाला है। अब देखना पूरा हो गया है, वह इकट्ठा है।

साक्षी जगत् को दो में तोड़ता है—'आब्जेक्ट' और 'सब्जेक्ट' में, देखनेवाले में, दिखायी पड़नेवाले में। साक्षी कभी भी अद्वैत नहीं है। साक्षी द्वैत की अंतिम सीमारेखा है। वह जगत् है, जहाँ तख़्ती लगी है कि अब अद्वैत शुरू होता है। लेकिन साक्षी हुए बिना कोई अद्वैत में मुश्किल से जा पाता है। साक्षी होने का मतलब है, हमने बहुत में तोड़ना बंद किया, दो में

तोड़ना शुरू किया। अनेक में तोड़ना बंद किया, द्वैत में तोड़ा। दो में तोड़ने के बाद बहुत कठिन नहीं है, क्योंकि जो आदमी साक्षी होगा, उसे साक्षी होने में भी कभी-कभी वे क्षण बीच-बीच में आएँगे जब वह पाएगा कि न साक्षी रह गया था, न जिसका साक्षी था, वह रह गया था, सिर्फ़ साक्षी होना रह गया था। ये जो क्षण उसे दिखायी पड़ने शुरू होंगे—जैसे कि मैं किसी को प्रेम करता हूँ, तो प्रेम करनेवाला है, प्रेम किया जा रहा है, वह है, लेकिन प्रेम में ऐसे क्षण आते हैं, जब करनेवाला भी नहीं बचता, जिसे किया जा रहा है, वह भी नहीं बचता, सिर्फ़ प्रेम की एक लहर बचती है, जो दोनों को छूती है। एक लहर रह जाती है, जिसके एक छोर पर करनेवाला होता है, एक छोर पर किया जानेवाला होता है। एक प्रेम की लहर रह जाती है। और प्रेम के जो गहरे क्षण हैं, उसमें प्रेमी और प्रेमिका, प्रेमी और प्रेमपात्र नहीं बचते, प्रेम ही बचता है। वे अद्वैत के क्षण हैं। साक्षी में भी ऐसे क्षण आते हैं, जब अद्वैत के क्षण होते हैं। 'सब्जेक्ट', आब्जेक्ट' मिट जाते हैं, सिर्फ़ 'कांसॅशनेस' रह जाती है, जिसके दो छोर रह जाते हैं—एक दूरवाला छोर, एक पासवाला छोर। पासवाला छोर, जिसे हम 'मैं' कहते रहे हैं, दूरवाला छोर, जिसे हम 'तू' कहते रहे हैं। लेकिन अब ये एक ही लहर के दो छोर हो जाते हैं। जिस दिन यह स्थिति पूर्णता को उपलब्ध हो जाती है और कभी नहीं खोती, उस दिन साक्षी मिट जाता है। उस दिन सिद्ध रह जाता है।

कृष्ण साक्षी नहीं हैं। हाँ, कृष्ण अर्जुन से साक्षी होने की बात कह रहे हैं। लेकिन कृष्ण पूरे समय साक्षी होने की बात भी कह रहे हैं और उस क्षण की भी चर्चा चलाए जा रहे हैं, जबकि साक्षी भी मिट जाएगा। वे साधन की भी बात कर कर रहे हैं, वे साध्य की भी बात कर रहे हैं। वे रास्ते की भी बात कर रहे हैं, वे मंज़िल की भी बात कर रहे हैं। जब वे कह रहे हैं कि सुख-दुःख में अनुद्विग्न, तब वे साक्षी की बात नहीं कर रहे हैं। हालाँकि गीता समझनेवाले बहुत लोगों ने ऐसा ही समझा है कि वे साक्षी की बात कर रहे हैं। यही समझा है कि सुख के तुम साक्षी हो जाओ, देखते रहो, भागो मत, तो अनुद्विग्न हो जाओगे। दुःख को देखते रहो, भागो मत, तो अनुद्विग्न हो जाओगे। लेकिन अगर दुःख और सुख को कोई देखे ही, तो देखना भी एक तनाव और उद्विग्नता होगी। और पूरे वक़्त 'डिफेंस' की हालत होगी। और पूरे वक़्त अपने को बचाता रहेगा आदमी। और अगर यह पता ही न

चलता हो कि कौन सुख है, कौन दुःख है, क्योंकि अनुद्विग्न होने में पता नहीं चलना चाहिए फिर। अगर पता चलता है कि यह सुख रहा, यह दुःख रहा, तो उद्विग्नता हो रही है किसी तरह की, और दोनों में भेद हो रहा है। अगर यह पता चल रहा है साक्षी को कि यह सुख है और यह दुःख है, तो उद्विग्नता है, लेकिन सूक्ष्म है, दिखायी नहीं पड़ रही है। उद्विग्नता जारी है। सुख और दुःख का फ़र्क़ जारी है। और जब तक फ़र्क़ है, तब तक उद्विग्नता है।

मैं जो कह रहा हूँ, बहुत और बात कह रहा हूँ। मैं यह कह रहा हूँ कि 'टोटल इनवॉल्वमेंट', साक्षी की तरह कूद जाना! एक ही हो जाना! नदी आपको डुबाती है, क्योंकि आप अलग हैं। आप नदी ही हो गए, ऐसी बात कह रहा हूँ। अब कैसे डुबाएगी! किसको डुबाएगी, कौन डूबेगा, कौन चिल्लाएगा–बचाओ? जो स्थिति है जिस पल में, उस पल में पूरी तरह एक हो जाना। और जब वह पल बीत गया, दूसरा पल आएगा, आपको पल के साथ पूरे एक होने की कला आ गयी, तो आप हर पल के साथ एक होते चले जाएँगे। और तब बड़े मज़े की बात है, दुःख भी आएगा। और आपको कुछ दे जाएगा और सुख भी आपको कुछ दे जाएगा। तब दुःख भी मित्र मालूम होगा और सुख भी मित्र मालूम होगा। तब अंत के, जीवन के अंतिम क्षण में विदा होते वक़्त आप अपने सुखों को भी धन्यवाद दे सकेंगे, अपने दुःखों को भी धन्यवाद दे सकेंगे, क्योंकि दोनों ने मिलकर आपको बनाया। यह दिन ही नहीं है, जो आपको बनाता है, इसमें रात भी सम्मिलित है। यह उजाला ही नहीं है, जो आपकी ज़िंदगी है, अँधेरा भी आपकी ज़िंदगी है। और यह जन्म ही नहीं है, जो ख़ुशी का अवसर है, मृत्यु भी उत्सव का क्षण है।

लेकिन, यह तभी होगा, जब हम प्रतिपल को पूरा जी लें। तब हम यह न कह पाएँगे कि दुःख विपरीत था और सुख साथी था, दुःख शत्रु था। नहीं, तब हम ऐसा ही कह पाएँगे कि दुःख दायाँ हाथ था, सुख बायाँ हाथ था। दोनों के साथ हम चल पाए। दुःख बायाँ पैर था, सुख दायाँ पैर था, दोनों हमारे पैर थे। लेकिन जो पूरा हुआ है। अब यह बड़े मज़े की बात है, जब आप अपना बायाँ पैर उठाते हैं, तब आप आधे नहीं उठाते, आप पूरे ही अपने बाएँ पैर के साथ होते हैं। जब आप अपना दायाँ पैर उठाते हैं, तब पूरे ही आप अपने दाएँ पैर के साथ होते हैं। जब आप चुप होते हैं, तब भी

आपको अपनी चुप्पी में पूरा होना चाहिए, जब आप बोलते हैं, तब अपने बोलने में पूरा हो जाना चाहिए।

विकल्प, जब हम चुनते हैं, तभी उद्विग्नता शुरू होती है। और जब तक चुननेवाला अलग खड़ा है, तब तक चुनाव जारी रहता है। इसलिए साक्षी बहुत ऊँची अवस्था नहीं है, मध्य अवस्था है। कर्त्ता के बजाय अच्छी है, इसी अर्थ में कि कर्त्ता सीधा छलाँग नहीं लगा सकता–अद्वैत में। साक्षी 'जंपिंग बोर्ड' के क़रीब पहुँच जाता है, जहाँ से छलाँग हो सकती है। लेकिन साक्षी भी तट पर खड़ा है और कर्त्ता भी तट पर खड़ा है। कर्त्ता ज़रा तट से दूर खड़ा है, जहाँ से सीधी छलाँग हो सकती है। लेकिन दोनों ने जब तक छलाँग नहीं ली, तब तक दोनों एक ही भूमि के टुकड़े पर खड़े हैं। छलाँग के बाद अद्वैत बच रहता है।

तो यहाँ जो अनुद्विग्नता की बात कृष्ण कहते हैं, वह अद्वैत की बात है। उद्विग्न होनेवाला ही न बचे, वह पूरा ही डूब जाए। इसलिए मैं मानता हूँ कि कृष्ण की यह जो दृष्टि है, यह 'एंटी सेंसिटिविटी' की नहीं है, यह संवेदनशीलता के विपरीत नहीं है, बल्कि पूर्ण संवेदनशीलता की उपलब्धि की है।

असल में दक्षिणायण और उत्तरायण की जो बात कृष्ण ने गीता में कही है, वह हमारे सूर्य और हमारे दक्षिणायण और उत्तरायण की नहीं है। इस पृथ्वी पर जो सूर्य उत्तर और दक्षिणायण होता रहता है, उसकी कोई बात नहीं है कि दक्षिणायण के सूर्य के समय मुक्ति हो जाएगी, मोक्ष हो जाएगा। उत्तरायण के सूर्य के समय मुक्ति नहीं होगी, मोक्ष नहीं होगा। यह हमारे सूर्य, हमारी पृथ्वी की बात नहीं है। यह बहुत 'सिंबॉलिक' है।

यह हमारे भीतर चित्त के प्रकाश-सूर्य की बात है। और जैसे हमने इस पृथ्वी को दो हिस्सों में बाँटा हुआ है, ऐसा ठीक हमने मनुष्य के व्यक्तित्व को दो हिस्सों में बाँटा हुआ है। उस मनुष्य के व्यक्तित्व के भीतर सूर्य की, प्रकाश की, या सत्य की–जो भी हम नाम देना पसंद करें–एक गति है। और मनुष्य के भीतर चक्रों की एक व्यवस्था है। अगर उस व्यवस्था में एक विशेष जगह तक प्रकाश का अनुभव शुरू नहीं हुआ है, तो व्यक्ति मुक्त नहीं होता है। एक विशेष जगह तक भीतरी अंतर्जीवन में सूर्य का प्रवेश हुआ है, तो व्यक्ति मुक्त होता है। वह लंबी चर्चा होगी, उसे फिर कभी

उठाना ठीक होगा, अभी इतना ही समझ लेना उचित है कि बाहर के उत्तरायण और दक्षिणायण की बात वह नहीं है। भीतर भी हमारे सूर्य की गति की व्यवस्था है। भीतर भी हमारा एक अस्तित्व है, जहाँ प्रकाश की गतियाँ हैं। उन प्रकाश की गतियों की वह चर्चा है। और उसमें यह कहा है कि उत्तरायण के चक्रों पर जब प्रकाश होगा, ऐसी स्थिति में जीवन से छूटा हुआ व्यक्ति जन्म-मरणरूपी बंधन से मुक्त हो जाता है। वह फिर अपने को सदा मुक्त पाता है। ऐसे ही जैसे हम कहते हैं कि सौ डिग्री पर पानी गर्म होता है तो भाप बन जाता है। सौ डिग्री के नीचे होता है तो भाप नहीं बनता। ऐसी एक विशेष भीतरी सूर्य की व्यवस्था की बात की है। वह जब हम चक्रों की और अंतर्शरीरों की पूरी बात समझें। तभी ख़याल में आ सकती है, इसलिए उसे फिलहाल न उठाएँ, अभी इतना भर समझ लेना उचित है।

‘ भगवान्श्री, स्थितप्रज्ञ और भक्त में क्या समानता है और क्या भिन्नता है, यह भी प्रश्न के पिछले अंश में था। ’

स्थितप्रज्ञ और भक्त में क्या भेद या समानता है? स्थितप्रज्ञ का अर्थ है, जो अब भक्त नहीं रहा, भगवान् हो गया। भक्त का अर्थ है, जो भगवान् होने की यात्रा पर है। भक्त रास्ते में है, स्थितप्रज्ञ पहुँच गया है। रास्ता वही है, पहुँचना वहीं है। लेकिन यह मुकाम पर पहुँचे हुए आदमी का नाम है, स्थितप्रज्ञ। और भक्त यात्री का नाम है, जो चल रहा है।

समानता होगी ही, क्योंकि रास्ता और मंज़िल जुड़े होते हैं—अन्यथा रास्ता मंज़िल तक कैसे पहुँचेगा। समानता होगी ही, क्योंकि मंज़िल सिर्फ़ रास्ते की पूर्णता है। जहाँ रास्ता पूरा हो जाता है, वहाँ मंज़िल आ जाती है। समानता होगी ही, क्योंकि जो रास्ते पर है, वह एक अर्थ में मंज़िल पर ही है, थोड़ा फ़ासला है, बस। 'डिस्टेंस' का फ़ासला है। अंतर जो है, वह पहुँचने का और पहुँचते होने का है। भक्त चल रहा है, स्थितप्रज्ञ बैठ गया, पहुँच गया। इसलिए भक्त के लिए वे सारी अपेक्षाएँ हैं, जो स्थितप्रज्ञ की उपलब्धि बनेंगी। क्योंकि तभी वह वहाँ तक पहुँच सकेगा।

भक्त की आख़िरी मंज़िल उसका भक्त होना मिट जाने की है। जब तक वह भगवान् न हो जाए, तब तक तृप्ति नहीं हो सकती। भक्त कितना

ही चिल्लाए और रोए परमात्मा के मिलन को और मिलन भी हो जाए और दोनों आलिंगनबद्ध खड़े भी हो जाएँ, तो भी भक्त का चिल्लाना बंद नहीं होगा। क्योंकि आलिंगन कितने ही निकट हो, फिर भी दूर है। और हम किसी को कितने ही छाती से लगा लें, फिर भी दोनों के बीच फ़ासला है। अंतर तो पूर्ण तभी मिट सकता है, जब एक ही हो जाएँ। इंच भर का अंतर भी उतना ही है, जितना लाख मील का अंतर है। अंतर में कोई फ़र्क़ नहीं पड़ता। इंच के हज़ारवें हिस्से का अंतर भी उतना ही अंतर है, जितना कि लाख मील का अंतर है। तो भक्त की तृप्ति तब भी नहीं हो सकती, जब भगवान् की छाती से लगकर वह बैठ जाए, तब भी नहीं हो सकती। तब भी फ़ासला है।

यही तकलीफ़ तो प्रेमी की है। प्रेमी का कष्ट यही है कि वह कितने ही पास आ जाए, तो भी दुःखी रहेगा। प्रेमी को कितना ही पा ले तो भी दुःखी रहेगा। अगर यह बात समझ में आ जाए तो उसका दुःख असल में यह है कि जब तक वह प्रेमी ही न हो जाए, तब तक दुःखी रहेगा, और यह होना बड़ा मुश्किल है। प्रेम के तल पर तो होना मुश्किल है। बहुत मुश्किल है। कैसे यह होगा! कितने ही पास आते हैं, इसलिए प्रेमी जितने पास जाएँगे, उतना ही कष्ट शुरू होने लगेगा। क्योंकि जितने पास आएँगे, उतना 'डिसइलूज़नमेंट' होगा। दूर थे तो यह ख़याल था कि पास आने से सुख मिल जाएगा। फिर जब पास ही आ गए, अब कैसे सुख मिलेगा! अब और पास आने का कोई उपाय ही न रहा। और तब प्रेमी एक-दूसरे पर क्रोधित होना शुरू हो जाते हैं। शायद सोचते हैं कि दूसरा कुछ बाधा डाल रहा है, दूसरा शायद धोखा दे गया, दूसरा शायद किसी और के प्रेम में पड़ गया है, यह प्रेमी की चिंता शुरू हो जाती है पास आने पर। असली कारण यह है कि प्रेमी तब तक तृप्त नहीं हो सकता, जब तक कि वह इतने निकट न आ जाए कि दूरी ही न बचे। यह तो तभी हो सकता है, जब वह एक हो जाए।

इसलिए जो भी प्रेमी हैं, वे आज नहीं कल भक्त बनने शुरू हो जाएँगे, क्योंकि तब फिर शरीरधारी व्यक्ति के इतने निकट आना असंभव है। तब अशरीरी परमात्मा के निकट ही इतना आया जा सकता है, जहाँ कि कोई फ़ासला ही न बचे। तो सब प्रेमी आज नहीं कल भक्त बनेंगे और सब

प्रेम-निवेदन आज नहीं कल प्रार्थना बन जाते हैं। अंततः बनने ही चाहिए। अन्यथा दुःख देते रहेंगे। जो प्रेमी भक्त नहीं बन पाता, वह सदा दुःखी रहेगा। क्योंकि आकांक्षा उसकी भक्त की है और माँग वह प्रेम से पूरी करना चाह रहा है। चाहता कुछ और है, कर कुछ और रहा है। चाहता वह यह है कि बिलकुल एक हो जाऊँ, इतना फ़ासला भी न रहे कि मैं और तू का भी फ़ासला बचे, चाहता वह यह है। लेकिन जिससे वह यह करना चाह रहा है, उससे यह नहीं हो सकता है। उससे मैं और तू का फ़ासला बना ही रहेगा। दो व्यक्ति कभी इतने निकट नहीं आ सकते, जहाँ कि मैं और तू का फ़ासला गिर जाए, सिर्फ़ दो अव्यक्ति इतने निकट आ सकते हैं, जहाँ मैं और तू का फ़ासला मिट जाए। परमात्मा अव्यक्ति है। जिस दिन भक्त भी अव्यक्ति हो जाएगा, उस दिन उपलब्धि हो जाएगी। जब तक भक्त बचा है–परमात्मा तो है ही नहीं इस अर्थ में, जिस अर्थ में भक्त है। परमात्मा का तो होना न-होने जैसा है। उसकी उपस्थिति अनुपस्थिति जैसी है।

यह बड़े मज़े की बात है। यह थोड़ा ख़याल में लेनी ज़रूरी है।

अगर हम निरंतर पूछते हैं–दुनिया में सारे भक्तों ने पूछा है कि परमात्मा प्रकट क्यों नहीं होता? क्योंकि अगर परमात्मा प्रकट हो जाए तो उससे मिलन असंभव है। सिर्फ़ अप्रकट से ही पूर्ण मिलन हो सकता है। भक्तों ने निरंतर पूछा है कि तुम छिपे क्यों हो? सामने क्यों नहीं आते हो? अगर वह सामने आ जाए तो इतना बड़ा पर्दा गिर जाएगा कि फिर मिलन हो ही नहीं सकता है। वह छिपा है, इसलिए मिलने की संभावना है। वह अदृश्य है, इसलिए उसमें डूबा जा सकता है। वह दृश्य बन जाए तो दीवार बन जाएगी और मिलन असंभव है।

एक बहुत अद्‌भुत फ़क़ीर इकहॉर्ट ने कहा है, परमात्मा को धन्यवाद दिया है कि तेरी अनुकंपा अपार है कि तू दिखायी नहीं पड़ता। तेरी अनुकंपा अपार है कि तू पकड़ में नहीं आता। तेरी अनुकंपा अपार है कि तू खोजे से कहीं भी नहीं मिलता, कहीं भी नहीं पाते हैं तुझे। क्यों है तेरी अनुकंपा अपार? क्योंकि इस भाँति तू हमें भी यह निरंतर सिखाये जाता है कि जब तक तुम भी ऐसे न हो जाओ कि खोजे से न मिलो, कि जब तक तुम भी ऐसे न हो जाओ कि न-होने जैसे हो जाओ, तब तक मिलन असंभव है। भगवान् तो अरूप है, जिस दिन भक्त भी अरूप हो जाता है, उस दिन

मिलन हो जाता है। इसलिए बाधा सिर्फ़ भक्त की तरफ़ से है, भगवान् की तरफ़ से कोई बाधा नहीं है।

स्थितप्रज्ञ का अर्थ है, भक्त जो अरूप हो गया। अब वह भगवान् को भी नहीं चिल्लाता, क्योंकि कौन चिल्लाए? अब वह प्रार्थना भी नहीं करता, क्योंकि कौन करे? किसकी करे? या अब हम ऐसा कह सकते हैं कि वह जो भी करता है, वही प्रार्थना है। या अब वह जो भी चिल्लाता है या नहीं चिल्लाता है, वही भगवान् के लिए निवेदन है। अब हम दोनों तरह से कह सकते हैं। स्थितप्रज्ञ का अर्थ है कि मनुष्य भी वैसा हो गया, जैसा परमात्मा है। भक्त का अर्थ है कि उसने यात्रा तो शुरू की परमात्मा की तरफ़, लेकिन अभी वह मनुष्य है। और उसकी सब आकांक्षाएँ, अपेक्षाएँ मनुष्य की हैं। मीरा कितनी चिल्ला रही है। उसके गीत बड़े अद्‌भुत हैं। इस अर्थ में अद्‌भुत हैं कि वे बड़े मानवीय हैं। उसकी सारी चिल्लाहट एक प्रेमी की चिल्लाहट है, एक भक्त की। वह कहती है कि सेज सजा दी और तुम आ जाओ। अब मैं तुम्हारे लिए द्वार खोलकर प्रतीक्षा कर रही हूँ। ये सब मानवीय प्रतीक्षाएँ हैं।

भक्त का मतलब है, मनुष्य, जो परमात्मा की तरफ़ चल पड़ा, लेकिन अभी मनुष्य है। स्थितप्रज्ञ का अर्थ है, मनुष्य अब मनुष्य नहीं रहा, अब वह किसी की तरफ़ नहीं जा रहा है, अब जाने का कोई सवाल नहीं है। अब वह जहाँ है वहीं है और वहीं परमात्मा तो सदा था, सिर्फ़ हम अरूप हो जाते, हम अदृश्य हो जाते, हम न हो जाते। जीसस का वचन है, जो अपने को बचाएगा, वह खो देगा। और जो अपने को खो देता है, वह पा लेता है। स्थितप्रज्ञ ने अपने को खो दिया, इसलिए पा लेता है। भक्त अभी पाने चला है, और खुद है। अनुभव उसे धीरे-धीरे मिटाएगा। कबीर का वचन है कि खोजते-खोजते फिर मैं ही खो गया। और कोई उपाय न था। खोजने निकले थे किसी को। आख़िर में पाया कि खोज ने खुद को ही छीन लिया। 'हेरत-हेरत हे सखी, रह्या कबीर हेराय।' खोजने निकले थे सखी, लेकिन आख़िर ऐसा हुआ कि वह मिला नहीं, खुद ही खो गए। लेकिन जिस दिन खो गए, उस दिन खोज पूरी हो जाती है। उस दिन वह मिला ही हुआ है।

लाओत्से का बहुत अद्‌भुत वचन है। लाओत्से कहता है, 'सीक एंड यू विल नाट फाइंड।' खोजो और तुम न पा सकोगे। 'डू नाट सीक एंड

फाइंड'। मत खोजो और पाओ। 'बिकाज ही इज हियर एंड नाव।' क्योंकि वह और अभी यहीं है। खोज की वजह से तुम दूर निकल जाते हो। क्योंकि कोई भी यहीं और अभी नहीं खोजेगा। खोज का मतलब ही कहीं और है तो खोजने कोई मक्का जाएगा, कोई मदीना जाएगा, कोई काशी जाएगा, मानसरोवर, कैलाश जाएगा। खोजने कहीं जाएगा, ... हाँ-हाँ, कोई मनाली जाएगा। ... और वह वहीं है, यहीं है, अभी है। इसलिए खोजनेवाला उसे जब तक खोजता रहता है, तब तक खोता चला जाता है। जिस दिन खोजने वाला खोज-खोज कर थक जाता है और मिट जाता है और गिर जाता है, तब वह मनाली में गिरे, कि मक्का में, कि मदीना में, काशी में कि कैलाश पर, वह कहीं भी गिर जाए, कहीं भी, वह जहाँ भी गिर जाए, वहीं पाता है कि वह मौजूद है। वह सदा मौजूद है, हमारी मौजूदगी बाधा है। हम ग़ैर-मौजूद हो जाएँ।

भक्त अभी मौजूद है, स्थितप्रज्ञ ग़ैर-मौजूद हो गया। भक्त की अभी 'प्रेजेंस' है, स्थितप्रज्ञ की कोई 'प्रेजेंस' नहीं है। वह 'एब्सेंट' हो गया। वह अब है नहीं। यह भी समझ लेना ज़रूरी है कि जब तक भक्त 'प्रेजेंट' है, तब तक ईश्वर 'एब्सेंट' रहेगा। जब तक भक्त मौजूद है, तब तक ईश्वर ग़ैर-मौजूद है। और इसलिए भक्त ईश्वर को 'प्रॉक्सी' की तरकीब से मौजूद करता रहता है। कभी मूर्ति बनाकर रखकर रख लेता है, कभी मंदिर बना लेता है, यह 'प्राक्सी' है। इससे कोई हल नहीं है। यह भक्त का ही बनाया हुआ खेल है। यह भी थोड़े में ऊब जाएगा। अपने ही बनाए हुए भगवान् से बहुत तृप्ति नहीं मिल सकती। कैसे मिलेगी, कब तक मिलेगी? 'प्रॉक्सी' पकड़ में आ ही जाएगी। तब वह फेंक देगा मूर्तियों-वूर्तियों को। वह कहेगा, मैं उसी को चाहता हूँ, जो है। लेकिन वह तभी मिलता है, जब मैं नहीं हूँ, एक ही शर्त है उसकी। मेरा होना ही दीवार है, मेरा न-होना द्वार बन जाता है। बस, भक्त और स्थितप्रज्ञ में उतना ही फ़र्क़ है।

स्थितप्रज्ञ द्वार है, भक्त अभी दीवार है। दीवार हम भी हैं, लेकिन भक्त ऐसी दीवार है, जिसके भीतर चीख़-पुकार शुरू हो गयी, भक्त ऐसी दीवार है, जिसने दरवाज़े होने की तरफ़ श्रम शुरू कर दिया। हम ऐसी दीवार हैं, जो आराम से विश्राम कर रहे हैं। जिनकी कोई यात्रा शुरू नहीं हुई है।

‘सेक्स’ के संबंध में श्रीकृष्ण के विद्रोही और क्रांतिकारी अनुदान पर सविस्तार प्रकाश डालने की कृपा करें।
दो पूरक प्रश्न भी हैं।

श्रीकृष्ण के प्रति स्त्रियों के अति आकर्षित होने में क्या कारण थे? हज़ारों-लाखों गोपियाँ उनके पीछे दीवानी थीं, और उनके सहवास से ही उन्हें तृप्ति मिलती थी, ऐसा क्यों होता था?
यदि प्रेमपूर्णता से कामशून्यता आती है, तो कामशून्यता की उपलब्धि के बाद बच्चे कैसे पैदा होंगे? अर्थात् कामशून्यता में संभोग कैसे घटित होगा? क्या आत्मसमाधि, ब्रह्मसमाधि और निर्वाण-समाधि के बाद संभोग संभव है? क्योंकि संभोग के लिए प्राणों की चंचलता आवश्यक है न?

इस संबंध में बहुत-सी बातें तो हो गयी हैं, इसलिए कुछ थोड़ी-सी बातें और ख़याल में लेनी चाहिए।

कृष्ण के प्रति आकर्षण लाखों स्त्रियों का ठीक ऐसा ही है, जैसे पहाड़ से पानी भागता है नीचे की तरफ़ और झील में इकट्ठा हो जाता है। हमने कभी नहीं पूछा कि पहाड़ से पानी झील की तरफ़ क्यों भागकर इकट्ठा हो जाता है? अगर हम पूछेंगे तो उत्तर यही होगा कि क्योंकि झील झील है, गड्ढा है, पानी गड्ढे में भर जाता है। गिरता है पर्वत के शिखर पर, भरता है झील में। पर्वत के शिखर पानी को नहीं रोक पाते हैं। पानी का स्वभाव है कि वह गड्ढे को खोजे, क्योंकि वहीं वह निवास कर सकता है।

अगर हम इसको ठीक से समझें तो स्त्री का स्वभाव है कि वह पुरुष को खोजे, वह पुरुष में ही निवास कर सकती है। पुरुष का स्वभाव है कि वह स्त्री को खोजे, वह स्त्री में निवास कर सकता है। यह स्वभाव है। यह वैसे ही स्वभाव है, जैसे और जीवन की सारी चीज़ों का स्वभाव है। जैसे आग का कुछ स्वभाव है, जैसे पानी का कुछ स्वभाव है, ऐसे ही पुरुष होने का स्वभाव है कि वह स्त्री में अपने को खोजे। अगर ठीक से हम समझें तो पुरुष का मतलब है, वह जो स्त्री में अपने को खोजता है। स्त्री का मतलब है, वह जो पुरुष में अपने को खोजती है। स्त्रैण होने का मतलब ही यही है

कि जो पुरुष के बिना अधूरी है। पुरुष के होने का मतलब यही है, जो स्त्री के बिना अधूरा है। अधूरा होना स्त्री-पुरुष का होना है। इसलिए उनकी निरंतर खोज है। और जब यह खोज पूरी नहीं हो पाती तो 'फ्रस्ट्रेशन' है। जब यह खोज पूरी नहीं हो पाती तो दुःख है, पीड़ा है, परेशानी है। जब यह खोज पूरी नहीं हो पाती तो स्वभाव के प्रतिकूल होने के कारण कष्ट है, संताप है, चिंता है।

कृष्ण के प्रति इतने आकर्षण का एक ही कारण है कि कृष्ण पूरे पुरुष हैं। जितना पूर्ण पुरुष होगा, उतना आकर्षक हो जाएगा स्त्रियों को। जितनी स्त्री पूर्ण होगी, उतनी आकर्षक हो जाएगी पुरुषों को। पुरुष की पूर्णता कृष्ण में पूरी तरह प्रकट हो सकी है। महावीर कम पुरुष नहीं हैं। ठीक कृष्ण जैसे ही पूरे पुरुष हैं। लेकिन महावीर की पूरी साधना अपने पुरुष होने को छोड़ देने की साधना है। महावीर की पूरी साधना, वह जो स्त्री-पुरुष के नियम का जगत् है, उसके पार हो जाने की साधना है, फिर भी इस सारी साधना के बावजूद महावीर की भिक्षुणियाँ चालीस हज़ार हैं और भिक्षु दस हज़ार हैं। फिर भी स्त्रियाँ ही ज़्यादा आकर्षित हुई हैं। जहाँ चार साधु महावीर के पीछे थे वहाँ तीन स्त्रियाँ हैं और एक पुरुष है। तो अगर महावीर के पास भी चालीस हज़ार संन्यासिनियाँ इकट्ठी हो जाती हैं, ऐसे व्यक्ति के पास जिसकी सारी साधना पुरुष और स्त्री होने के 'ट्रांसेंडेंस' की है, पार जाने की है, जो अपने पुरुष होने को इनकार करता है, किसी के स्त्री होने को इनकार करता है, जो कहता है कि यह संसार की बातें हैं, इनसे पार सब है। लेकिन वह भी स्त्रियों के लिए आकर्षक है। महावीर को छू भी नहीं सकतीं वे स्त्रियाँ। महावीर के निकट भी नहीं बैठ सकतीं आकर। लेकिन फिर भी स्त्रियाँ महावीर के लिए कम दीवानी नहीं हैं। हालाँकि इस बात को इस तरह कभी देखा नहीं गया। और जो दस हज़ार पुरुष महावीर के पास आए हैं, इनकी भी अगर हम कभी बहुत खोजबीन करें तो पता चलेगा कि इनके चित्त में कहीं-न-कहीं स्त्रैणता है। होगी। ज़रूरी नहीं है कि एक आदमी शरीर से पुरुष हो तो मन से भी पुरुष हो। ऐसा भी ज़रूरी नहीं है कि एक स्त्री शरीर से स्त्री हो तो मन से भी स्त्री हो। मन ज़रूरी रूप से शरीर के साथ सदा तालमेल नहीं रखता। या बहुत कम तालमेल भी रखता है। कई बार ऐसा हो जाता है कि शरीर पुरुष का होता है, लेकिन चित्त स्त्री की तरफ़

झुका हुआ होता है। तो जो पुरुष महावीर के पास इकट्ठे होते हैं, अगर इनमें दस हज़ार का भी ठीक कभी कोई मानसिक परीक्षण हो सके तो हम पाएँगे कि इसमें भी स्त्री-चित्त की बहुतायत है। होगी ही। महावीर आकर्षक तभी हो पाते हैं, जब भीतर हैं। महावीर का आकर्षण आधी बात है। हमारा चित्त भी तो उस तरफ़ बहना चाहिए।

तो कृष्ण के साथ तो और भी अद्भुत स्थिति है। कृष्ण कुछ छोड़कर भागे हुए नहीं हैं। स्त्रियाँ उनके पास सिर्फ़ साध्वी होकर खड़ी रह सकती हैं, ऐसा नहीं है। सिर्फ़ उनको देख सकती हैं, ऐसा नहीं है। कृष्ण के साथ नाच भी सकती हैं। तो अगर कृष्ण के पास लाखों स्त्रियाँ इकट्ठी हो गयी हों, तो कुछ आश्चर्य नहीं है। सहज है। बिलकुल सरलता से है।

बुद्ध वैसे ही पूर्ण पुरुष हैं। इसलिए बहुत मज़ेदार घटना घटी है। बुद्ध ने स्त्रियों को दीक्षा देने से इनकार कर दिया। बुद्ध ने इनकार कर दिया कि स्त्रियों को दीक्षा नहीं देंगे। क्योंकि बुद्ध के सामने ख़तरा बिलकुल साफ़ है। वह ख़तरा यह है कि स्त्रियाँ दौड़ पड़ेंगी और भारी भीड़ स्त्रियों की इकट्ठी हो जाएगी। और ज़रूरी नहीं है कि ये स्त्रियाँ साधना के लिए ही आतुर होकर आयी हों, बुद्ध का आकर्षण बहुत कीमती हो सकता है। कोई कृष्ण के पास जो गोपियाँ पहुँच गयी हैं, वह कोई परमात्म-उपलब्धि के लिए ही पहुँच गयीं, ऐसा नहीं है। कृष्ण भी काफ़ी परमात्मा हैं। इन कृष्ण के पास होना भी बड़ा सुखद है। तो कृष्ण को तो इसकी चिंता नहीं होती कि कौन किसलिए आया है, क्योंकि कृष्ण को कोई चुनाव नहीं है, लेकिन बुद्ध को चुनाव है। और बुद्ध सख़्ती से इनकार करते हैं कि स्त्रियों को दीक्षा नहीं देंगे। और बड़े दिनों तक यह संघर्ष चलता है और स्त्रियों का बड़ा आंदोलन चलता है। और स्त्रियाँ सख़्ती से बुद्ध की इस बात की ख़िलाफ़त करती हैं कि हमारा क्या कसूर है कि हमें दीक्षा नहीं मिलेगी! और बड़ी मजबूरी में और बड़े दबाव में और बड़े आग्रह में बुद्ध राज़ी होते हैं। अब यह थोड़ा सोचने जैसा मामला है कि बुद्ध का इतनी देर तक यह कहे चले जाना कि नहीं दूँगा दीक्षा, क्योंकि बुद्ध को इसमें साफ़ एक बात दिखायी पड़ती है कि जो सौ स्त्रियाँ आती हैं उसमें निन्यानवे के आने की संभावना का कारण बुद्ध हैं, बुद्धत्व नहीं। यह साफ़ दिखायी पड़ रहा है। यह इतना साफ़ दिखायी पड़ रहा है कि बुद्ध 'रेज़िस्ट' करते हैं।

लेकिन तब कृशा गौतमी नाम की एक स्त्री बुद्ध को कहती है कि क्या हम स्त्रियों को बुद्धत्व नहीं मिलेगा? फिर आप कब दुबारा आएँगे हमारे लिए? और अगर हम चूके तो जिम्मेदारी तुम्हारी होगी। हमारा कसूर क्या है? हमारा स्त्री होना कसूर है? यह सौवीं स्त्री है, निन्यानवे वाली स्त्री नहीं है। इस कृशा गौतमी के लिए बुद्ध को झुकना पड़ता है। यह बुद्ध के लिए नहीं आयी है, बुद्धत्व के लिए आयी है। वह कहती है हमें तुमसे प्रयोजन नहीं है, लेकिन तुम्हारे होने का लाभ पुरुष ही उठा पाएँगे? हम सिर्फ़ स्त्री होने से वंचित रह जाएँगे? स्त्री होने का ऐसा दंड हमें मिल रहा है! और आप भी इसमें चुनाव करते हैं? तो कृशा गौतमी को आज्ञा दी जाती है। फिर द्वार खुल जाता है। और फिर वही होता है, जो महावीर के पास हुआ। पुरुष कम पड़ जाते हैं, स्त्रियाँ रोज ज़्यादा होती चली जाती हैं।

आज भी मंदिरों में स्त्रियाँ ज़्यादा हैं, पुरुष कम हैं। तब तक पुरुष मंदिरों में कम होंगे, जब तक स्त्री तीर्थंकर और स्त्री अवतारों की मूर्तियाँ मंदिर में न हों। तब तक कम होंगे। क्योंकि सौ जाते हैं, उसमें से निन्यानवे बहुत सहज कारणों से जाते हैं, एक ही असहज कारण से जाता है।

कृष्ण के पास तो बहुत ही सरल बात है। कृष्ण के लिए तो कोई बाधा ही नहीं है। कृष्ण तो जीवन की समग्रता को अंगीकार कर लेते हैं। और कृष्ण अपने पुरुष होने को स्वीकार करते हैं, किसी के स्त्री होने को स्वीकार करते हैं। सच तो यह है कि कृष्ण ने शायद भूलकर भी ज़रा-सा भी अपमान किसी स्त्री का नहीं किया। जीसस के वचनों में भी संभावना है, महावीर के वचनों में भी, बुद्ध के वचनों में भी स्त्री के अपमान की संभावना है। और कारण सिर्फ़ इतना ही है कि वे अपने पुरुष होने को मिटाना चाह रहे हैं, और कोई कारण नहीं है। स्त्री से कोई वास्ता नहीं है। महावीर या बुद्ध, या जीसस अपने 'सेक्सुअल बीइंग' को, अपने 'बायोलॉजिकल बीइंग' को, अपने जैविक अस्तित्व को पोंछ डालना चाह रहे हैं। स्वभावतः, स्त्री उनको न पोंछने देगी। स्त्री पास पहुँचेगी तो उनका पुरुष होना प्रकट हो सकता है। उनके पुरुष होने को भोजन मिलता है। लेकिन, जीसस जैसे उदास आदमी के पास भी, जीसस जैसे जिसके ओंठ पर बाँसुरी नहीं है, उसके पास भी स्त्रियाँ इकट्ठी हो गयीं। और जीसस की सूली पर से लाश जिन्होंने उतारी, वे पुरुष न थे, वे स्त्रियाँ थीं। उस युग की सर्वाधिक सुंदरी स्त्री मेरी मेग्दलीन,

उसने उस लाश को उतारा। पुरुष तो भाग गए थे, स्त्रियाँ रुकी थीं। पुरुष तो जा चुके थे। पर स्त्रियाँ रुकी थीं। और जीसस ने स्त्रियों के लिए सम्मान का कभी एक वचन नहीं कहा।

महावीर कहते हैं कि स्त्री-पर्याय से मोक्ष न जा सकेंगी। उन्हें एक बार पुरुष का जन्म लेना होगा। फिर वे मोक्ष जा सकती हैं। बुद्ध तो उनको दीक्षा ही देने से इनकार करते हैं कि हम दीक्षा न देंगे। और जब दीक्षा भी दे दी, तब भी उन्होंने जो वचन कहे, वह बहुत ही हैरानी के हैं। बुद्ध ने कहा कि मेरा जो धर्म हज़ारों साल चलता, अब वह पाँच-सौ साल से ज़्यादा नहीं चल पाएगा, क्योंकि स्त्रियाँ दीक्षित हो गयी हैं।

'इस कथन में सच्चाई तो थी!'

सवाल यह नहीं है। सवाल यह नहीं है! बुद्ध की तरफ़ से कथन में सच्चाई थी। बुद्ध की तरफ़ से कथन में सच्चाई थी, क्योंकि बुद्ध का जो मार्ग है, उस मार्ग में, या महावीर का जो मार्ग है, उस मार्ग में स्त्री के लिए उपाय नहीं है बहुत। लेकिन महावीर और बुद्ध बड़े आकर्षक हैं और स्त्री आ जाती है। सच्चाई उनके मार्ग के संदर्भ में है, सच्चाई 'एब्सोलूट' नहीं है। स्त्री के लिए कोई बाधा नहीं है मोक्ष जाने से—कोई बाधा नहीं है। लेकिन मार्ग अन्यथा होगा। महावीर वाले मार्ग से नहीं हो सकता। ऐसे ही जैसे कि दो रास्ते हों पहाड़ पर, एक सीधी चढ़ाई हो और वहाँ तख़्ती लगा दी हो कि स्त्रियाँ यहाँ से नहीं। और एक लंबी चढ़ाई का गोल रास्ता हो और वहाँ एक तख़्ती लगी हो कि स्त्रियाँ यहाँ से। बस इतना ही फ़र्क़ है। यह रास्ते के संदर्भ में सच है, महावीर के रास्ते के संदर्भ में यह बिलकुल सच है कि स्त्री जा नहीं सकती मोक्ष। अगर महावीर के मार्ग से ही जाने की किसी स्त्री की ज़िद्द हो तो उसे एक बार पुरुष के रूप में लौटना ज़रूरी है। क्योंकि सीधी चढ़ाई का रास्ता है। चढ़ाई के कई कारण हैं।

बड़ा कारण तो यह है कि न कोई परमात्मा है महावीर के रास्ते पर, न कोई संगी-साथी। न ही कोई है, जिसके कंधे पर हाथ रखा जा सके। स्त्री का व्यक्तित्व अपने-आपमें ऐसा है कि कोई झूठा कंधा भी मिल जाए तो भी ठीक है। उसको कंधे पर हाथ चाहिए। किसी के कंधे पर हाथ रखकर आश्वस्त हो जाती है। यह उसके व्यक्तित्व का ढंग है। इसमें कोई, और कोई

कारण नहीं है। पुरुष किसी के कंधे पर हाथ रखे तो दीन अनुभव करता है अपने को। स्त्री किसी के कंधे पर हाथ रखकर चलती है तब उसकी शान अलग है। जब वह अकेली चलती है, तब दीन होती है। और पुरुष किसी के कंधे पर हाथ रखकर चलता है तो उसकी दीनता प्रकट होती है।

‘गांधी जी भी तो दो स्त्रियों के कंधे पर हाथ रखकर चलते थे।’

इसकी पीछे बात करनी पड़ेगी। यह जो गांधी जी की बात उठायी है, वह भी एक क्षण ख़याल में ले लेनी चाहिए। गांधी जी स्त्रियों के कंधे पर हाथ रखकर चले हैं, शायद इस भाँति के वे पहले पुरुष हैं। कोई पुरुष कभी किसी स्त्री के कंधे पर हाथ रखकर नहीं चला है।

‘बूढ़े थे, इसलिए?’

नहीं, बूढ़े नहीं थे। बूढ़े नहीं थे तब भी वे रखते थे। गांधी जी का स्त्री के कंधे पर हाथ रखकर चलना किसी विशेष घोषणा के लिए है। इस मुल्क में, जहाँ सदा ही स्त्री ने पुरुष के कंधे पर हाथ रखा हो, जहाँ सदा ही स्त्री अर्द्धांगिनी रही हो,–और नंबर दो की अर्द्धांगिनी, नंबर एक की कभी नहीं–जहाँ स्त्री सदा ही पीछे रही हो, आगे कभी नहीं, जहाँ स्त्री का होना ही ‘सेकेंड्री’ हो गया हो, द्वितीय कोटि का हो गया हो, वहाँ गांधी को लगता है कि किसी पुरुष को यह घोषणा करनी चाहिए कि स्त्री के कंधे भी इतने कमज़ोर नहीं, उस पर भी हाथ रखा जा सकता है। यह एक लंबी परंपरा के ख़िलाफ़ एक प्रयोग है, और कुछ भी नहीं, और कोई कारण नहीं है। हालाँकि, गांधी जी स्त्रियों के कंधे पर हाथ रखे हुए बहुत सुंदर नहीं मालूम पड़ते हैं, और गांधी जी के हाथ के नीचे दबी हुई स्त्रियाँ भारी बोझ से ग्रसित होती मालूम होती हैं। असल में यह बिलकुल स्वभाव के प्रतिकूल किया जा रहा है। यह है नहीं ठीक। यह है नहीं ठीक। यह स्त्री और पुरुष के ‘बीइंग’ के संबंध में गांधी की समझ बहुत नहीं है। सिर्फ़ एक परंपरा का विरोध है, वह बात अलग है। एक व्यवस्था का विरोध है, वह बात अलग है। लेकिन स्त्री और पुरुष के व्यक्तित्व के संबंध में गांधी की समझ बहुत गहरी नहीं है।

इसलिए गांधी ने बहुत-सी स्त्रियों को क़रीब-क़रीब पुरुष बनाकर

छोड़ दिया। और स्त्री-जाति को फायदा हुआ है ऐसा मैं नहीं कहूँगा। स्त्री-जाति का गहरा नुकसान हुआ है। क्योंकि स्त्री को पुरुष नहीं बनाया जा सकता। उसके स्त्री होने का अपना ढंग है और उसके ढंग की ख़ूबी ही यह है। और यह बड़े मज़े की बात है कि न केवल स्त्री जब किसी के कंधे पर हाथ रखती है तो ख़ुद गौरवान्वित होती है, उस पुरुष को भी गरिमा से भर देती है। ऐसा नहीं है, यह कुछ सिर्फ़ लेना ही नहीं है, इसमें देना भी है। यह सिर्फ़ कंधे का सहारा लेकर ऐसा नहीं है कि स्त्री को ही कुछ मिल जाता है, पुरुष को भी बहुत कुछ मिलता है। ऐसा पुरुष, जिसके कंधे पर किसी स्त्री ने हाथ नहीं रखा, वह भी बहुत दीनता का अनुभव करता है।

यह जो महावीर, बुद्ध, जीसस, इन सारे लोगों के व्यक्तित्व में, जैविक व्यक्तित्व का निषेध इनकी साधना का हिस्सा है। कृष्ण के जीवन में समस्त की स्वीकृति साधना है। उसमें जैविक भी स्वीकार है, उसमें वह जो 'सेक्सुअल बीइंग' है वह भी स्वीकार है, वह जो काम-शरीर है, वह भी स्वीकार है। वह जो काम-चित्त है, वह भी स्वीकार है। कृष्ण कहते हैं, सब स्वीकार है, निषेध कुछ नहीं है। कृष्ण के हिसाब से तो जो निषेध करता है, वह किसी-न-किसी अर्थ में थोड़ा बहुत नास्तिक है। असल में निषेध करना ही नास्तिकता है। कितनी मात्रा में कोई करता है—कोई कहता है कि हम शरीर को स्वीकार नहीं करते हैं तो शरीर के प्रति नास्तिक है। कोई कहता है, हम यौन को स्वीकार नहीं करते, तो यौन के प्रति नास्तिक है। कोई कहता है, हम ईश्वर को स्वीकार नहीं करते, तो वह ईश्वर के प्रति नास्तिक है। लेकिन अस्वीकृति नास्तिकता का ढंग है। स्वीकृति आस्तिकता है। इसलिए मैं न महावीर को, न बुद्ध को, न जीसस को इतना आस्तिक कह सकता हूँ, जितना आस्तिक मैं कृष्ण को कहता हूँ। समस्त स्वीकृति। निषेध है ही नहीं, निंदा है ही नहीं। जो भी है, उसकी अपनी जगह है अस्तित्व में।

इस वजह से कृष्ण के पास अगर लाखों स्त्रियाँ इकट्ठी हो सकीं, तो आकस्मिक नहीं है। और पास इकट्ठे होने का कारण न था। महावीर के पास इकट्ठे हों तो भी एक 'डिस्टेंस', एक 'फार्मल डिस्टेंस' ज़रूरी है। महावीर के पास भी खड़े हों, तो एक शिष्टाचार का जितना फ़ासला है, उतना रखना पड़ेगा। महावीर के गले को स्त्री जाकर मिल जाए तो एकदम अशिष्टता हो जाएगी। न तो महावीर इसे बर्दाश्त करेंगे न उस स्त्री को इससे

कोई सुख और शांति मिलेगी, अपमान ही मिलेगा।

'महावीर किसलिए बर्दाश्त नहीं करेंगे?'

महावीर इसलिए बर्दाश्त नहीं करेंगे कि महावीर उसे बिलकुल स्वीकार नहीं करेंगे, वह पत्थर की तरह खड़े रह जाएँगे। उनका पूरा अस्तित्व उसे इनकार करेगा। वह कहेंगे नहीं कि मत छुओ। मगर ऐसा लगेगा, कोई शिलाखंड को हाथों में ले लिया। और स्त्री का अपमान इससे नहीं होता कि कोई कह दे कि मत छुओ, अपमान इससे होता है—वह किसी को छुए और दूसरी तरफ़ से कोई 'रिस्पांस' न हो, कोई उत्तर न हो। यह सवाल नहीं है। महावीर ऐसे हैं, इसमें कोई उपाय नहीं है। वह कोई स्त्री का अपमान करने जा रहे हैं, ऐसा नहीं है। यह उनका अपना होने का ढंग है। इसलिए स्त्रियाँ महावीर के आसपास, ज़िसको हम कहें एक औपचारिक फ़ासला सदा क़ायम रखती हैं। उनके पास नहीं जाया जा सकता। उनके अस्तित्व का एक घेरा है, जिसमें प्रवेश नहीं किया जा सकता।

लेकिन कृष्ण के साथ स्थिति बिलकुल और है। कृष्ण के साथ अगर कोई स्त्री कोई फ़ासला रखना चाहेगी तो मुश्किल में पड़ जाएगी। वह अगर दूर खड़ी होगी तो पाएगी कि गिरती है पास। अगर कृष्ण के पास जाएगी तो उसे पास आना ही पड़ेगा, जहाँ तक कि पास जाया जा सकता है, जहाँ कि आगे जाने का उपाय ही न हो, वह बात दूसरी है। लेकिन जहाँ तक पास जाया जा सकता है, कृष्ण के पास जाना ही पड़ेगा। जैसे कि कृष्ण पुकारते हुए हैं, एक निमंत्रण हैं। जैसे मैंने कहा कि महावीर एक शिलाखंड की तरह खड़े रह ज़ाएँगे, कोई छुएगा भी तो पता चलेगा कि पत्थर है।

हेनरी थारो के संबंध में इमर्सन ने कहीं कहा है कि अगर हेनरी थारो से हाथ कोई मिलाए, तो ऐसा लगता है वृक्ष की किसी सूखी शाखा को हाथ में ले लिया है। क्योंकि हेनरी थारो उत्तर ही नहीं देता, सिर्फ़ हाथ दे देता है। और हाथ बिलकुल मुर्दा होता है। उसमें कुछ नहीं होता, उसमें कोई गर्मी नहीं होती, उसमें कोई धारा नहीं होती। उसमें कुछ होता ही नहीं, सिर्फ़ हाथ होता है। हेनरी थारो की महावीर से दोस्ती बन सकती है।

कृष्ण के अगर कोई दूर भी खड़ा हो जाएगा तो ऐसा लगेगा, वह छू रहे हैं; वह स्पर्श कर रहे हैं, वह बुला रहे हैं। उनका पूरा अस्तित्व

निमंत्रण है, आमंत्रण है! इस आमंत्रण को अगर हज़ारों स्त्रियों ने स्वीकार किया हो, तो आश्चर्य नहीं है। कोई आश्चर्य नहीं है। यह सहज हुआ।

रह गयी बात यह कि हम पूछते हैं कि क्या कृष्ण के लिए संभोग जैसी बात संभव है? कृष्ण के लिए कुछ भी असंभव नहीं है। हमारे लिए संभोग प्रश्न है, कृष्ण के लिए प्रश्न नहीं है। हम नहीं पूछते कि फूलों के लिए संभोग संभव है? हम नहीं पूछते, पक्षियों के लिए संभोग संभव है? हम नहीं पूछते कि सारा जगत् संभोग की एक लीला में लीन है? यह सारा अस्तित्व संभोगरत है! आदमी पूछना शुरू करता है कि क्या कृष्ण के लिए संभोग संभव है? क्योंकि आदमी जैसा है, तनाव से भरा हुआ, जीवन के प्रति निंदा से भरा हुआ, उसके लिए संभोग जैसी गहन चीज़ भी संभव नहीं रह गयी है। उसके लिए संभोग जैसा अस्तित्व का क्षण भी जटिल जाल बन गया है। वह भी सिद्धांतों की, दीवारों की ओट में खड़ा हो गया है।

संभोग का अर्थ ही क्या है? संभोग का अर्थ इतना ही है कि दो शरीर इतने निकट आ जाएँ, जितने कि प्रकृति उन्हें निकट ला सकती है। और कोई अर्थ नहीं है। दो शरीर अपनी जैविक निकटता में, 'बायोलॉकिल इंटीमेसी' में आ जाएँ। उसके आगे प्रकृति का उपाय नहीं है। प्रकृति की आख़िरी जो निकटता है, वह संभोग है। प्रकृति के तल पर जो निकटतम नाता है, वह संभोग है। उसके आगे प्रकृति का उपाय नहीं। उसके आगे फिर परमात्मा का ही क्षेत्र शुरू होता है। लेकिन कृष्ण प्रकृति की निकटता को स्वीकार करते हैं, वह कहते हैं, प्रकृति भी परमात्मा की है।

कृष्ण के लिए संभोग विचारणीय नहीं है, प्रश्न नहीं है, समस्या नहीं है, जीवन का एक तथ्य है। हमें बहुत कठिनाई होगी। हमने संभोग को एक समस्या बना दिया है, जीवन का तथ्य नहीं रखा। अभी हमने और चीज़ों को नहीं बनाया, हम और चीज़ों को भी कल बना सकते हैं। हम कह सकते हैं कल कि कृष्ण आँख खोलते हैं कि नहीं? अगर हम कभी एक सवाल उठा लें और सिद्धांत बना लें कि आँख खोलना पाप है, तो फिर यह भी हो जाएगा। फिर हम पूछेंगे कि उन्होंने आँख खोली है कि नहीं? अभी हम नहीं बनाएँगे यह सवाल। अभी हम सवाल उन्हीं चीज़ों को, जिनको हम सवाल बना लेते हैं, उनको हम पूछते हैं कि ऐसा करेंगे या नहीं?

मेरी अपनी समझ यह है, कृष्ण के जीवन में कोई मर्यादा नहीं है।

यही उनका व्यक्तित्व है, यही उनकी विशेषता है। मर्यादा वे मानते ही नहीं। मर्यादा ही उनके लिए बंधन है और अमर्यादा ही उनके लिए मुक्ति है। लेकिन जो अर्थ हम लेते हैं अमर्यादा का, वह उनके लिए नहीं है। हमारे लिए अमर्यादा का अर्थ मर्यादा का उल्लंघन है। कृष्ण के लिए अमर्यादा का अर्थ मर्यादा की अनुपस्थिति है। इसको ख़याल में ले लें, नहीं तो कठिनाई होती है। कृष्ण के लिए संभोग विचारणीय नहीं है, फलित होना है तो हो जाता है, हो सकता है। नहीं फलित होता है तो नहीं होना है, नहीं होता है। इसकी चिंतना से वह नहीं चलते हैं। इसको सोचकर नहीं चलते। हमारी बड़ी अजीब हालत है। हमने संभोग को मानसिक, 'साइकोलॉजिकल' बना लिया है। हम संभोग को भी सोचते हैं। करते हैं तो सोचते हैं, नहीं करते हैं तो सोचते हैं। संभोग भी हमारा निर्णय बनकर चलता है। कृष्ण के लिए निर्णय नहीं है। अगर किसी का प्रेम-क्षण इतने निकट आ जाए कि संभोग घटित हो जाए, 'हैपनिंग' हो जाए, तो कृष्ण 'अवेलेबल' हैं, कृष्ण उपलब्धि हैं। न घटित हो, तो कृष्ण आतुर नहीं हैं। न कृष्ण के मन में कोई विरोध है, न कोई प्रशंसा है। जो हो जाता है, उसमें सहज जीने की सिर्फ़ राज़ी, स्वीकृति, स्वीकार है।

मैं फिर दोहराऊँ कि हमारे अर्थों में स्वीकार नहीं। क्योंकि हम स्वीकार भी अगर करते हैं तो अस्वीकार के ख़िलाफ़ करते हैं। कृष्ण के स्वीकार का मतलब है सिर्फ़, कि अस्वीकार नहीं। इसलिए कृष्ण को समझना हमें सबसे ज़्यादा जटिल है। महावीर को समझना आसान, बुद्ध को समझना आसान, जीसस को समझना आसान, सारी पृथ्वी पर कृष्ण को समझना सर्वाधिक कठिन है। इसलिए सर्वाधिक अन्याय उनके साथ हो जाना सहज ही हो जाता है। हमारी सारी धारणाएँ महावीर, बुद्ध, जीसस और मुहम्मद ने निर्मित की हैं। हमारी सारी धारणाओं का जगत्; हमारे विचार, हमारे सिद्धांत, हमारे शुभ-अशुभ की व्याख्या महावीर, बुद्ध, जीसस, कन्फ्यूशियस, इनने तय की है। इसलिए इनको समझना हमें सदा आसान है, क्योंकि हम इनसे निर्मित हुए हैं। कृष्ण ने हमें निर्मित नहीं किया। असल में कृष्ण किसी को निर्मित ही नहीं करते, वह कहते हैं, जो है, वह ठीक है। निर्माण का सवाल क्या है! तो जो निर्मित करते हैं उनसे हम निर्मित हुए हैं, कृष्ण ने तो किसी को निर्मित किया नहीं, इसलिए कृष्ण को समझना बहुत मुश्किल

हो जाता है।

जब भी हम कृष्ण को समझते हैं, तो या तो महावीर का चश्मा हमारी आँख पर होगा, या बुद्ध का चश्मा होगा, या क्राइस्ट का होगा, या कन्फ्यूशियस का होगा, किसी-न-किसी मर्यादा को स्वीकार करनेवाले व्यक्ति का चश्मा अनिवार्य रूप से हमारी आँख पर होगा, उससे हम कृष्ण को देखेंगे। और कृष्ण कहते हैं, तुम्हें अगर मुझे देखना है तो चश्मा उतार दो। बहुत मुश्किल है मामला! वह चश्मा नहीं उतारोगे तो कृष्ण में कुछ-न-कुछ गड़बड़ दिखायी पड़ेगी। वह आपके चश्मे की वजह से दिखाई पड़ेगी। लेकिन आप चश्मा उतारो, तो कृष्ण अत्यंत सहज पुरुष हैं—अत्यंत सहज पुरुष हैं।

पूछा जा सकता है कि इतनी सहज स्त्री क्यों पृथ्वी पर नहीं हो सकी? एकाध स्त्री तो होनी ही चाहिए थी न! कृष्ण को एकाध जवाब स्त्री को देना चाहिए था। कोई इतनी सहज स्त्री क्यों न हो सकी कि लाखों पुरुष उसके प्रति आकर्षित हों? क्या बात है? क्या कारण है? कुछ कारण हैं। इतना ही कारण नहीं है कि स्त्री दबायी गयी। इतना ही कारण नहीं है कि पुरुष ने उसे स्वतंत्रता नहीं दी होने की। क्योंकि यह बात फिजूल है। इसका कोई अर्थ नहीं है। जितनी स्वतंत्रता जिसे चाहिए, उतनी सदा मिल जाती है, अन्यथा वह जीने से इनकार कर देता है। नहीं, स्त्री कृष्ण का उत्तर नहीं दे पायी, शायद अभी और हज़ार-दो-हज़ार वर्ष लग जाएँगे तब शायद स्त्री दे पाए। अभी नहीं दे पायी, अभी देना कठिन भी है। न देने का कारण है। स्त्री का सारा व्यक्तित्व, सारा ढंग, उसके होने की प्राकृतिक व्यवस्था, 'मोनोगेमस' है, वह एक पर निर्भर रहना चाहती है।

‘क्लियोपेत्रा जैसी?’

नहीं, बात करता हूँ। वह एक पर निर्भर रहना चाहती है। उसका चित्त 'मोनोगेमस' है, अब तक, कल भी रहेगा, ऐसा ज़रूरी नहीं है। पुरुष 'पोलीगेमस' है। वह एक उसे कभी भी सुख नहीं दे पाता। पुरुष एक से ऊब जाता है। स्त्री एक से बिलकुल नहीं ऊबती। स्त्री एक के साथ जन्म-जन्म जीने की कामना करती है। एक के साथ फिर दुबारा भी जन्म मिले तो उसी के साथ मिले, वैसी कामना करती है।

यह जो एक स्त्री-पुरुष का संबंध है, यह पुरुष ने कम तय किया है, स्त्री ने ज़्यादा तय करवा लिया है। यह पुरुष की वजह से नहीं है, एक पत्नीव्रत, या एक पतिव्रत, यह स्त्री की वजह से है। इसके अब तक 'बायोलॉजिकल' कारण भी थे, जैविक कारण भी थे। क्योंकि स्त्री को निर्भर होना है–बहुतों पर निर्भर नहीं हुआ जा सकता है इसको ख़याल में लेना ज़रूरी है। स्त्री को कंधे पर हाथ रखना है। बहुत कंधों पर हाथ नहीं रखे जा सकते। निर्भर होना जिसका सुख है, वह बहुतों पर निर्भर होगी तो अनिश्चितमना हो जाएगी, निर्भरता उसकी 'इनडिसीसिव' हो जाएगी, उसमें निर्णय नहीं रह जाएगा। जिसे निर्भर होना है–जैसे एक बेल है, उसे एक वृक्ष पर ही निर्भर होना है, वह बहुत वृक्षों पर एक-साथ नहीं चढ़ सकती। उसे एक वृक्ष पर ही चढ़ना होगा। लेकिन एक वृक्ष बहुत-सी बेलों को आमंत्रित कर सकता है। और एक वृक्ष पर जितनी बेलें चढ़ जाएँ उतनी उसे तृप्ति होगी, क्योंकि उतना ही वह वृक्ष मालूम होने लगेगा। एक पुरुष बहुत-सी स्त्रियों को, हाथों को निमंत्रित कर सकता है कि मेरे कंधे पर रखो. क्योंकि उतना ही उसके पुरुष होने की गहरी रस की स्थिति उसे उपलब्ध होगी।

मगर स्त्री एक पर निर्भर होना चाहेगी। इस एक पर निर्भर होने का कारण चित्त में तो है ही, बहुत ज़्यादा 'बायोलॉजिकल', शारीरिक कारण है, जैविक कारण है। उसके बच्चे होंगे। उन बच्चों के लिए कोई निर्धारक, कोई नियंता, कोई फ़िक्र करनेवाला होना चाहिए। नौ महीने वह असमर्थ होगी। उसके बाद उसके बच्चे के सम्हालने में उसे सारा वक़्त लगाना पड़ेगा। अगर वह बहुतों पर निर्भर है, तो इसमें अनिश्चय पैदा होगा और कठिनाई होगी। इसलिए मैंने कहा कि हज़ार-दो-हज़ार साल लग जाएँगे, क्योंकि बहुत जल्दी स्त्रियाँ इनकार कर देंगी वैज्ञानिक विकास के साथ बच्चों को पेट में सम्हालने से। वे तो प्रयोगशालाओं में सम्हाले जाएँगे। जिस दिन स्त्री बच्चे को पेट में रखने से मुक्त हो जाएगी, उस दिन स्त्री भी कृष्ण जैसा व्यक्ति पैदा कर सकती है, उसके पहले नहीं पैदा कर सकती। उसके कारण थे।

यह जो मैंने कृष्ण के सहज होने की बात कही, इसे मनुष्यता जितने गहरे में समझ पाए, उतने ही चिंताओं ओर तनावों और संतापों से मुक्त हो सकती है। आदमी के अधिक तनाव आदमी के अपने ही स्वभाव से संघर्ष के परिणाम हैं। आदमी की अधिक चिंताएँ अपने से ही लड़ने की चिंताएँ

हैं। और मज़ा यह है कि हम अपने से लड़ सकते हैं, लेकिन जीत नहीं पाते—जीत नहीं सकते। हार ही होती है—हार ही होती है। कभी-कभी कोई जीत जाता है। बड़ी अनूठी वह घटना है, कभी-कभी कोई जीतनेवाले के अनुसरण में लाखों लोग अपने से लड़ते चले जाते हैं। और ये लाखों लोग सिर्फ़ चिंतित होते हैं, हारते हैं और परेशान होते हैं।

मेरी अपनी दृष्टि ऐसी है कि महावीर के मार्ग से कभी कोई एकाध आदमी उपलब्ध हो सकता है। लेकिन महावीर के मार्ग पर सौ में से निन्यानवे आदमी चलते हैं। कृष्ण के मार्ग से निन्यानवे आदमी उपलब्ध हो सकते हैं, लेकिन कृष्ण के मार्ग से एकाध आदमी भी नहीं चलता है। महावीर का मार्ग पगडंडी का है, मैंने कहा। बुद्ध का भी। जीसस का भी। इनके मार्ग बहुत सँकरे हैं, बहुत 'नैरो' हैं। और बड़े दुरूह हैं, क्योंकि व्यक्ति को अपने से ही लड़कर गुज़रना है। कभी-कभी कोई सफलता उपलब्ध होती है।

कृष्ण का मार्ग राजपथ की तरह है। उस पर बहुत लोग जा सकते हैं। लेकिन, उस पर बहुत कम लोग जाएँगे, बहुत कम लोग हैं। क्योंकि सहज होने की क्षमता ही जैसे आदमी खोता चला गया। असहज होना ही सहज हो गया है। रुग्ण होना ही हमारा स्वास्थ्य हो गया है। और स्वस्थ होने की धारणा ही भूल गयी है। पुनर्विचार की ज़रूरत है मनुष्य पर। लेकिन मैं मानता हूँ कि पुनर्विचार पैदा हो रहा है। फ्रॉयड के बाद अब भविष्य में कृष्ण रोज़-रोज़ सार्थक होते चले जाएँगे। क्योंकि फ्रॉयड के बाद पहली बार मनुष्य के चित्त की सहजता को स्वीकृति मिलने की भूमिका बन रही है। जैसा मनुष्य होना चाहिए, उसको हमने पैदा करने की कोशिश की थी। अब तक आदर्श कीमती था और मनुष्य को उस आदर्श तक पहुँचना ही था ज़रूरी। अब फ्रॉयड के बाद एक रूपांतरण पूरी दुनिया के जिसको हम कहें बौद्धिक जगत् में, एक ऊहापोह शुरू हुआ है, वह यह कि हम आदमी को पहुँचाने की सारी कोशिश करके भी पहुँचा नहीं पाए। कभी-कभी कोई एकाध आदमी पहुँच जाता है, उससे कोई हल नहीं होता। वह नियम नहीं है, सिर्फ़ अपवाद है। और अपवाद सिर्फ़ नियम को सिद्ध करते हैं, और कुछ नहीं करते हैं। वह सिर्फ़ इतना सिद्ध करते हैं कि सब न पहुँच सकेंगे। फ्रॉयड के बाद पहली दफ़ा 'आनेस्ट थिंकिंग', ईमानदार चिंतन शुरू हुआ है। वह

ईमानदार चिंतन यह कह रहा है कि आदमी क्या है, उसको हम समझने चलें।

अब एक पत्नी है, उसकी आकांक्षा है कि उसका पति कभी किसी दूसरी स्त्री को देखकर प्रसन्न न हो। यह आकांक्षा पुरुष के स्वभाव के बिलकुल प्रतिकूल है। इस आकांक्षा का एक ही परिणाम हो सकता है। यह आकांक्षा स्त्री-स्वभाव के बिलकुल अनुकूल है, और यह आकांक्षा पुरुष-स्वभाव के बिलकुल प्रतिकूल है। अगर पुरुष की आकांक्षा से नीति और नियम बनाए जाएँ तो स्त्री दुःखी और पीड़ित हो जाएगी। अगर स्त्री की आकांक्षा से नीति और नियम निर्धारित किए जाएँ तो दूसरा सुखी नहीं हो सकता। उसका कोई उपाय नहीं रह जाता। लेकिन अब तक यही हुआ है।

क्या ऐसा नहीं हो सकता है कि हम पुरुष और स्त्री दोनों के स्वभाव को समझने की दोनों कोशिश करें? और जब पुरुष किसी को देखकर प्रसन्न हो तो पत्नी इससे पीड़ित न हो जाए, और जाने कि यह पुरुष का स्वभाव है। और जब उसकी स्त्री उदास और परेशान दिखायी पड़े तो उसका पति उस पर टूट न पड़े, जाने कि यह स्त्री का स्वभाव है। अगर हम एक संतापहीन, तनावमुक्त जगत् पैदा करना चाहते हों, तो हमें व्यक्तियों के स्वभाव को समझने की कोशिश करनी चाहिए। और स्वभाव क्यों है, उसकी जड़ों में जाना चाहिए। और अगर स्वभाव बदलना हो तो जड़ें बदलनी चाहिए, स्वभाव को बदलने की ऊपर से नैतिक चेष्टा नहीं करनी चाहिए। स्त्री तब तक ईर्ष्यालु रहेगी, जब तक आर्थिक रूप से स्वतंत्र नहीं है। तब तक ईर्ष्यालु रहेगी, जब तक बच्चे का बोझ अकेले उस पर पड़ जाता है। तब तक ईर्ष्यालु रहेगी, जब तक उसका होना द्वितीय कोटि का है। अगर स्त्री की ईर्ष्या को मिटाना हो तो उसे ठीक पुरुष के बराबर प्रथम कोटि की जगह, पुरुष के बराबर आर्थिक स्वावलंबन, पुरुष के बराबर उसकी जैविक मजबूरी से मुक्ति, तो हम स्त्री को ईर्ष्या से तत्काल मुक्त कर सकेंगे। और स्त्री उसी तरह दूसरे पुरुषों में भी रस लेने को आतुर हो जाएगी, जैसा पुरुष सदा से रहा है। लेकिन यह अभी तक नहीं हो सका। यह अब हो सकता है। मनुष्य के बाबत हमारी समझ गहरी हुई है।

पुरानी हमारी सारी व्यवस्था मनुष्य की समझ पर निर्भर नहीं थी, बल्कि मनुष्य की ज़रूरतों पर निर्भर थी। मनुष्य के समाज में क्या ज़रूरी

है, हमने नियम बनाए थे। मनुष्य के स्वभाव के लिए क्या ज़रूरी है, वह हमने नियम नहीं बनाए थे। लेकिन फ्रॉयड के बाद एक क्रांति घटित हुई है। और मैं मानता हूँ, फ्रॉयड द्वार बनेगा कृष्ण की वापसी का। कृष्ण वापस लौटेंगे–वह फ्रॉयड के द्वार से वापस लौटेंगे। फ्रॉयड ने बड़ा प्राथमिक काम किया है। अभी बहुत काम उस दिशा में होना ज़रूरी है। फ्रॉयड का काम बिलकुल क, ख, ग का है। अभी बहुत कुछ बाक़ी है। लेकिन चोट शुरू हो गयी है। और कृष्ण के आने वाले भविष्य में निरंतर अधिक लोगों को कृष्ण के जीवन से रोशनी मिलने की संभावना बढ़ती जानेवाली है। उनकी सहजता धीरे-धीरे हमारे अनुकूल और प्रीतिकर होती जानेवाली है।

और जिस दिन यह हो सकेगा–मेरा अपना मानना है कि महावीर, बुद्ध, जीसस, कन्फ्यूशियस को मानकर हम एक स्वस्थ दुनिया पैदा नहीं कर सके। एक प्रयोग ज़रूर किया जाने जैसा है कि कृष्ण की तरफ़ देखकर हम दुनिया को एक व्यवस्था दे पाएँ। और मेरी अपनी समझ है कि जो दुनिया हमने पैदा की है, वह अपवाद को नियम मानकर की है, अब हम नियम को ही नियम मानकर करेंगे।

चौथा प्रवचन

वंशी रूप जीवन के प्रतीक कृष्ण

❛ भगवान्श्री, कृष्ण के संदर्भ में जीसस पर चर्चा करते समय एक बार आपने कहा कि जीसस के 'क्रॉस' से जिस सभ्यता का प्रारंभ हुआ, उसका अंत आधुनिक स्थिति में एटम बम पर जाकर हुआ। 'और आधुनिक सभ्यता को अभी वर्तमान स्थिति में 'क्रॉस' या वंशी के बीच चुनाव करना है। कृपया इस बात को फिर स्पष्ट करें। तथा जिस प्रकार 'क्रॉस' की संस्कृति का अंत एटम बम पर हुआ है अभी, उसी प्रकार वंशी से जो जीवनधारा चली, उसका भी तो अंत सुदर्शनचक्र और महाभारत पर हुआ था। मैं यह पूछना चाहूँगा कि आप 'क्रॉस' और एटम बम का जोड़ चुनेंगे कि वंशी और महाभारत का जोड़ भारत के लिए चुनेंगे? ❜

'क्रॉस' मृत्यु का सूचक है। कब्र पर लगता है तो उसका अर्थ है, और जब जीवन पर लग जाता है तो ख़तरनाक है। लेकिन, बहुत सारे तथाकथित धार्मिक लोगों ने मनुष्य के शरीर को क़ब्र ही समझा है। उनकी इस समझ का परिणाम ख़तरनाक होनेवाला है। और अगर मनुष्य की छाती पर 'क्रॉस' लटका दिया जाए, जैसे क़ब्र पर 'क्रॉस' लगा होता है, तो हम जीवन को स्वीकार नहीं करते, अस्वीकार की घोषणा करते हैं। हम जीवन को वरदान नहीं मानते हैं, अभिशाप मानते हैं। ईसाइयत–जीसस का नाम नहीं कह रहा हूँ–ईसाइयत ऐसा समझती रही है कि जो मनुष्य का जीवन है, पाप का फल है, 'ओरिजनल सिन' का फल है। जिसे हम ज़िंदगी समझ रहे हैं, वह ज़िंदगी परमात्मा के द्वारा दिया गया वरदान नहीं, परमात्मा के द्वारा दी गयी सज़ा है।

ऐसा चिंतन गहरे में दुःखवादी और 'पैसिमिस्ट' है। ऐसा चिंतन गुलाब के फूल के पास खड़े होकर काँटों की गिनती करता है, फूल को भूल जाता है। ऐसा चिंतन दो अँधेरी रातों के बीच में एक छोटे-से दिन को देखता है, दो प्रकाशित दिनों के बीच में एक अँधेरी रात को नहीं। ऐसा चिंतन जीवन के दुःखों को बटोरकर इकट्ठा कर लेता है, जीवन के सुखों को विस्मृत कर देता है। असल में दुःख को बटोरकर इकट्ठा करना भी रुग्ण-चित्त का लक्षण है। अस्वाभाविक, भटका हुआ। और फिर उस दुःख के आधार पर पूरे जीवन के संबंध में जो 'फ़िलॉसिफ़ी', जो दर्शन का फैलाव होता है, वह उदासी का, अँधेरे का, निषेध का, नकार का और 'क्रॉस' का हो जाता है।

जीसस का प्रभाव, शायद वे सूली पर न लटकाए गए होते तो दुनिया पर इतना न पड़ता। शायद दुनिया उन्हें भूल ही गयी होती। लेकिन जीसस का सूली पर लटकाया जाना ही 'क्रिश्चियनिटी' का जन्म बन गया। आज कोई एक अरब आदमी के क़रीब ईसाइयत में सम्मिलित हैं। यह मैं जीसस की विजय नहीं मानता हूँ, यह मैं 'क्रॉस' की विजय मानता हूँ। जीसस सूली पर लटके हुए हमारे रुग्ण और उदास चित्तों को बड़े ही ठीक मालूम पड़े, वे हमारे जीवन के प्रतीक ही मालूम पड़े, हम सब सूली पर लटके हुए लोग हैं। हम सब दुःख में जी रहे लोग हैं। हम सब दुःख को ही चुनते हैं, इकट्ठा करते हैं। हम दुःख का ढेर लगाए चले जाते हैं। आख़िर में दुःख ही हाथ में रह जाता है, सुख सब खो जाते हैं।

कृष्ण बिलकुल ही विपरीत व्यक्तित्व हैं। और कृष्ण की बाँसुरी का प्रतीक 'क्रॉस' से ठीक उलटा है। जैसे बाँसुरी को क़ब्र पर रखने का कोई अर्थ नहीं होता। उसे ज़िंदा ओंठ चाहिए। और सिर्फ़ ओंठ ही नहीं चाहिए। नाचते हुए ओंठ भी चाहिए। गाते हुए ओंठ भी चाहिए। और ओंठ ऐसे ही नहीं नाचते और गाते हैं, जब तक कि भीतर के प्राण आनंद से उल्लसित नहीं हों। मेरे लिए जीसस के 'क्रॉस' और कृष्ण की बाँसुरी में चुनाव दिखायी पड़ता है। ऐसा नहीं है कि ज़िंदगी में दुःख नहीं हैं, दुःख ज़िंदगी में हैं। लेकिन जो आदमी उन्हें इकट्ठा कर लेता है, जो उन्हें समूहगत रूप से देखने लगता है, उसे फिर सुख दिखायी पड़ने बंद हो जाते हैं। ऐसा भी नहीं है कि ज़िंदगी में सुख नहीं हैं—सुख हैं। और जो आदमी सुखों को इकट्ठा कर लेता

है, और सुखों की उस आनंद-राशि में डूबता है, उसे दुःख दिखायी पड़ने बंद हो जाते हैं।

जीवन में तो सुख और दुःख दोनों हैं। सब कुछ निर्भर करता है व्यक्ति पर कि वह क्या देखता है। मेरी अपनी समझ ऐसी है कि अगर कोई आदमी गुलाब के फूल को ठीक से देख पाए और प्रेम कर पाए, तो उसे काँटे दिखायी पड़ने बंद हो जाते हैं। क्योंकि जो आँखें गुलाब के फूल से रस जाती हैं, रम जाती हैं, वे आँखें काँटों को देखना बंद कर देती हैं। ऐसा नहीं है कि काँटे मिट जाते हैं, बल्कि ऐसा कि काँटे भी गुलाब के साथी और मित्र हो जाते हैं और वे गुलाब के फूल की रक्षा की तरह ही दिखायी पड़ते हैं। वह एक ही पौधे पर फूल की रक्षा के लिए निकले हुए काँटे होते हैं। लेकिन जो आदमी काँटों को चुन लेता है, उसे फूल दिखायी पड़ना बंद हो जाता है। जो आदमी काँटों को चुनता है, वह यह कहेगा कि जहाँ इतने काँटे हैं, वहाँ एक फूल खिल कैसे सकता है? जहाँ काँटे-ही-काँटे हैं, वहाँ फूल असंभावना है। ज़रूर मैं किसी भ्रम में हूँ कि मुझे फूल दिखायी पड़ रहा है। जहाँ काँटे-ही-काँटे हैं, वहाँ फूल हो नहीं सकता। काँटा सत्य हो जाता है, फूल स्वप्न हो जाता है और जो आदमी फूल को देख लेता है और देख पाता है और प्रेम कर पाता है और जी पाता है, उस आदमी को एक दिन लगना शुरू होता है कि जिस पौधे पर गुलाब जैसा कोमल फूल खिलता हो, उस पौधे पर काँटे कैसे हो सकते हैं? उसके लिए काँटे धीरे-धीरे भ्रम और झूठ हो जाते हैं।

मर्ज़ी है आदमी की कि वह क्या चुने। स्वतंत्रता है आदमी को कि वह क्या चुने। सार्त्र का एक वचन बहुत अद्भुत है, उसमें वह कहता है–'वी आर कंडेम्ड टु बी फ्री'। हम मजबूर हैं स्वतंत्र होने को। ज़बरदस्ती है हमारे ऊपर स्वतंत्रता। हम सब चुन सकते हैं, सिर्फ़ एक स्वतंत्रता को नहीं चुन सकते हैं, वह हमें मिली हुई है। कोई आदमी यह नहीं कह सकता है कि मैं परतंत्रता चुन सकता हूँ, क्योंकि वह चुनना भी उसकी स्वतंत्रता ही है। इसलिए सार्त्र कहता है–'कंडेम्ड टु बी फ्री' कभी भी स्वतंत्रता के साथ किसी ने 'कंडेम्ड' शब्द का प्रयोग नहीं किया होगा।

मनुष्य स्वतंत्र है। और परमात्मा के होने की यह घोषणा है। और मनुष्य जो चुनना चाहे, चुन सकता है। यदि मनुष्य ने दुःख चुना, तो चुन

सकता है। ज़िंदगी उसके लिए दुःख बन जाएगी। हम जो चुनते हैं, ज़िंदगी वही हो जाती है। हम जो देखने जाते हैं, वह दिखायी पड़ जाता है। हम जो खोजने जाते हैं, वह मिल जाता है। हम जो माँगते हैं, वह 'फुलफिल' हो जाता है, उसकी पूर्ति हो जाती है।

दुःख चुनने जाएँगे, दुःख मिल जाएगा। लेकिन, दुःख चुननेवाला आदमी अपने लिए ही दुःख नहीं चुनता। वहीं से अनैतिकता शुरू होती है। दुःख चुननेवाला आदमी दूसरे के लिए भी दुःख चुनता है। यह असंभव है कि दुःखी आदमी और किसी के लिए सुख देनेवाला बन जाए। जो लेने तक में दुःख लेता है, वह देने में सुख नहीं दे सकता। जो लेने तक में चुन-चुन कर दुःख को लाता है, वह देने में सुख देनेवाला नहीं हो सकता। यह भी ध्यान रखना ज़रूरी है कि जो हमारे पास नहीं है, उसे कभी हम दे नहीं सकते हैं। हम वही देते हैं, जो हमारे पास है। यदि मैंने दुःख चुना है, तो मैं दुःख ही दे सकता हूँ। दुःख मेरा प्राण हो गया है। जिसने दुःख चुना है, वह दुःख देगा। इसलिए दुःखी आदमी अकेला दुःखी नहीं होता, अपने चारों तरफ़ दुःख की हज़ार तरह की तरंगें फेंकता रहता है। अपने उठने-बैठने, अपने होने, अपनी चुप्पी, अपने बोलने, अपने कुछ करने-न-करने, सबसे चारों तरफ़ दुःख के वर्तुल फैलाता रहता है। उसके चारों तरफ़ दुःख की उदास लहरें घूमती रहती हैं और परिव्याप्त होती रहती हैं। तो जब आप अपने लिए दुःख चुनते हैं तो अपने ही लिए नहीं चुनते, आप इस पूरे संसार के लिए भी दुःख चुनते हैं।

तो जब मैंने कहा कि दुःख के चुनाव ने मनुष्य को युद्ध तक पहुँचा दिया है। और एक ऐसे युद्ध तक, जो कि 'टोटल सूसाइड' बन सकता है, जो कि समग्र आत्मघात बन सकता है। यह मनुष्य के दुःख का चुनाव है, जो हमें उस जगह ले आया। हमने सुना है बहुत बार, जानते हैं हम कि कभी कोई दुःखी आदमी आत्मघात कर लेता है, लेकिन हमें इस बात का ख़याल नहीं था कि, दुःखी आदमी आत्मघात कर लेता है यह तो ठीक ही है, एक ऐसा वक़्त भी आ सकता है कि पूरी मनुष्यता इतनी दुःखी हो जाए कि आत्मघात कर ले। हमारे बढ़ते हुए युद्ध आत्मघात के बढ़ते हुए चरण हैं। यह दुःख के चुनाव से संभव हुआ है। और दुःख को जब हम धर्म की तरह चुन लेते हैं, तो फिर अधर्म की तरह चुनने को कुछ बचता भी नहीं है। जब

दु:ख को हम धर्म बना लेते हैं तो फिर अधर्म क्या होगा? जब दु:ख धर्म बन जाता है, तो गौरवान्वित भी हो जाता है। 'ग्लोरीफाइड' भी हो जाता है।

यह जो दु:ख की धारा 'क्रॉस' के आसपास निर्मित हुई, मैं नहीं कहता जीसस के आसपास, क्योंकि जीसस का 'क्रॉस' से कोई अनिवार्य संबंध नहीं है। जीसस बिना 'क्रॉस' के भी हो सकते थे। यह जिन लोगों ने जीसस को सूली दी, जिन्होंने 'क्रॉस' दिया, ईसाइयत उनने पैदा की है। मैं निरंतर ऐसा कहता हूँ कि ईसाइयत को पैदा करनेवाले जीसस नहीं हैं, ईसाइयत को पैदा करनेवाले वे पंडे और पुरोहित हैं यहूदी, जिन्होंने जीसस को सूली दी। ईसाइयत का जन्म 'क्रॉस' से होता है, जीसस से नहीं। जीसस तो बेचारा 'क्रॉस' पर लटकाया गया है, यह बिलकुल ही 'सेकेंड्री' बात है, इससे कोई लेना-देना नहीं है। वह 'क्रॉस' महत्त्वपूर्ण होता चला गया हमारे चित्त में। और जो-जो अपने को 'क्रॉस' पर अनुभव करते हैं लटका हुआ, सूली पर, चाहे वह परिवार की हो, चाहे वह प्रेम की हो, चाहे वह सूली राष्ट्रों की हो, चाहे वह सूली धर्मों की हो, चाहे वह सूली दैनंदिन जीवन की हो, जो लोग अनुभव करते हैं कि सूली पर लटके हैं, उन्हें जीवन एक महापाप हो जाता है। वे सारे महापाप को अनुभव करनेवाले लोग 'क्रॉस' से प्रभावित होते चले गए हैं और 'पैसिमिस्टों' का एक बड़ा गिरोह सारी दुनिया में इकट्ठा हो गया है।

पिछले दो महायुद्ध ईसाई मुल्कों ने लड़े और पैदा किए। ग़ैर-ईसाई मुल्क अगर उन युद्धों में आए भी, घसीटे गए। सिर्फ़ जापान एक ऐसा मुल्क था, जो ग़ैर-ईसाई था, जो युद्ध में आक्रामक की तरह आया था। लेकिन जापान को अब पूर्वी मुल्क कहना मुश्किल है। जापान बहुत गहरे अर्थों में भूगोल का ख़याल छोड़ दे तो अब पश्चिम का हिस्सा है। और जापान के पास भी 'सूसाइड' की लंबी परंपरा है, जिसको वे 'हाराकिरी कहते हैं। ज़रा-सा आदमी दु:खी हो जाए तो मर जाए, बस इसके सिवा कोई उपाय नहीं है। जैसे कि कल फूल खिलने की कोई संभावना न रही। आज साँझ फूल मुरझा गया तो मर जाओ, कल सुबह फूल खिलने का कोई उपाय नहीं। इतनी प्रतीक्षा भी नहीं, इतना धैर्य भी नहीं।

तो 'हाराकिरी' वाला एक मुल्क और पश्चिम के 'क्रॉस' वाले मुल्कों ने इधर पिछले दो बड़े युद्ध लड़े हैं। तीसरा युद्ध पूरी मनुष्यता का

अंत हो सकता है, जैसे जीसस सूली पर लटके हैं, ऐसे पूरी मनुष्यता सूली पर लटक सकती है। मैं नहीं कहता हूँ कि इसमें जीसस का हाथ है, मैं कहता हूँ 'क्रॉस' पर लटकाने वाले लोगों का हाथ है। और मैं यह भी नहीं कहता हूँ कि जीसस से प्रभावित होकर लोग 'क्रॉस' के पास आए हैं, 'क्रॉस' से प्रभावित होकर जीसस के पास आए हैं।

दूसरी बात पूछी है, तो मैं मानता हूँ कि क्रॉसवादी, दुःखवादी, 'सैडिस्ट' सभ्यता मनुष्य को अंततः आत्मघात में ले जाने वाली है। असल में 'क्रॉस' को लेकर चलने का कोई अर्थ नहीं है और अगर ज़िंदगी 'क्रॉस' भी रख दे तो उस पर फूल लटका देना भी हमारा चुनाव है।

कृष्ण ठीक मुझे विपरीत मालूम पड़ते हैं, उनकी बाँसुरी मुझे ठीक विपरीत मालूम पड़ती है। और यह भी मैं आपको कह दूँ कि जीसस को 'क्रॉस' पर दूसरे लटकाते हैं, कृष्ण के ओंठों पर कोई दूसरा बाँसुरी नहीं रखता। इसलिए यह ख़याल में रख लेना ज़रूरी है कि कृष्ण की बाँसुरी उनके व्यक्तित्व का प्रतीक है और जीसस का 'क्रॉस' उनके व्यक्तित्व का प्रतीक नहीं है। उसे दूसरों ने दिया है, कृष्ण की बाँसुरी अपने हाथों से ओंठों पर रखी गयी है। कृष्ण की बाँसुरी में मुझे जीवन के अहोभाव, जीवन के अनुग्रह, जीवन के प्रति 'ग्रेटीच्यूड' का गीत, धन्यवाद, आभार मालूम होता है। कृष्ण का चुनाव जीवन में सुख का चुनाव है। आनंद का चुनाव है। और जैसा मैंने कहा, जो दुःख को चुनता है, वह दुःख देनेवाला बन जाता है, जो आनंद को चुनता है, वह आनंद देनेवाला बन जाता है।

तो कृष्ण अगर बाँसुरी बजाएँगे–यह भी थोड़ा समझ लेने वाली बात है–कि अगर कृष्ण बाँसुरी बजाएँगे तो यह आनंद कृष्ण तक ही सीमित नहीं रहेगा, यह उन कानों तक भी पहुँच जाएगा, जिन पर ये बाँसुरी के स्वर पड़ते हैं। अगर जीसस को आप सूली पर लटका हुआ देखेंगे और उनके पास से गुज़रेंगे तो आप भी उदास हो जाएँगे। और कृष्ण को अगर नाचते हुए देखेंगे किसी वृक्ष की छाया में और पास से गुज़रेंगे, तो आप भी प्रफुल्लित होंगे। सुख भी संक्रामक है, दुःख भी संक्रामक है। वे सब फैलते हैं और दूसरों तक हो जाते हैं। इसलिए जो आदमी अपने लिए दुःख चुनता है, वह सारी दुनिया के लिए 'कंडेमनेशन' चुनता है। वह यह कह रहा है कि मैं दुःखी होकर अब सारी दुनिया को दुःखी होने का निर्णय करता हूँ। जो आदमी

जीवन में सुख का चुनाव करता है, वह सारी दुनिया के लिए गीत और संगीत और नृत्य चुनता है। मैं धार्मिक आदमी उसी को कहता हूँ, जो दूसरे के लिए भी सुख चुनता है। मैं धार्मिक आदमी उसी को कहता हूँ, जो दूसरे के लिए भी सुख चुनता है। मेरे लिए धार्मिक का अर्थ आनंद के अतिरिक्त कुछ और हो ही नहीं सकता है। कृष्ण इन अर्थों में मेरे लिए धार्मिक हैं। उसका सारा होना आनंद के एक स्फुरण के अतिरिक्त और कुछ भी नहीं है।

लेकिन पूछा गया है कि कृष्ण की बाँसुरी के बाद भी तो महाभारत का युद्ध हुआ? यह कृष्ण की बाँसुरी से युद्ध होने का कोई आंतरिक संबंध नहीं है। 'क्रॉस' का और युद्ध से तो आंतरिक संबंध है, एक 'लॉजिकल रिलेशनशिप' है, लेकिन बाँसुरी से युद्ध का कोई भी तार्किक संबंध नहीं है। कृष्ण की बाँसुरी के बावजूद युद्ध हुआ। इसका मतलब यह है कि हम इतने दुःखवादी हैं कि कृष्ण की बाँसुरी भी हमें प्रफुल्लित नहीं कर पायी है। बाँसुरी बजती रही है और हम युद्ध में उतर गए हैं। बाँसुरी बजती रही, लेकिन हम अहोभाव से नहीं भर पाए हैं। बाँसुरी हमारी बाँसुरी नहीं हो पायी।

यह भी बहुत मज़े की बात है कि दूसरे का सुख अपना सुख बनाना बहुत मुश्किल है। दूसरे का दुःख अपना दुःख बनाना बहुत आसान है। इसलिए आप दूसरे के रोने में रो सकते हैं, लेकिन दूसरे के हँसते में हँसना मुश्किल हो जाता है। अगर किसी के मकान में आग लग गयी है तो आप सहानुभूति बता पाते हैं, लेकिन किसी का मकान बड़ा हो गया है, तो उसके आनंद में भाग नहीं ले पाते हैं, इसमें बुनियादी कारण हैं।

जीसस के 'क्रॉस' के साथ हम निकट हो पाते हैं, लेकिन कृष्ण की बाँसुरी के साथ हो सकता है हम ईर्ष्या से भरकर लौट जाएँ। कृष्ण की बाँसुरी हममें सिर्फ़ ईर्ष्या ही जगाए, कोई सहानुभूति, कोई 'एम्पैथी' पैदा न करे। लेकिन जीसस का 'क्रॉस' हममें 'एम्पैथी' पैदा करता है, ईर्ष्या पैदा नहीं करता। जीसस का 'क्रॉस' इसलिए भी ईर्ष्या पैदा नहीं कर सकता है कि हम कोई 'क्रॉस' पर लटकने के लिए तैयार तो नहीं हैं। कृष्ण बाँसुरी बजा रहे हैं तो हमारा मन ईर्ष्या से भर सकता है, और ईर्ष्या दुःख बन सकती है। सुख में सहभागी होना बड़ी कठिन बात है। दुःख में सहभागी होना बड़ी सरल बात है। अति साधारण चित्त का व्यक्ति भी दुःख में सहभागी हो जाता है।

अति असाधारण चित्त का व्यक्ति चाहिए, जो सुख में सहभागी हो सके। दूसरे के सुख में 'पार्टीसिपेट' करना, दूसरे के सुख में डूबना और दूसरे के सुख को अपने जैसा अनुभव कर पाना बड़ी ऊँचाई की बात है। दूसरे के दुःख में कठिनाई नहीं है। इसके बहुत कारण हैं। पहला कारण तो यह है कि हम दुःखी हैं ही, 'आलरेडी'। कोई भी दुःखी हो तो हमें कोई दिक्कत नहीं आती, हम उसमें डूब पाते हैं। सुखी हम नहीं हैं। कोई सुखी हो तो हमारा कोई तालमेल नही बन पाता। कोई संबंध नहीं बन पाता।

युद्ध हुआ कृष्ण की बाँसुरी के बाद भी। और भी मज़े की बात है कि जीसस के 'क्रॉस' के बाद युद्धों की गति बढ़ते-बढ़ते अभी दो हज़ार साल लगे, तब हुआ। कृष्ण तो बाँसुरी बजा रहे थे, तभी युद्ध हो गया। कृष्ण की बाँसुरी के बावजूद यह युद्ध हुआ, कृष्ण की बाँसुरी न तो समझी जा सकी है, न पकड़ी जा सकी है, न पहचानी जा सकी है। यह भी सोचने जैसा है कि कृष्ण तो खुद युद्ध में उतरे हैं, जीसस को युद्ध में नहीं उतारा जा सकता। जीसस से अगर कोई कहेगा कि आप युद्ध में उतरें तो जीसस कहेंगे, पागल हो गए हैं, क्योंकि मैं कहता हूँ, जो एक चाँटा तुम्हारे गाल पर मारे, दूसरा उसके सामने कर देना। और जीसस कहते हैं कि पुराने पैग़ंबरों ने कहा था कि जो तुम्हारी तरफ़ ईंट फेंके, तुम उसकी तरफ़ पत्थर से मारना, और जो तुम्हारी एक आँख फोड़े, तुम उसकी दोनों आँखें छीन लेना, लेकिन मैं तुमसे कहता हूँ कि जो तुम्हारे एक गाल पर चाँटा मारे, तुम दूसरा गाल उसके सामने कर देना। और मैं तुमसे कहता हूँ कि कोई अगर तुम्हारा कोट छीने तो तुम अपनी कमीज़ भी दे देना। और मैं तुंम से कहता हूँ कि कोई अगर एक मील तक तुमसे बोझा ढोने को कहे, तो तुम दो मील तक ढो देना। हो सकता है, संकोच में वह बेचारा ज़्यादा न कह पा रहा हो।

यह जो जीसस है, इसको हम युद्ध में नहीं उतार सकते। अब चीज़ थोड़ी जटिल मालूम पड़ेगी। जीसस को युद्ध में नहीं उतारा जा सकता। लेकिन कृष्ण युद्ध में उतर जाते हैं। जीसस को इसलिए नहीं युद्ध में उतारा जा सकता कि जीवन इतना बदतर है कि उसके लिए लड़ने का कोई अर्थ नहीं है। कृष्ण को युद्ध में उतारा जा सकता है। जीवन इतना आनंदपूर्ण है कि उसके लिए लड़ा जा सकता है।

इसे थोड़ा समझ लें।

जीसस के लिए जीवन इतना व्यर्थ है, जैसा जीवन है वह इतना दुःखपूर्ण है कि आपने एक चाँटा मार दिया तो इससे दुःख में कोई बढ़ती नहीं होती। कहना चाहिए कि जीसस पहले से ही इतने पिटे हुए हैं कि आपके एक चाँटे से कोई फ़र्क़ नहीं पड़ता। वह दूसरा गाल भी सामने कर देते हैं कि आपको उनका गाल फेरने की तकलीफ़ भी न हो। जीसस इतने दुःखी हैं कि उन्हें और दुःखी नहीं किया जा सकता। इसलिए जीसस को लड़ने के लिए तो तैयार नहीं किया जा सकता। लड़ने के लिए तो केवल वे ही तैयार हो सकते हैं, जो जीवन के आनंद के घोषक हैं। अगर जीवन के आनंद पर हमला हो तो वे लड़ेंगे। वे जीवन के आनंद के लिए अपने को दाँव पर लगा देंगे। वे जीवन के आनंद को बचाने के लिए कुछ करने को तैयार हो सकते हैं। जीसस को तैयार नहीं किया जा सकता—युद्ध को। महावीर को भी तैयार नहीं किया जा सकता—युद्ध के लिए। बुद्ध को भी तैयार नहीं किया जा सकता—युद्ध के लिए। सिर्फ़ कृष्ण को तैयार किया जा सकता है या एक और आदमी है, मुहम्मद, उसे तैयार किया जा सकता है—युद्ध के लिए। मुहम्मद किसी बहुत गहरे रास्ते से कृष्ण के थोड़े समीप आते हैं। जिनको ऐसा लगता है कि जीवन में कुछ बचाने योग्य है, केवल वे ही लड़ने के लिए तैयार किए जा सकते हैं। जिनको ऐसा लगता है कि तैयार जीवन में कुछ बचाने योग्य ही नहीं है, उनके लड़ने का क्या सवाल है!

लेकिन कृष्ण युद्धख़ोर नहीं हैं। युद्धवादी नहीं हैं। हैं तो वे जीवनवादी, लेकिन अगर जीवन पर संकट हो, तो वे लड़ने को तैयार हैं। इसलिए कृष्ण ने पूरी कोशिश की है कि युद्ध न हो। इसके सब उपाय कर लिए गए हैं कि यह युद्ध न हो। इस युद्ध को टाला जा सके और जीवन बचाया जा सके, इसलिए कृष्ण ने कुछ भी उठा नहीं रखा है। लेकिन जब ऐसा लगता है कि कोई उपाय नहीं है और मृत्यु की शक्तियाँ लड़ेंगी ही और अधर्म की शक्तियाँ झुकने के लिए तैयार नहीं हैं, समझौते के लिए भी तैयार नहीं हैं, तब कृष्ण जीवन के पक्ष में और धर्म के पक्ष में लड़ने को खड़े हो जाते हैं।

मेरे देखे कृष्ण के लिए जीवन और धर्म दो चीज़ें नहीं हैं। वे लड़ने को तैयार हो जाते हैं। स्वभावतः, कृष्ण जैसा आदमी जब लड़ता है, तब भी

प्रफुल्लित और आनंदित होता है और जीसस जैसा आदमी अगर न भी लड़े, तो भी उदास मिलेगा। कृष्ण जैसा व्यक्ति जब लड़ता है, तब भी आनंदित है, क्योंकि लड़ना भी जीवन के एक हिस्से की तरह आया है। इसे कोई जीवन से अलग बाँटा नहीं जा सकता। और जैसे मैंने पीछे आपको बार-बार कहा, कृष्ण का ज़िंदगी में ऐसा चुनाव नहीं है, जैसा कि आमतौर से साधुओं और 'प्यूरिटन्स' और नैतिकवादियों का होता है। कृष्ण ऐसा नहीं कहते हैं कि युद्ध जो है, वह हर हालत में बुरा है। कृष्ण कहते हैं, युद्ध बुरा भी हो सकता है, अच्छा भी हो सकता है। हर हालत में कोई चीज़ न बुरी होती है, न कोई चीज़ हर हालत में अच्छी होती है। ऐसे क्षण होते हैं, जब ज़हर अमृत होता है और अमृत ज़हर हो जाता है। और ऐसे क्षण होते हैं, जब अभिशाप वरदान बन जाता है और वरदान अभिशाप हो जाता है।

कृष्ण कहते हैं, हर हालत में कुछ तय नहीं है। यह प्रतिपल और प्रति परिस्थिति में तय होता है कि क्या शुभ है? इसे कोई पहले से तय कर के नहीं चल सकता है कि यह शुभ है। परिस्थिति बदले तो कठिनाई हो सकती है। इसलिए कृष्ण तो प्रतिपल निर्णय के लिए राज़ी हैं। उन्होंने कोशिश कर ली है कि युद्ध न हो, लेकिन देखते हैं कि युद्ध होगा ही तो फिर बे-मन से लड़ना बेकार है। कृष्ण जैसा आदमी बे-मन से नहीं लड़ेगा। लड़ने भी जाएगा तो फिर पूरे मन से ही जाएगा। पूरे मन से कोशिश कर ली है, युद्ध न हो। अब युद्ध होगा ही तो कृष्ण पूरे मन से ही लड़ने जाते हैं। युद्ध करने का उनका ख़याल न था कि वह सीधे युद्ध में भागीदार बनेंगे। वे सीधे सक्रिय होंगे युद्ध में, इसका ख़याल न था। लेकिन ऐसा क्षण आ जाता है, तो उन्हें सीधे भी भागीदार हो जाना पड़ता है और वे सुदर्शन हाथ में ले लेते हैं।

जैसा मैंने पीछे कहा, कृष्ण क्षणजीवी हैं। सभी आनंदवादी क्षणजीवी होते हैं। सिर्फ़ दुःखवादी क्षणजीवी नहीं होते। सिर्फ़ दुःखवादी लंबा हिसाब रखते हैं। और लंबे हिसाब की वजह से दुःखी रहते हैं। वे पृथ्वी जबसे बनी है, तबसे सारा दुःख इकट्ठा कर लेते हैं। और जब जगत् का अंत होगा, तब तक का सारा दुःख इकट्ठा करके अपने ऊपर रख लेते हैं। दुःख इतना ज़्यादा मालूम पड़ता है कि वे उसके नीचे दबकर मर जाते हैं। आनंदवादी क्षणवादी है, वह कहता है, क्षण के अतिरिक्त अस्तित्व नहीं है। जब भी

अस्तित्व है, तब क्षण में है-'मॉमेंट टू मॉमेंट', क्षण से क्षण में उसकी यात्रा है। न वह कल का हिसाब रखता है, जो बीत गया, न वह आने वाले कल का हिसाब रखता है, जो आनेवाला है, क्योंकि वह कहता है, जो बीत गया वह बीत गया और जो अभी नहीं आया, वह अभी नहीं आया है। जो है, इस क्षण में जो है इसके प्रति पूरी 'रिसपांसिबिलिटी', इस क्षण के प्रति पूरा-का-पूरा 'रिसपांस', इस क्षण के प्रति पूरा खुला होना उसका आनंद है।

दुःखवादी 'क्लोज़्ड' है, वह इस क्षण की तरफ़ देखता ही नहीं। अगर आप उसको फूल के पास ले जाएँ और कहें कि फूल खिले हैं, वह कहेगा कि साँझ मुर्झा जाएँगे। दुःखवादी से आप कहें कि देखें यह यौवन। वह कहेगा, देख लिया बहुत यौवन, सब यौवन बुढ़ापे के अतिरिक्त और कहीं नहीं जाता है। आप उससे कहेंगे, यह सुख है। वह कहेगा, हमने बहुत सुख देखे, ज़रा उलटा कर देखो, सब सुखों के पीछे दुःख छिपा है। हमें धोखा नहीं दिया जा सकता।

दुःखवादी विस्तार में देखता है, क्षण में होता ही नहीं। सुखवादी कहता है, साँझ जब मुरझाएँगे, लेकिन साँझ तो आने दो, अभी से दुःखी होने का क्या कारण है? आनंदवादी कहता है, साँझ आने दो, अभी से दुःखी होने का क्या कारण है? जब फूल ही दुःखी नहीं है साँझ की वजह से और आनंद से नाच रहे हैं, तो हम क्यों दुःखी हो जाएँ? आने दो साँझ। और मज़ा यह है कि आनंदवादी-चित्त साँझ को गिरते हुए फूलों का भी सुख ले पाता है। क्योंकि किसने कहा कि सिर्फ़ खिलते हुए फूलों में सुख होता है और गिरते हुए फूलों में नहीं होता? शायद नहीं देखा हमने, वह हमारे दुःख के कारण। किसने कहा कि बच्चे ही सुंदर होते हैं और बूढ़े नहीं होते हैं? बुढ़ापे का अपना सौंदर्य है! और जब कोई आदमी सच में ही बूढ़ा होता है—कोई रवींद्रनाथ—तो उसके सौंदर्य का कोई हिसाब नहीं है। कोई वाल्ट व्हिटमिन, तो उसके सौंदर्य का बुढ़ापे में कोई हिसाब नहीं है! वाल्ट व्हिटमिन को बुढ़ापे में देखकर ऐसा लगता है कि और क्या सौंदर्य होगा! असल में बचपन का अपना ढंग है सौंदर्य का, जवानी का अपना ढंग है, बुढ़ापे का अपना ढंग है, लेकिन ढंगों की फुर्सत किसे है? जब सारे बाल शुभ्र हो जाते हैं और जीवन की जब सारी यात्रा पूरी होने के क़रीब आती है, तो वैसा ही सौंदर्य होता है, जैसा सूर्यास्त का होता है। किसने कहा कि सूर्योदय में ही सौंदर्य

है? सूर्यास्त का अपना सौंदर्य है। लेकिन, दुःखवादी सूर्योदय के समय भी सौंदर्य नहीं देखता, वह कहता है, क्या पागलपन में पड़े हो, अभी घड़ी भी नहीं बीत पाएगी और यह सब सूर्यास्त हो जानेवाला है। अंधकार छा जाएगा।

कृष्ण क्षणवादी हैं। समस्त आनंद की यात्रा है। कहना चाहिए यात्रा ही नहीं है, क्योंकि क्षण में यात्रा कैसे हो सकती है, क्षण में सिर्फ़ डूबना होता है। समय में यात्रा होती है। क्षण में आप लंबे नहीं जा सकते, गहरे में जा सकते हैं। क्षण में आप डुबकी ले सकते हैं, क्षण में कोई लंबाई नहीं है, सिर्फ़ गहराई है। समय में लंबाई है, गहराई कोई भी नहीं है। इसलिए जो क्षण में डूबता है, वह समय के पार हो जाता है। जो क्षण में डूबता है, वह 'इटरनिटी' को, शाश्वत को उपलब्ध हो जाता है। कृष्ण क्षण में हैं और साथ ही शाश्वत में हैं। जो क्षण में है, वह शाश्वत में है। जो समय में है, 'टाइम ऐज ए सीरीज़', वह कभी शाश्वत से संबंध नहीं जोड़ पाता। वह तो समय के क्षणों का हिसाब लगाता रहता है, कणों का हिसाब लगाता रहता है। जब वह जीता है, तब वह मरने का हिसाब लिखता रहता है। जब सुबह होती है, तब वह साँझ की सोचता रहता है। जब प्रेम आता है, तब वह बिछोह की सोचता है। जब मिलन होता है, तब वह विरह के आँसुओं से पीड़ित हो जाता है।

इसलिए कृष्ण को अगर किसी क्षण में ऐसी घड़ी आ गयी कि सुदर्शन हाथ में ले लेना पड़ा, तो वह पिछले कृष्ण की 'प्रॉमिज़' के लिए रुके नहीं, जिसने कहा था कि युद्ध में मैं सक्रिय होने को नहीं हूँ। क्योंकि वह कहेंगे, अब वह कृष्ण ही कहाँ, जिसने वायदा किया था! अब गंगा वहाँ कहाँ है जहाँ थी, अब फूल वहाँ कहाँ हैं जहाँ थे, अब बादल वहाँ कहाँ हैं जहाँ थे। अब सब बदल गया है, तो मैंने ही कोई ठेका लिया है वही होने का! सब जा चुका है। अब मैं जहाँ हूँ, वहाँ हूँ। और इस क्षण से मेरा जो 'रिसपांस' है, इस क्षण में मेरी जो प्रतिध्वनि है, मेरा वही अस्तित्व है। वे क्षमा नहीं माँगते, वे कोई पश्चात्ताप नहीं करते। वह यह नहीं कहते कि मैंने भूल की थी कि वचन दिया था। वे यह नहीं कहते कि बुरा हो गया, ग़लत हो गया, मैं दुःखी हूँ, पश्चात्ताप कर लूँगा, पीछे प्रायश्चित कर लूँगा। वे यह कुछ भी नहीं कहते। वे क्षण के प्रति बड़े सच्चे हैं।

अब इसको थोड़ा समझना चाहिए।

'टू बी ट्रू टू दॅ मॉमेंट'। वे क्षण के प्रति बहुत सच्चे हैं। वे इतने सच्चे हैं कि क्षण ऐसी घटना ले आता है, जिसका उन्होंने कभी सोचा भी नहीं था, तो भी वे डूब जाते हैं। हाँ, हमें बहुत बार लगेगा कि हमारे प्रति उतने सच्चे नहीं मालूम होते। क्योंकि कहा था कि युद्ध में नहीं उतरेंगे और अब युद्ध में उतर गए। जो क्षण के प्रति सच्चा है वह अस्तित्व के प्रति सच्चा है, लेकिन समाज के प्रति बहुत सच्चा नहीं हो सकता, क्योंकि समाज समय में जीता है और वह 'इटरनिटी' में जीता है। समाज समय में जीता है, वह पीछे का हिसाब रखता है, आगे का हिसाब रखता है। ऐसा आदमी क्षण में जीता है, वह हिसाब रखता ही नहीं।

मैंने सुनी है एक कहानी कि एक बहुत बड़े झेन फ़क़ीर रिंझाई के पास एक युवक मिलने आया और उस युवक ने कहा कि मैं सत्य की खोज में आपके पास आया हूँ। तो रिंझाई ने कहा, सत्य की बात छोड़ो, अभी मैं कुछ और पूछना चाहता हूँ। 'तुम पेकिंग से आते हो?' उसने कहा, 'हाँ।' तो रिंझाई ने पूछा कि पेकिंग में चावल के क्या भाव हैं? वह आदमी इतनी लंबी यात्रा करके आया है इसके पास। यह सोचकर नहीं आया था कि चावल के दाम बताने पड़ेंगे। तो उस आदमी ने कहा कि माफ़ करिए और पहले यह आपको सूचना कर दूँ, ताकि और इस तरह के सवाल आप न पूछ सकें, मैं जिन रास्तों से गुज़र जाता हूँ उन्हें तोड़ देता हूँ, और जिन 'ब्रिजेज़' को पार कर जाता हूँ, उन्हें गिरा देता हूँ, और जिन सीढ़ियों से चढ़ जाता हूँ, उन्हें मिटा देता हूँ, मेरा कोई अतीत नहीं है। रिंझाई ने कहा, 'फिर बैठो, फिर सत्य की कोई बात हो सकती है। मैंने तो जानने के लिए यह पूछा कि कहीं पेकिंग में चावल के जो दाम हैं, वह तुम्हें याद तो नहीं हैं? अगर वह याद हैं, तो सत्य से मिलाना बहुत मुश्किल हो जाएगा, क्योंकि सत्य सदा क्षण में है, वर्तमान में है। उसका अतीत से कोई लेना-देना नहीं। और जो अतीत में जीता है, वह वर्तमान में नहीं जी पाता। जो अतीत में जीता है, वह भविष्य में हो सकता है उसका मन, वर्तमान में नहीं हो पाता।'

कृष्ण के बावजूद युद्ध हुआ है। और कृष्ण युद्ध में भागीदार हो सके हैं, क्योंकि आनंद का पक्षपाती लड़ भी सकता है। फिर कृष्ण का कहना यह है कि लड़ना जीवन के भीतर का हिस्सा है। जीवन जब तक है, तब तक किसी-न-किसी भांति का युद्ध जारी रहेगा। युद्ध के तल बदलेंगे, युद्ध के

आधार बदलेंगे, युद्ध के मार्ग बदलेंगे, 'प्लेन' बदलेंगे युद्ध के, गुण बदलेगा युद्ध का, लेकिन युद्ध जारी रहेगा। ऐसा नहीं हो सकता है कि युद्ध बंद हो जाए। युद्ध उसी दिन बंद हो सकता है कि या तो मनुष्यता न रहे, समाप्त हो जाए, या मनुष्यता पूर्ण हो जाए। दो ही अर्थों में युद्ध बंद हो सकता है। मनुष्य पूर्ण हो जाए तो भी समाप्त हो जाता है, समाप्त हो जाए तो भी समाप्त हो जाता है। मनुष्य जैसा है, वैसे मनुष्य के जीवन में युद्ध जारी रहेगा। फिर ख़याल क्या करना है? युद्ध न हो, इसका? नहीं, कृष्ण इतना ही कहते हैं, युद्ध धर्मयुद्ध हो, इतना। शांति धर्मशांति हो, इतना।

अब ध्यान रहे, शांति भी अधार्मिक हो सकती है, और युद्ध भी धार्मिक हो सकता है। लेकिन शांतिवादी सोचता है कि शांति सदा ही धार्मिक है। और युद्धवादी सोचता है कि युद्ध सदा ही ठीक है। कृष्ण कोई वादी नहीं हैं, वे बहुत 'लिक्विड' हैं, बहुत तरल हैं। ज़िंदगी में वहाँ पत्थर की तरह कटी हुई चीज़ें नहीं हैं, उनकी ज़िंदगी में। उनकी ज़िंदगी में सब हवा की तरह तरल है। वे कहते हैं शांति भी—मैं रास्ते से गुज़र रहा हूँ, एक शांत आदमी हूँ और कोई किसी को लूट रहा है, मैं शांति से गुज़र जाऊँगा, क्योंकि मैं कहता हूँ लड़ना मेरे लिए नहीं है। मैं शांति से गुज़र रहा हूँ, लेकिन मेरी शांति अधार्मिक हो गयी, क्योंकि मेरी शांति भी सहयोगी हो रही है किसी के लुटने में और किसी के लूटने में। अनिवार्य नहीं है कि शांति ही धर्म हो। बर्ट्रेंड रसेल जैसे लोग, 'पेसिफिस्ट', शांति को सदा ही ठीक मान लेते हैं। वे मान लेते हैं कि सदा ही ठीक है, शांत होना ही ठीक है। लेकिन ऐसी शांति 'इम्पोटेंट' भी बन सकती है। ऐसी शांति नपुंसकता हो सकती है।

इसलिए कृष्ण बार-बार अर्जुन को कहते हैं, दौर्बल्य त्याग। मैंने कभी सोचा न था कि तू 'क्लीव' हो सकता है, तू नपुंसक हो सकता है। तू कैसी नपुंसकों जैसी बातें कर रहा है! जबकि युद्ध सामने खड़ा हो और जबकि युद्ध कृष्ण की दृष्टि में धर्म के लिए हो, तब तू कैसी कमज़ोरी की बातें कर रहा है! तेरी शक्ति कहाँ खो गयी? तेरा पौरुष कहाँ गया? शांति ज़रूरी नहीं है कि धर्म हो। युद्ध भी ज़रूरी नहीं है कि धर्म हो। कहा जा सकता है कि तब युद्धख़ोर कह सकते हैं कि हमारा युद्ध धर्म है। वह कह सकते हैं। ज़िंदगी जटिल है। कोई उन्हें रोक नहीं सकता। लेकिन, धर्म क्या है, अगर इसका विचार स्पष्ट फैलता चला जाए, तो कठिन होता जाएगा

उनका ऐसा दावा करना।

कृष्ण की दृष्टि हमें धर्म क्या है, वह मैं कहूँ। कृष्ण की दृष्टि में जीवन को जो विकसित करे, जीवन को खिलाए, जीवन को जो नचाए, जीवन को जो आनंदित करे, वह धर्म है। जीवन के आनंद में जो बाधा बने, जीवन की प्रफुल्लता में जो रुकावट डाले, जीवन को जो तोड़े, मरोड़े, जीवन को जो खिलने न दे, फूलने न दे, फलने न दे, वह अधर्म है। जीवन में जो बाधा बन जाए, वह अधर्म है, और जीवन में जो सीढ़ियाँ बन जाए, वह धर्म है।

❛ भगवान्श्री, कृष्ण को सही ढंग से किसने और कब आत्मसात किया? हमें उनको आत्मसात करना हो तो क्या करें?
कृष्ण को आत्मसात कर मनुष्य-सभ्यता और संस्कृति जिन जीवन-आयामों में प्रवेश कर पाएगी, उसकी रूपरेखा प्रस्तुत करने की कृपा करें। ❜

कोई किसी दूसरे को आत्मसात कैसे कर सकता है? करे भी क्यों? दायित्व भी वैसा नहीं है। मैं अपने को ही आत्मसात करूँगा, कृष्ण को कैसे करूँगा? और जब कृष्ण खुद को आत्मसात करते हैं, तो कृष्ण को कोई दूसरा आत्मसात करने क्यों जाए? नहीं, दूसरे को आत्मसात करना व्यभिचार है। दूसरे को आत्मसात करना अपने साथ अन्याय है। दूसरे को आत्मसात करने की बात ही ग़लत है। मेरी अपनी आत्मा है। वह खिलनी चाहिए। अगर मैं दूसरे को आत्मसात करूँ तो मेरी आत्मा का क्या होगा? हाँ, दूसरा मुझ पर हावी हो जाएगा, दूसरा मुझ पर उढ़ जाएगा, दूसरे को मैं ओढ़ लूँगा, मेरा क्या होगा? मेरा दायित्व मेरे होने के प्रति है।

नहीं, कृष्ण को समझना काफ़ी है, आत्मसात करने की कोई भी ज़रूरत नहीं है। समझना पर्याप्त है। और समझना इसलिए नहीं कि पीछे जाना है, आत्मसात करना है, एक हो जाना है कृष्ण से। समझना इसलिए कि कृष्ण जैसा व्यक्ति जब खिलता है, तो उसके खिलने के नियम क्या हैं? कृष्ण जैसा व्यक्ति जब अपनी सहजता में प्रकट होता है, तो उसकी सहजता के नियम क्या हैं? मैं भी अपनी सहजता में प्रकट हो सकता हूँ। कृष्ण को

समझने से एक सूत्र तो यह मिलेगा कि अगर कृष्ण नाच सकते हैं, तो मैं क्यों नहीं न नाच सकूँगा? ऐसा नहीं है कि कृष्ण का नाच और आपका नाच एक हो जाएगा। आपका नाच आपका होगा, कृष्ण का नाच कृष्ण का होगा। लेकिन कृष्ण को समझने से आपके आत्म-आविर्भाव में सहायता मिल सकती है। आत्मसात करने में नहीं, आपके अपने आविर्भाव में सहायता मिल सकती है।

इसलिए पहली बात यह कहता हूँ कि किसी को आत्मसात करने की ज़रूरत नहीं है। हालाँकि कुछ नासमझों ने करने की कोशिश की है। पूरा तो कोई भी नहीं कर पाएगा, क्योंकि वह असंभव है। मैं दूसरे को ओढ़ ही सकता हूँ, दूसरे को आत्मा नहीं बना सकता। कितना ही गहरा ओढ़ूँ, तो भी मैं पीछे अलग रह ही जाऊँगा। अभिनय ही कर सकता हूँ दूसरे का, होना तो सदा अपना ही होता है। वह दूसरे का कभी नहीं होता। 'बारोड बीइंग' उधार आत्मा नहीं होती। हो नहीं सकती। रहूँगा तो मैं मैं ही। हाँ किसी को इतना ओढ़ सकता हूँ कि मेरे मैं को मैं भीतर दबाए चला जाऊँ, वह मेरे अंत:गर्भ में छिप जाए और मेरा सारा व्यक्तित्व दूसरे का हो जाए, लेकिन मैं फिर भी मैं ही रहूँगा।

कृष्ण को आत्मसात करने की कोशिश बहुत लोगों ने की है, जैसे बुद्ध को करने की कोशिश की है, राम को करने की कोशिश की है, क्राइस्ट को करने की कोशिश की है, लेकिन कोई कभी किसी को आत्मसात नहीं कर पाता है। वह असफलता सुनिश्चित है। जो वैसा करने चलता है, उसने अपनी असफलता को ही नियति बना लिया है। और असफलता ही नहीं होगी, आत्मघात भी होगा। और जो लोग आत्मघात करते हैं, साधारणत: उनको हमें आत्मघाती नहीं कहना चाहिए, क्योंकि वे केवल शरीर-आघाती हैं, वे केवल अपने शरीर की हत्या करते हैं। लेकिन जो दूसरे को आत्मसात करते हैं, वे आत्मघाती हैं। वे अपनी आत्मा को ही मार डालने की कोशिश करते हैं। सब अनुयायी, सब शिष्य, सब अनुकरण करनेवाले, सब पीछे चलनेवाले आत्मघाती होते हैं।

लेकिन कुछ लोगों ने करने की कोशिश की है। उस कोशिश में दोहरे परिणाम निकलते हैं। एक तो वह आदमी सिर्फ़ ओढ़ पाता है, अभिनय कर पाता है। दूसरा, उसके ओढ़ने में ही कृष्ण का रूप बदल जाता है।

उसके ओढ़ने में ही। क्योंकि मैं ओढूँगा कृष्ण को तो मेरे ढंग से ओढूँ उतना तो कम-से-कम मैं रहूँगा ही। आप ओढ़ोगे तो आपके ढंग से ओढ़ोगे, उतने तो आप कम-से-कम आप रहेंगे ही। इसलिए न केवल अपने साथ व्यभिचार होता है, बल्कि कृष्ण के साथ भी व्यभिचार हो जाता है। जितने भी 'थियॉलाजियन' हैं, जितने भी धर्मशास्त्री हैं, चाहे क्राइस्ट, चाहे कृष्ण, चाहे बुद्ध, चाहे महावीर, इनके पीछे ओढ़ने की चेष्टा में चलते हैं, वे सब ऐसा ही करते हैं। वे मनुष्यता की विफलता की अद्‌भुत कहानियाँ हैं। और मनुष्यता के आत्मघाती होने के अद्‌भुत प्रमाण हैं।

लेकिन, मीरा या चैतन्य जैसे लोग कृष्ण को ओढ़ते नहीं, ज़रा नहीं ओढ़ते। मीरा कृष्ण को ओढ़ती नहीं। चैतन्य कृष्ण को ओढ़ते नहीं। वे कृष्ण को आत्मसात नहीं करते हैं। तो जो हैं, हैं, उसको ही पूरा प्रकट करते हैं। उनके प्रकट होने में, मीरा के प्रकट होने में कृष्ण का व्यक्तित्व ओढ़ा नहीं जाता है। मीरा के प्रकट होने में या चैतन्य के नृत्य में, या चैतन्य के नाच में और चैतन्य के गीतों में कृष्ण ओढ़े नहीं गए हैं, न आत्मसात किए गए हैं। चैतन्य चैतन्य हैं, अपने ढंग के। हाँ, उनके ढंग में कृष्ण के प्रति जो प्रेम की धारा है, वह है। और जैसे-जैसे धारा यह बड़ी होती है, वैसे-वैसे चैतन्य खोते हैं, वैसे-वैसे कृष्ण भी खोते जाते हैं और एक घड़ी आती है कि सब खो जाता है। उस सब खो जाने में न कृष्ण बचते हैं, न चैतन्य बचते हैं। उस क्षण अगर हम पूछें कि तुम कृष्ण हो कि चैतन्य, तो चैतन्य कहेंगे, मुझे कुछ पता नहीं चलता कि मैं कौन हूँ। मैं हूँ। या शायद मैं भी नहीं बचता, 'हूँ' ही। यह 'प्योर-एक्जिस्टेंस' है। और यह जो उपलब्धि है, यह चैतन्य का अपने ही आत्मा का फूल है। इसमें कोई ओढ़ना नहीं है, इसमें किसी को आत्मसात करना नहीं है।

ऐसी भूल कभी करनी भी नहीं चाहिए। ऐसी भूल करने का हमारा मन होता है। मन होता है इसलिए कि 'रेडीमेड' कपड़े ख़रीद लेना सदा आसान है। तत्काल पहने जा सकते हैं, बड़ी सुविधा जो है। पहनने के लिए रुकना नहीं पड़ता। अगर किसी को खोजना है, तो कब होगी यह बात, नहीं कहा जा सकता। लेकिन अगर कृष्ण को ओढ़ना है, तो अभी हो सकती है। उधार तो कभी भी हो सकता है। कमाई वक़्त माँग सकती है, इसलिए ओढ़ने का मन होता है। किसी को भी ओढ़ लें और झंझट के बाहर हो जाएँ।

लेकिन कभी कोई उस तरह झंझट के बाहर नहीं हुआ, और गहरी झंझट के भँवर में पड़ गया है।

इसलिए धार्मिक आदमी मैं उसे कहता हूँ, जो अपना आविष्कार कर रहा है। हाँ, इस आविष्कार करने में महावीर, बुद्ध, कृष्ण, क्राइस्ट की समझ सहयोगी हो सकती है। क्योंकि जब हम दूसरे को समझते हैं, तब हम अपने को समझने के भी आधार रख रहे होते हैं। जब हम दूसरे को समझते हैं, तब समझना आसान पड़ता है बजाय अपने को समझने के। क्योंकि दूसरे से एक फ़ासला है, एक दूरी है और समझ के लिए उपाय है। अपने को समझने के लिए बड़ी जटिलता है, क्योंकि फ़ासला नहीं समझने वाले में और जिसे समझना है उसमें। समझ के लिए दूसरा उपयोगी होता है। लेकिन उसे समझ लेने के बाद हमारी अपनी ही समझ बढ़नी चाहिए, हमारी अपने प्रति ही समझ बढ़नी चाहिए।

कभी आपने कई बार अनुभव किया होगा, अगर कोई आदमी आए और अपनी कोई मुसीबत आपके पास लाए, तो आप जितनी योग्य सलाह उसे दे पाते हैं, वही मुसीबत आप पर पड़ जाए तो उतनी योग्य सलाह अपने को नहीं दे पाते हैं। यह बड़े मज़े की बात है। क्या मामला है? यह आदमी बड़ा बुद्धिमान है। किसी की भी दिक्कत हो तो उसको सलाह दे पाता है। जब दिक्कत इसी पर आती है, वही दिक्कत, तो अचानक यह खुद सलाह माँगने चला जाता है। नहीं, इतनी निकटता होती है कि समझने के लिए अवकाश नहीं मिल पाता। दूसरे को समझना आसान होता है और दूसरे की समझ धीरे-धीरे हमारी अपनी समझ बनती चली जाए तो कृष्ण बाद में भूल जाएँगे, क्राइस्ट भूल जाएँगे, बुद्ध-महावीर भूल जाएँगे। अंततः हम ही रह जाएँगे। आख़िर में मेरी शुद्धता ही बचनी चाहिए।

वैसी शुद्धता की उपलब्धि ही मुक्ति है। वैसे परम शुद्ध हो जाने का नाम ही निर्वाण है। वैसे परम शुद्ध हो जाने का नाम ही भागवत चैतन्य की उपलब्धि है। हाँ, लेकिन जो कृष्ण को समझकर वहाँ तक पहुँचेगा, वह हो सकता है कृष्ण नाम का उपयोग करे, वह कहे कि मैंने कृष्ण को पा लिया। यह सिर्फ़ पुराने ऋण का चुकतारा है, यह सिर्फ़ पुराने ऋण के प्रति अनुग्रह है। और कुछ भी नहीं। वैसा पहुँचनेवाला कह सकता है, मैं जीसस को पा लिया हूँ। वह सिर्फ़ जीसस के प्रति, जीसस को समझने से जो समझ उसे

मिली थी, उसके प्रति ऋण का चुकतारा है। इससे ज़्यादा नहीं है। पाते तो सदा हम अंतत: अपने को ही हैं। कोई दूसरे को नहीं पा सकता। लेकिन जिस दिन हम अपने को पाते हैं, उस दिन कोई दूसरा रह नहीं जाता है। इसलिए हम कोई-न-कोई शब्द का उपयोग करेंगे। जो हमने यात्रा पर उपयोगी पाया होगा, वह हम उपयोग करेंगे। एक छोटी-सी बात, फिर हम ध्यान के लिए बैठें।

'प्रश्न का दूसरा हिस्सा है कि कृष्ण की जीवनधारा से प्रभावित होकर मनुष्य-सभ्यता और संस्कृति किन जीवन आयामों में प्रवेश कर पाएगी? इसकी संक्षिप्त रूपरेखा स्पष्ट करें।'

उस पर तो बहुत लंबी बात करनी पड़े—वैसे उसकी ही बात कर रहे हैं इतने दिन से। दो-तीन शब्द कहे जा सकते हैं, मनुष्य की सभ्यता कृष्ण की समझ से सहज हो सकेगी, क्षणजीवी हो सकेगी, आनंद समर्पित हो सकेगी, दु:खवादी नहीं रहेगी, समयवादी नहीं रहेगी, निषेधवादी नहीं रहेगी, त्यागवादी नहीं रहेगी। अनुग्रहपूर्वक जीवन को वरदान समझा जा सकेगा और जीवन और परमात्मा में भेद नहीं रहेगा। जीवन ही परमात्मा है, ऐसी प्रतिष्ठा धीरे-धीरे बढ़ती ज़ाएगी। जीवन के विरोध में कोई परमात्मा कहीं बैठा है, ऐसा नहीं, जीवन ही परमात्मा है। सृष्टि के अतिरिक्त कोई स्रष्टा कहीं बैठा है, ऐसा नहीं, सृष्टि की प्रक्रिया, सृजन की शक्ति 'क्रिएटिविटी इटसेल्फ' परमात्मा है।

ये पूरी बातें जो मैंने इस बीच कहीं हैं, उनको ख़याल में लेंगे तो जो मैं अंतिम बात कहीं है, वह स्पष्ट हो जाएगी। इन दिनों में बहुत-सी बातें मैंने आपसे कहीं, कुछ रुचिकर लगी होंगी, कुछ अरुचिकर लगी होंगी। रुचिकर लगने से भी समझने में बाधा पड़ती है, अरुचिकर लगने से भी समझने में बाधा पड़ती है। जो रुचिकर लगती है, उसे हम बिना समझे पी जाते हैं, जो अरुचिकर लगती है, उसे हम बिना समझे द्वार बंद करके बाहर छोड़ देते हैं, मैंने जो बातें कहीं, वह इसलिए नहीं कहीं कि आप उनको पी जाएँ या द्वार के बाहर छोड़ दें, मैंने सिर्फ़ इसलिए कहीं कि आप उनको सहजता और सरलता से समझ जाएँ। मेरी बातों को घर मत ले जाइए। उन

बातों को समझने में जो समझ आपके पास आयी हो, जो प्रज्ञा, जो 'विजडॅम' आयी हो उसको भर ले जाइए। फूलों को यहीं छोड़ जाइए, इत्र कुछ बचा हो आपके हाथ में, उसे ले जाइए। मेरी बातों को ले जाने की कोई भी ज़रूरत नहीं है। मेरी बातें वैसी ही बेकार हैं, जैसी सब बातें बेकार होती हैं। लेकिन इन बातों के संदर्भ में, इन बातों के संदर्भ में, इन बातों के आमने-सामने 'एनकाउंटर' में आपके भीतर कुछ पैदा हुआ हो–वह तभी पैदा हो सकता है, जब आपने पक्षपात न लिए हों, वह तभी पैदा हो सकता है, जब आपने ऐसा न कहा हो कि ठीक कह रहे हैं, ऐसा ही मैं मानता हूँ, कि ग़लत कह रहे हैं, ऐसा मैं मानता नहीं हूँ, तभी आपमें समझ, 'अंडरस्टैंडिंग' पैदा हो सकती है।

अगर आपने समझा हो कि यह तो कृष्ण के पक्ष में बोल रहे हैं, हमारे महावीर के पक्ष में नहीं बोलते हैं, तो आप दुःख ले जाएँगे, समझ नहीं ले जाएँगे। उसका जुम्मा मेरा नहीं होगा। जुम्मा महावीर का भी नहीं होगा। आपका ही होगा। आपने सोचा, यह तो हमारे जीसस के पक्ष में नहीं बोले, तो आप समझ नहीं ले जाएँगे। यदि आपने ऐसा समझा कि ये तो हमारे कृष्ण के संबंध में बोल रहे हैं, तो आप नासमझ ही लौट जाएँगे। आपके कृष्ण से मुझे क्या लेना देना? न रुचि, न अरुचि, न पक्ष, न विपक्ष, मुझे जो दिखायी पड़ता है उसे सीधा मैंने आपकी आँखों के सामने फैला दिया है। और मैं खुद ही क्षणजीवी व्यक्ति हूँ, इसलिए भरोसे का नहीं हूँ। कल क्या कहूँगा, इससे आज कोई 'प्रॉमिज' नहीं बनती है, इससे आज कोई आश्वासन नहीं है। आज जैसा मुझे दिखायी पड़ता था, वैसे मैंने कहा। आज जो आपकी समझ में आया हो–समझ में आया हो, उसका मूल्य नहीं, जो समझ में आने में समझ बढ़ी हो, उसका मूल्य है।

मैं आशा करता हूँ, यह दस दिन में सबके पास थोड़ी-न-बहुत समझ का विकास हुआ होगा, थोड़ी-न-बहुत दृष्टि फैली होगी, द्वार थोड़े-न-बहुत खुले होंगे, सूरज को आने के लिए थोड़ी-बहुत जगह बनी होगी। मैं नहीं कहता हूँ कि आपके भीतर जब सूरज आए तो आप उसे क्या नाम दें–कृष्ण कहें, कि बुद्ध कहें, राम कहें। यह आपकी मर्जी है, नाम आपके होंगे–मैं इतना ही कहता हूँ, दरवाज़ा आपके चित्त का खुला हो तो सूरज आ जाएगा। नाम आप पर निर्भर होगा, क्योंकि सूरज अपना कोई नाम

कहता नहीं कि मेरा नाम क्या है। वह अनाम है। नाम अपना आप दे लेंगे। लेकिन दरवाज़ा सिर्फ़ उनके ही चित्त का खुलता है, जो समझपूर्वक, समझ में, समझ के साथ जीते हैं, पक्षों और धारणाओं और सिद्धांतों के साथ नहीं, सिद्धांतों, धारणाओं और पक्षों के साथ वे ही लोग जीते हैं, जिनको अपनी समझ का भरोसा नहीं है। तो वे पक्के, बँधे-बँधाए, सिमेन्ट-कांक्रीट के बाज़ार में बिकते हुए सिद्धांतों को ले आते हैं। समझ तो पानी की तरह तरल है। समझ तो बहाव है, एक 'फ्लो' है। सिद्धांत, सिद्धांत कोई बहाव नहीं है।

तो अगर आपने सिद्धांतों की आड़ से मुझे सुना हो—चाहे मित्र हों उन सिद्धांतों के, चाहे शत्रु—तो फिर आप नहीं समझ पाएँगे कि मैंने क्या कहा है।

आख़िरी बात आपसे कह दूँ, कृष्ण से मुझे कुछ लेना-देना नहीं है। कृष्ण से कोई संबंध ही नहीं है। कोई कृष्ण के पक्ष में आप हो जाएँ, इसलिए नहीं कहा है, कि कृष्ण के विपक्ष में आप हो जाएँ, इसलिए नहीं कहा है। कृष्ण को तो मैंने एक 'कैनवॅस' की तरह उपयोग किया, जैसे एक चित्रकार एक 'कैनवॅस' का उपयोग करता है। 'कैनवॅस' से उसका कोई मतलब ही नहीं होता। कुछ रंग उसे फैलाने होते हैं 'कैनवॅस' पर, वह उन रंगों को फैला देता है। कुछ रंग मुझे फैलाने थे आपके सामने, वह कृष्ण के 'कैनवॅस' पर मैंने फैला दिए। मुझे महावीर का 'कैनवॅस' भी काम दे जाता है, बुद्ध का 'कैनवॅस' भी काम दे जाता है, जीसस का 'कैनवॅस' भी काम दे जाता है। और एक 'कैनवॅस' पर जिन रंगों का मैं उपयोग करता हूँ, कोई ज़रूरी नहीं है कि दूसरे 'कैनवॅस' पर उन्हीं रंगों का मैं उपयोग करूँ। और ऐसा भी मुझसे कोई कभी नहीं कह सकता है कि कल आपने जो चित्र बनाया था, आज तो उससे बिलकुल विपरीत बना दिया? अगर मैं चित्रकार हूँ, तो विपरीत बनाऊँगा ही। और अगर सिर्फ़ 'कापीइस्ट' हूँ तो फ़िर कल उसी की नक़ल फिर करूँगा।

इसलिए मेरे वक्तव्यों को जड़ता से पकड़ने की कोई भी ज़रूरत नहीं है। मेरे वक्तव्यों को समझें और फिर छोड़ दें। समझ पीछे बाक़ी रह जाएगी, वक्तव्य छूट जाएगा। इनसे एक और फ़ायदा होगा कि किसी दिन मुझे पकड़ने का ख़तरा पैदा नहीं होगा। नहीं तो मेरे वक्तव्यों को पकड़ा—पक्ष से या विपक्ष से—तो मैं पकड़ा जाऊँगा। नहीं, मुझे कोई हर्ज़ा नहीं होगा। हर्ज़ा आपको हो जाएगा। जब भी हम किसी को पकड़ लेते हैं, तभी हम अपने

को खो देते हैं। जब हमारे हाथ सबसे ख़ाली हो जाते हैं, तब अचानक हमारे हाथों में हम ही भर जाते हैं। इस आशा में ये सारी बातें कहीं हैं।

मेरी बातों को इतने प्रेम, शांति, इतने मौन, इतने आनंद से सुना है, उससे बहुत अनुगृहीत हूँ, और अंत में सबके भीतर बैठे परमात्मा को प्रणाम करता हूँ, मेरे प्रणाम स्वीकार करें।

अब हम ध्यान के लिए बैठेंगे। अंतिम बैठक है, इसलिए जो लोग देखने आए हों, वे बाहर चले जाएँगे।

हाँ, जिन मित्रों को देखना है, वे बाहर सड़क पर खड़े हो जाएँगे। यहाँ कंपाउंड में करने वालों के सिवाय कोई नहीं रहेगा। ... किन्हीं मित्रों को खड़े होकर ध्यान करना हो, उन्हें खड़े होने में सुविधा होती हो तो वे पीछे लॉन पर खड़े हो जाएँ। और कंपाउंड में सिर्फ़ करनेवाले लोग रुकेंगे, जिनको देखना है, वे बाहर चले जाएँगे। यहाँ आँख खोलकर कोई नहीं बैठ सकेगा।

ठीक है, अपनी-अपनी जगह बैठ जाएँ। जिन मित्रों को खड़े होकर करना है, वे पीछे खड़े हो जाएँ। कुछ दो-चार मित्र नए हैं तो मैं सूचनाएँ दे दूँ। पहले दस मिनट गहरी श्वास लेनी है और पूरी शक्ति श्वास लेने-छोड़ने में लगा देनी है। श्वास ही रह जाए। दस मिनट की श्वास की चोट से भीतर की ऊर्जा जगेगी, भीतर की विद्युत जगेगी और सारा शरीर स्पंदन-मात्र रह जाएगा। दूसरे दस मिनट में शरीर को मुक्त छोड़ देना है। शरीर नाचेगा, रोएगा, डोलेगा, चिल्लाएगा, जो भी करेगा उसे पूरी शक्ति से सहयोग देना है। जिन दो-चार मित्रों को ऐसा नहीं होता, उन्हें अपनी ओर से प्रयोग करना है, ताकि एक-दो दिन में उनकी धारा टूट जाए और वे प्रयोग में सहज उतर जाएँ। तीसरे चरण में दस मिनट तक, मैं कौन हूँ? यह पूछना है। और चौथे चरण में दस मिनट तक मौन प्रतीक्षा में पड़े रह जाना है।

आँख बंद कर लें। यह आँख चालीस मिनट के लिए बंद होती है, इस बीच आँख नहीं खोलनी है। आँख बंद कर लें। कंपाउंड में कोई खुली आँख से नहीं होगा। अन्यथा उसे बीच में उठाना पड़ेगा। यह आँख चालीस मिनट के लिए बंद होती है, अब आपको आँख चालीस मिनट तक नहीं खोलनी है। जब तक मैं न कहूँ, आँख बंद रखनी है।

दोनों हाथ जोड़ लें। प्रभु को साक्षी रखकर अपने मन में संकल्प कर लें : मैं प्रभु को साक्षी रखकर संकल्प करता हूँ कि ध्यान में अपनी पूरी

शक्ति लगाऊँगा। मैं प्रभु को साक्षी रखकर संकल्प करता हूँ कि ध्यान में अपनी पूरी शक्ति लगाऊँगा। मैं प्रभु को साक्षी रखकर संकल्प करता हूँ कि ध्यान में अपनी पूरी शक्ति लगाऊँगा।

जो मित्र देखने खड़े हैं, वे शांत खड़े रहेंगे, इतनी कृपा करेंगे, ताकि हमें बाधा न पड़े। अब पहला चरण शुरू करें।

धौंकनी की तरह शरीर का उपयोग करें। श्वास बाहर फेंकें, भीतर ले जाएँ। श्वास बाहर फेंकें, भीतर ले जाएँ। दस मिनट में ऐसा हो जाए कि सिर्फ़ श्वास-ही-श्वास आपमें बचे। सारी शक्ति, सारा मन श्वास पर ही लग जाए, और सब भूल जाए, श्वास ही रह जाए। इसलिए धीरे न करें, धीरे करेंगे तो नहीं, दूसरे काम चलते रहेंगे। आप पूरी ताक़त से श्वास लें और छोड़ें। दस मिनट में डूब जाना है श्वास के कृत्य में, और कोई बचे न, आप भी न बचें पीछे। बस श्वास ही श्वास रह जाए। आख़िरी दिन है, पूरी शक्ति लगा दें। जो दो-चार मित्र पीछे रह गए हैं, वे पूरा कर लें। गहरी श्वास, तेज़ श्वास, श्वास ही श्वास रह जाए। ... बहुत ठीक, बहुत ठीक, ख़याल कर लें कि कोई पीछे तो नहीं है। अपनी तरफ़ ध्यान कर लें, ख़याल कर लें, पीछे तो नहीं हैं। पूरी शक्ति लगाएँ। ....

तेज़, तेज़, तेज़, चोट करें। श्वास की भीतर चोट करनी है ताकि शक्ति जगे। थोड़ी देर में शरीर में विद्युत दौड़नी शुरू हो जाएगी। ....

बहुत ठीक, बहुत ठीक, और बढ़ें, और बढ़ें, ज़रा भी कंजूसी नहीं, पूरी शक्ति लगानी है। थकने से न डरें, थक जाएँ, कोई हर्ज़ा नहीं। पूरी शक्ति लगाएँ। ....

पूरी शक्ति, पूरी शक्ति, पूरी शक्ति। सात मिनट बचे हैं, पूरी शक्ति लगाएँ, पूरी शक्ति लगाएँ। एकदम विद्युत के प्रवाह-मात्र हो जाएँ। एक बिजली के पुंज-मात्र रह जाएँगे। चोट करें, भीतर शक्ति जागेगी और शक्ति ही शक्ति मालूम होने लगेगी। .... हाँ, शक्ति जाग रही है, आप चोट करते जाएँ, चोट करते जाएँ, चोट करते जाएँ। ... बहुत ठीक, बहुत ठीक, बहुत ठीक, चोट करें, चोट करें। देखें, कोई पीछे न रह जाए, पूरी शक्ति लगा दें।

जो पहले चरण को पूरा करेगा, वही दूसरे में प्रवेश कर पाएगा, इसलिए पूरी फ़िक्र कर लें। शक्ति जाग रही है, उसे जागने दें, शरीर डोलता है, डोलने दें, कँपता है, कँपने दें, हाथ-पैर हिलते हैं, हिलने दें, आप श्वास

पर ताक़त लगाएँ। आप श्वास लें और शरीर को जो होने देना है, होने दें। आप श्वास लें, बस आप श्वास ही रह जाएँ। ...

ज़ोर से, ज़ोर से, ज़ोर से, ज़ोर से। ....

बहुत ठीक, बहुत ठीक, पाँच मिनट बचे हैं, शक्ति पर चोट करें, शक्ति जागनी शुरू हुई है, उसे अधूरे में न छोड़ें। पूरी चोट करें। बस एक शक्ति के पुंज मात्र रह जाएँगे। शक्ति-ही-शक्ति रह जाएगी, आप मिट जाएँगे। श्वास, श्वास, श्वास। ज़ोर से, ज़ोर से, ज़ोर से। ...

शक्ति जाग गई है, जागने दें, जागने दें, ज़ोर से चोट करें। शक्ति जाग गई, जागने दें। शरीर कँपता है, कँपने दें, डोलता है, डोलने दें, आप ज़ोर से श्वास की चोट करते जाएँ। ...

शक्ति जाग गई है, जागने दें, चोट करें, ज़ोर से चोट करें, शक्ति को पूरा जागने दें। शरीर को जो हो रहा है, होने दें. आप श्वास की चोट करते जाएँ। चार मिनट बचे हैं। पूरा उपयोग करें। ...

ज़ोर से, ज़ोर से, ज़ोर से, बहुत ठीक, क़रीब-क़रीब आ गए हैं, ताक़त लगाएँ। ... बहुत ठीक, बहुत ठीक, बहुत ठीक, ज़ोर से, ज़ोर से, ज़ोर से। ... तीन मिनट बचे हैं, अब पूरी ताक़त लगाएँ, जब मैं एक, दो, तीन कहूँ, तब पूरे तूफ़ान में आ जाएँ। ...

जागें, जागें, ज़ोर से जगाएँ। दो मिनट बचे हैं, ज़ोर से जगाएँ, श्वास की चोट करें, थोड़ा ही समय और है। ज़ोर से जगाएँ। भीतर की शक्ति को पूरी चोट कर दें। बहुत ठीक। एक, पूरी शक्ति लगा दें। ... दो, पूरी शक्ति लगाएँ। ... तीन, पूरी ताक़त लगा दें। कूद जाएँ पूरी ताक़त से, एक मिनट के लिए पूरी ताक़त लगा दें। ... बहुत ठीक, बहुत ठीक, तेज़ी पर जाएँ, पूरी 'क्लाइमेक्स' पर आ जाएँ। फिर हम दूसरे चरण में प्रवेश करेंगे। कुछ सेकेंड के लिए पूरी ताक़त को डुबो दें। ... बहुत ठीक, बहुत ठीक, थोड़ा सा श्रम और लें, कुछ सेकेंड और, पूरी ताक़त में आएँ। ...

बहुत अच्छा, बहुत अच्छा। पूरी ताक़त, पूरी ताक़त, कुछ भी बचे न, पूरी ताक़त लगा दें। ...

अब दूसरे चरण में प्रवेश करें। शरीर को जो करना है करने दें। दस मिनट के लिए चिल्लाएँ, हँसें, रोएँ, डोलें, नाचें। ...

ज़ोर से, जो भी कर रहे हैं ज़ोर से करें। ज़ोर से, ज़ोर से, दस मिनट

में बिलकुल थका डालें। चिल्लाएँ, ज़ोर से, नाचें, डोलें ज़ोर से, हँसें ज़ोर से, रोएँ ज़ोर से। ... शक्ति जाग गई है, उसे पूरा काम करने दें, ज़ोर से काम करने दें। डोलें, नाचें, चिल्लाएँ, हँसें। धीमे कुछ भी न करें। जो भी कर रहे हैं, शक्ति से करें। आनंद से चिल्लाएँ, आनंद से डोलें, ज़ोर से चिल्लाएँ।

ज़ोर से ताक़त लगा दें। पूरी ताक़त लगा दें। ज़ोर से, ज़ोर से, ज़ोर से, दिल खोलकर करें जो भी कर रहे हैं। ज़रा सा भी संकोच न लें। चिल्लाएँ। ...शक्ति जाग गई है। पाँच मिनट बचे हैं, उसे पूरा काम करने दें। ज़ोर से, ज़ोर से, ज़ोर से। ...

बहुत ठीक, पूरी शक्ति लगाएँ। चार मिनट बचे हैं, पूरी शक्ति लगा दें। ज़ोर से करें, जो भी कर रहे हैं। नाचें ज़ोर से, डोलें ज़ोर से, चिल्लाएँ ज़ोर से, हँसें ज़ोर से, रोएँ ज़ोर से। ... ज़ोर से आनंद से, ज़ोर से आनंद से, जो भी हो रहा है ज़ोर से। ... बहुत ठीक, बहुत ठीक, चार मिनट बचे हैं, पूरी शक्ति लगाएँ। ...

ज़ोर से, ज़ोर से चिल्लाएँ, ज़ोर से नाचें, ज़ोर से हँसें, ज़ोर से रोएँ। हँसें, हँसें, ज़ोर से हँसें, ज़ोर से हँसें, डोलें, नाचें, ज़ोर से हँसें। ... ज़ोर से, ज़ोर से, तीन मिनट बचे हैं, पूरी शक्ति लगाएँ। चिल्लाना है ज़ोर से चिल्लाएँ, दिल खोलकर चिल्लाएँ। डोलें, नाचें, चिल्लाएँ, भूल जाएँ, सब भूल जाएँ, सिर्फ़ चिल्लाना रह जाए। चिल्लाएँ ज़ोर से।

ज़ोर से, ज़ोर से, दो मिनट बचे हैं, ज़ोर से। ज़ोर से, दो मिनट बचे हैं, पूरी शक्ति लगा दें। ज़ोर से, ज़ोर से, दो मिनट बचे हैं, चिल्लाएँ, चीख़ें, हँसें।

ज़ोर से, एक मिनट बचा है, पूरी ताक़त लगा दें। ...एक, पूरी शक्ति लगाएँ। दो, पूरी शक्ति लगाएँ। तीन, पूरे तूफ़ान में आ जाएँ। बिलकुल पागल हो जाएँ। बिलकुल पागल हो जाएँ, एक मिनट के लिए सारी ताक़त लगा दें। ... पागल हो जाएँ कुछ सेकेंड के लिए, पूरी ताक़त लगा दें। चिल्लाएँ ज़ोर से।...

बस अब तीसरे चरण में प्रवेश करें। अब भीतर पूछें, मैं कौन हूँ? शक्ति जाग गई है, उसकी जिज्ञासा में उपयोग करें। भीतर पूछें, मैं कौन हूँ? मैं कौन हूँ? शक्ति को पूरा प्रश्न बना दें। शक्ति जाग गई है, पूछें, मैं कौन हूँ? भीतर पूछें, ज़ोर से पूछें भीतर, मैं कौन हूँ? मैं कौन हूँ? मैं कौन हूँ?

पाँच मिनट तक अंदर पूछते रहें, मैं कौन हूँ, फिर हम बाहर पूछेंगे। पूछें, मैं कौन हूँ? मैं कौन हूँ? मैं कौन हूँ? मैं कौन हूँ? एकदम तूफ़ान उठा दें भीतर।

मैं कौन हूँ? पूछें, पूछें, शक्ति सो जाएगी, जाग गई है, उसे पूछें। शीघ्रता से पूछें भीतर, मैं कौन हूँ? मैं कौन हूँ? मैं कौन हूँ? डोलते रहें, डोलते रहें, मैं कौन हूँ? डोलते रहें, कँपते रहें, पूछते रहें, मैं कौन हूँ? आनंद से पूछें, मैं कौन हूँ? मैं कौन हूँ? मैं कौन हूँ? मैं कौन हूँ? ...

मैं कौन हूँ? मैं कौन हूँ? मैं कौन हूँ? पूछें, पूछें, शक्ति जग गई है उसका उपयोग करें। उसको ज़रा भी ढीला छोड़ा, वह बेकार चली जाएगी। ज़ोर से पूछते रहें, मैं कौन हूँ? मैं कौन हूँ? मैं कौन हूँ?...

ज़ोर से, ज़ोर से, ज़ोर से, सतत पूछें, मैं कौन हूँ? मैं कौन हूँ? आनंद से पूछें, डोलते रहें, नाचते रहें, पूछें, मैं कौन हूँ? मैं कौन हूँ? मैं कौन हूँ? मन को बिलकुल थका डालना है, पूछें, पूछें, पूछें, मैं कौन हूँ? मैं कौन हूँ? मैं कौन हूँ? मैं कौन हूँ? मैं कौन हूँ? मैं कौन हूँ?...

ज़ोर से, ज़ोर से, ज़ोर से, ताक़त लगाएँ, मैं कौन हूँ? मैं कौन हूँ? मैं कौन हूँ?....मैं कौन हूँ? मैं कौन हूँ? मैं कौन हूँ? मैं कौन हूँ? मैं कौन हूँ? शक्ति का उपयोग करें। शक्ति जग गई है, उसका उपयोग करें। अब ज़ोर से बाहर भी चिल्लाकर पूछें, मैं कौन हूँ? मैं कौन हूँ? चिल्लाकर पूछें।...

मैं कौन हूँ? ज़ोर से। पाँच मिनट बचे हैं। अब पूरी ताक़त से चिल्लाकर पूछें, मैं कौन हूँ?.. पूछें, पूछें, शिथिल न पड़ें। ज़ोर से पूछें। चिल्लाएँ, ज़ोर से पूछें, मैं कौन हूँ? बिलकुल पागल हो जाएँ, ज़ोर से चिल्लाएँ, पूछें, मैं कौन हूँ? .... चार मिनट की बात है, पूरी ताक़त लगाएँ फिर हम विश्राम करेंगे। ....

चिल्लाएँ, चिल्लाएँ, पूछें, चिल्लाएँ, डोलें, चिल्लाएँ, पूछें। मैं कौन हूँ? मैं कौन हूँ? मैं कौन हूँ? बहुत ठीक, बहुत ठीक, ज़ोर से, ज़ोर से, मैं कौन हूँ? मैं कौन हूँ? मैं कौन हूँ? मैं कौन हूँ? बिलकुल पागल हो जाएँ। सब भूल जाएँ। एक सवाल रह जाए। मैं कौन हूँ? मैं कौन हूँ? मैं कौन हूँ?. ..तीन मिनट बचे हैं, पूरी शक्ति लगा दें। ...ज़ोर से, ज़ोर से, ज़ोर से, पूरे तूफ़ान में आ जाएँ। ज़ोर से, ज़ोर से, ज़ोर से।...

दो मिनट बचे हैं। पूरी ताक़त में आ जाएँ। ...एक, पूरी शक्ति लगाएँ। ...दो, पूरी शक्ति लगा दें, भूल जाएँ सब। ... तीन, सब भूलकर

चिल्लाएँ, मैं कौन हूँ?...

ज़ोर से, ज़ोर से, ज़ोर से, ज़ोर से। आखिरी मौक़ा है। पूरे ज़ोर से, मैं कौन हूँ? ... ज़ोर से, ज़ोर से, ज़ोर से, पूरे पहाड़ गूँज उठें। ज़ोर से, मैं कौन हूँ? मैं कौन हूँ?

बस, अब रुक जाएँ, अब चौथे चरण में प्रवेश कर जाएँ, पूछना छोड़ दें, डोलना छोड़ दें, श्वास लेना छोड़ दें। अब सब छोड़ दें। दस मिनट के लिए बिलकुल शून्य में डूब जाएँ, जैसे हैं ही नहीं। सब मिट गया, सब समाप्त हो गया। सब शून्य हो गया। सब शांत हो गया। जैसे बूँद सागर में खो जाए, ऐसे हम खो गए। जैसे बूँद सागर में खो जाए, ऐसे हम खो गए। सब मिट गया, सब खो गया, सब समाप्त हो गया।....

प्रकाश ही प्रकाश, आनंद ही आनंद शेष रह जाता है। प्रकाश ही प्रकाश, दूर तक अनंत प्रकाश, भीतर आनंद-ही-आनंद शेष रह जाता है। हम मिट गए, परमात्मा ही शेष रह गया है। वही है चारों ओर, उसमें डूब जाएँ, निमज्जित हो जाएँ, खो जाएँ। स्मरण करें, स्मरण करें, चारों ओर परमात्मा के अतिरिक्त और कोई भी नहीं है। परमात्मा के अतिरिक्त और कोई भी नहीं है। परमात्मा के अतिरिक्त और कोई भी नहीं है। ...वही है, वही है चारों ओर, ऊपर, नीचे, हवाओं में, बादलों में, पहाड़ों में, बाहर, भीतर, परमात्मा के अतिरिक्त और कोई भी नहीं है। स्मरण करें, स्मरण करें, स्मरण करें। वही हमारा स्वरूप है। वही हम हैं। परमात्मा के अतिरिक्त और कोई भी नहीं है।

आनंद-ही-आनंद, इस आनंद को पी जाएँ। इसको रोएँ-रोएँ में भर जाने दें। आनंद-ही-आनंद, इस आनंद को पी जाएँ, रोएँ-रोएँ में भर जाने दें। प्रकाश-ही-प्रकाश शेष रह गया। प्रकाश-ही-प्रकाश शेष रह गया और चारों ओर परमात्मा है। इस स्मरण को गहरे-से-गहरे प्रवेश कर जाने दें। चारों ओर परमात्मा है। वही है, वही है, उसके अतिरिक्त और कोई भी नहीं है।

स्वाद लें, स्वाद लें, सुगंध लें, इस शांति का स्वाद लें, इस आनंद का स्वाद लें। प्रभु की सुगंध को अनुभव करें, चारों ओर वही है, चारों ओर वही है। मिट गए, मिट गए, बिलकुल मिट गए, हैं ही नहीं। बूँद जैसे सागर में खो जाए, ऐसे खो गए।

बूँद जैसे सागर में खो जाए, ऐसे खो गए। स्मरण करें, चारों ओर सागर-ही-सागर, प्रभु का सागर, चेतना का सागर. प्रकाश का, आनंद का,

सागर है। चारों ओर, चारों ओर प्रकाश ही प्रकाश है, आनंद-ही-आनंद है। देखें, पहचानें, अनुभव करें। देखें, पहचानें, अनुभव करें। आनंद से भर जाएँ उसके, प्रकाश से भर जाएँ उसके, निकटता से भर जाएँ उसके। हृदय नाच उठेगा। आनंद से भर जाएँ उसके, प्रकाश से भर जाएँ उसके। वही है, चारों ओर वही है, बाहर-भीतर वही है।...

आनंद से भर जाएँ उसके, प्रकाश से भर जाएँ उसके। चारों ओर वही है, चारों ओर वही है। स्मरण करें और इस स्मरण को सदा याद रखें, उठते-बैठते, चलते-सोते स्मरण रखें, चारों ओर वही है। पहचानें, देखें, चारों ओर वही है। प्रकाश-ही-प्रकाश, आनंद-ही-आनंद, रोएँ-रोएँ में समा जाने दें, श्वास-श्वास में प्रवेश कर जाने दें। अस्तित्व के कण-कण में समा जाने दें। ... प्रकाश-ही-प्रकाश, आनंद-ही-आनंद, फिर उसकी अंतरधारा चौबीस घंटे बहने लगेगी। फिर चौबीस घंटे, यह परमात्मा चारों ओर दिखाई पड़ने लगेगा। फिर कोई अंधकार नहीं है, फिर कोई दु:ख नहीं है। फिर आनंद ही है, फिर प्रकाश ही है। ...

अब दोनों हाथ जोड़ लें। उसे धन्यवाद दे दें। उसके चरणों में गिर जाएँ। उसके अज्ञात चरणों में सिर झुका लें। दोनों हाथ जोड़ लें। उसके अज्ञात चरणों में सिर झुका लें। उसकी अनुकंपा अपार है, उसे धन्यवाद दे दें। उसकी अनुकंपा को आपके सिर पर बरस जाने दें, झुका लें सिर उसके अज्ञात चरणों में। जोड़ लें दोनों हाथ, गिर जाएँ उसके चरणों में समर्पित हो जाएँ। उतरने दें उसे आपके ऊपर, आपके भीतर उतर जाने दें। प्रभु की अनुकंपा अपार है। प्रभु की अनुकंपा अपार है। प्रभु की अनुकंपा अपार है। ...

प्रभु की अनुकंपा अपार है। अब दोनों हाथ छोड़ दें। दो-चार गहरी श्वास लें। फिर आँख खोल लें। ध्यान से वापस लौट आएँ। आँख न खुलती हो तो दोनों हाथ आँख पर रख लें, फिर आँख खोलें। उठते न बनता हो तो और दो-चार गहरी श्वास लें, फिर धीरे-धीरे उठ आएँ।

हमारी ध्यान की बैठक पूरी हो गई है।

(ओशो द्वारा 'नव-संन्यास' का सूत्रपात हुआ। उसी रात आयोजित एक अतिरिक्त बैठक में ओशो द्वारा दिया गया एक विशेष प्रवचन–प्रश्नोत्तरों से अनुगामित)

संन्यास मेरे लिए त्याग नहीं, आनंद है। संन्यास निषेध भी नहीं है, उपलब्धि है। लेकिन आज तक पृथ्वी पर संन्यास को निषेधात्मक अर्थों में ही देखा गया है—त्याग के अर्थों में, छोड़ने के अर्थों में, पाने के अर्थ में नहीं। मैं संन्यास को देखता हूँ—पाने के अर्थ में।

निश्चित ही जब कोई हीरे-जवाहरात पा लेता है, तो कंकड़-पत्थरों का त्याग नहीं किया जाता। त्याग तो हम उसी बात का करते हैं, जिसका बहुत मूल्य मालूम होता है। कंकड़-पत्थर तो ऐसे छोड़े जाते हैं जैसे घर से कचरा फेंक दिया जाता है। घर से फेंके हुए कचरे का हम हिसाब नहीं रखते कि हमने कितना कचरा त्याग दिया।

संन्यास अब तक लेखा-जोखा रखता रहा उस सबका, जो छोड़ा जाता है। मैं संन्यास को देखता हूँ उस भाषा में, उस लेखे-जोखे में, जो पाया जाता है। निश्चित ही इसमें बुनियादी फ़र्क़ पड़ेंगे। यदि संन्यास आनंद है, यदि संन्यास उपलब्धि है, यदि संन्यास पाना है, विधायक है, 'पॉजिटिव' है, तो संन्यास का अर्थ विराग नहीं हो सकता। तो संन्यास का अर्थ उदासी नहीं हो सकता। तो संन्यास का अर्थ जीवन का विरोध नहीं हो सकता। तब तो संन्यास का अर्थ होगा, जीवन में अहोभाव! तब तो संन्यास का अर्थ होगा, उदासी नहीं, प्रफुल्लता! तब तो संन्यास का अर्थ होगा, जीवन का फैलाव, विस्तार, गहराई। सिकोड़ना नहीं है।

अभी तक जिसे हम संन्यासी कहते हैं, वह अपने को सिकोड़ता है। सबसे तोड़ता है। सब तरफ़ से अपने को बंद करता है। मैं उसे संन्यासी कहता हूँ, जो सबसे अपने को ज़ोड़े, जो अपने को बंद ही न करे, खुला छोड़ दे।

निश्चित ही इसके और भी अर्थ होंगे। जो संन्यास सिकोड़ने वाला

है, वह संन्यास बंधन बन जाएगा, वह संन्यास कारागृह बन जाएगा, वह संन्यास स्वतंत्रता नहीं हो सकता। और जो संन्यास स्वतंत्रता नहीं है वह संन्यास ही कैसे हो सकता है! संन्यास की आत्मा तो परम स्वतंत्रता है।

इसलिए मेरे लिए संन्यास की कोई मर्यादा नहीं, कोई बंधन नहीं। मेरे लिए संन्यास का कोई नियम नहीं, कोई अनुशासन नहीं। मेरे लिए संन्यास की कोई 'डिसिप्लिन' नहीं, कोई अनुशासन नहीं। मेरे लिए संन्यास व्यक्ति के परम विवेक में परम स्वतंत्रता की उद्भावना है।

उस व्यक्ति को मैं संन्यासी कहता हूँ, जो परम स्वतंत्रता में जीने का साहस करता है। नहीं कोई बंधन ओढ़ता, नहीं कोई व्यवस्था ओढ़ता, नहीं कोई अनुशासन ओढ़ता। लेकिन इसका मतलब यह नहीं हैं कि उच्छृंखल हो जाता है। इसका यह मतलब नहीं है कि वह स्वच्छंद हो जाता। असलियत तो यह है कि जो आदमी परतंत्र है, वही उच्छृंखल हो सकता है। और जो आदमी परतंत्र है, बंधन में बँधा है, वही स्वच्छंद हो सकता है। जो स्वतंत्र है, वह तो कभी स्वच्छंद होता ही नहीं। उसके स्वच्छंद होने का उपाय नहीं है।

ऐसे अतीत से मैं भविष्य के संन्यासी को भी तोड़ता हूँ। और मैं समझता हूँ कि अतीत के संन्यास की जो आज तक व्यवस्था थी, वह मरण-शैया पर पड़ी है। मर ही गयी है। उसे हम ढो रहे हैं। वह भविष्य में बच नहीं सकती।

लेकिन संन्यास ऐसा फूल है, जो खो नहीं जाना चाहिए। वह ऐसी अद्भुत उपलब्धि है, जो विदा नहीं हो जानी चाहिए। वह बहुत ही अनूठा फूल है, जो कभी-कभी खिलता रहा है। ऐसा भी हो सकता है कि हम उसे भूल जाएँ, खो ही दें। पुरानी व्यवस्था में बँधा हुआ वह मर सकता है। इसलिए संन्यास को नए अर्थ, नए उद्भाव देने ज़रूरी हो गए हैं। संन्यास तो बचना ही चाहिए। वह तो जीवन की गहरी-से-गहरी संपदा है। लेकिन अब वह कैसे बचायी जा सकेगी? उसे बचाए जाने के लिए कुछ मेरे ख़याल मैं आपको कहता हूँ।

पहली बात तो मैं आपसे यह कहता हूँ कि बहुत दिन हमने संन्यासी को संसार से तोड़कर देख लिया। इससे दोहरे नुकसान हुए। संन्यासी संसार से टूटता है तो दरिद्र हो जाता है, बहुत गहरे अर्थों में दरिद्र हो जाता है,

क्योकि जीवन के अनुभव की सारी संपदा संसार में है। जीवन के सुख-दु:ख का, जीवन के संघर्ष-शांति का, जीवन की सारी गहनताओं का, जीवन के रसों का, जीवन के विरस का, सारा अनुभव तो संसार में है। और जब हम किसी व्यक्ति को संसार से तोड़ देते हैं तो वह 'हाट हाउस प्लांट' हो जाता है। खुले आकाश के नीचे खिलनेवाला फूल नहीं रह जाता। वह बंद कमरे में, कृत्रिम हवाओं में, कृत्रिम गर्मी में खिलनेवाला फूल हो जाता है-काँच की दीवारों में बंद। उसे मकान के बाहर लाएँ तो वह मुरझा जाएगा, मर जाएगा।

संन्यासी अब तक 'हाट हाउस प्लांट' हो गया है। लेकिन संन्यास भी कहीं बंद कमरों में खिल सकता है! उसके लिए खुला आकाश चाहिए। रात का अँधेरा चाहिए, दिन का उजाला चाहिए, चाँद-तारे चाहिए, पक्षी चाहिए, ख़तरे चाहिए, वह सब चाहिए। संसार से तोड़कर हमने संन्यासी को भारी नुकसान पहुँचाया है, क्योंकि संन्यासी की आंतरिक समृद्धि क्षीण हो गयी।

यह बड़े मज़े की बात है कि साधारणत: जिन्हें हम अच्छे आदमी कहते हैं, उनकी ज़िंदगी बहुत 'रिच' नहीं होती, उनकी ज़िंदगी में बहुत अनुभवों का भंडार नहीं होता। इसलिए उपन्यासकार कहते हैं कि अच्छे आदमी की ज़िंदगी पर कोई कहानी नहीं लिखी जा सकती। कहानी लिखनी हो तो बुरा आदमी पात्र बनाना पड़ता है। यह बुरे आदमी की कहानी होती है। अगर हम बता सकें कि एक आदमी जन्म से मरने तक बिलकुल अच्छा है, तो इतनी ही कहानी काफ़ी है, अब और कुछ बताने को नहीं रह जाता।

संन्यासी को संसार से तोड़कर हम अनुभव से तोड़ देते हैं। अनुभव से तोड़कर हम उसे एक तरह की सुरक्षा तो दे देते हैं। लेकिन एक तरह की दरिद्रता भी दे देते हैं।

मैं संन्यासी को संसार से जोड़ना चाहता हूँ। मैं ऐसे संन्यासी देखना चाहता हूँ, जो दुकान पर भी बैठे हों, दफ़्तर में काम भी कर रहे हों, खेत पर मेहनत भी कर रहे हों। जो ज़िंदगी की पूरी सघनता में खड़े हों, भाग नहीं गए हों, भगोड़े न हों, 'एस्केपिस्ट' न हों, पलायन न किया हो। ज़िंदगी के पूरे सघन बाज़ार में खड़े हों, भीड़ में, शोरगुल में खड़े हों। और फिर भी संन्यासी हों। तब उनके संन्यास का क्या मतलब होगा? और एक स्त्री संन्यासिनी होती है और पत्नी है, तो अब तक मतलब होता था कि वह भाग

जाए ज़िंदगी से छोड़कर बच्चों को, पति को। अगर पति है, तो छोड़ जाए घर को, घर छोड़कर भाग जाए। मेरे लिए संन्यास का कोई अर्थ नहीं है। मैं तो मानता हूँ कि अगर एक पति संन्यासी होता है, तो जहाँ है, वहीं हो, भागे नहीं। संन्यास उसके जीवन में वहीं खिलने दें।

लेकिन तब क्या करेगा वह? भागने में तो रास्ता दिखता था कि भाग गए तो बच गए, अब क्या करेगा? अब उसे करने का क्या होगा? वह पति भी होगा, बाप भी होगा, दुकानदार भी होगा, नौकर भी होगा, मालिक भी होगा, हज़ार संबंधों में होगा–ज़िंदगी का मतलब ही अंतर्संबंधों का जाल है–वह यहाँ क्या करेगा? भाग जाता था तो बड़ी सहूलियत थी, क्योंकि वह दुनिया ही हट गयी, जहाँ कुछ करना पड़ता था। वह बैठ जाना था एक कोने में, जंगल में, एक गुफा में। सूखता था वहाँ, सिकुड़ता था वहाँ, यहाँ क्या करेगा? यहाँ संन्यास का क्या अर्थ होगा? अगर त्याग नहीं होगा तो संन्यास का क्या अर्थ होगा?

एक अभिनेता मेरे पास आया था। नया-नया अभिनेता है। अभी-अभी फ़िल्मों में गया है। वह मुझसे पूछने आया था कि मुझे भी कोई सूत्र मेरी डायरी पर लिख दें, जो मेरे काम आ जाए। तो उसे मैंने लिखा–अभिनय ऐसे करो जैसे वह जीवन हो और जिओ ऐसे जैसे वह अभिनय हो। संन्यासी का मेरे लिए यही अर्थ है।

जीवन की सघनता में खड़े होकर अगर कोई संन्यास के फूल को खिलाना चाहता है, तो एक ही अर्थ हो सकता है कि वह कर्त्ता न रह जाए, भोक्ता न रह जाए, अभिनेता हो जाए। साक्षी हो जाए। देखे, करे, लेकिन कहीं भी बहुत गहरे में बँधे नहीं। गुज़रे नदी से लेकिन उसके पाँव को पानी न छुए। नदी से गुज़रना तो मुश्किल है कि पाँव को पानी न छुए, लेकिन संसार से गुज़रना संभव है कि संसार न छुए। अभिनय को थोड़ा समझ लेना ज़रूरी है। और आश्चर्य तो यह है कि जितना अभिनय हो जाए जीवन, उतना कुशल हो जाता है। उतना सहज हो जाता है, उतना चिंतामुक्त हो जाता है।

कोई माँ अगर माँ होने में कर्त्ता न बन जाए, साक्षी रह सके और जान सके इतनी छोटी-सी बात कि जिस बच्चे को वह पाल रही है, वह बच्चा उससे आया तो ज़रूर है, लेकिन उसका ही नहीं है। उससे पैदा तो हुआ है, लेकिन उसी ने पैदा नहीं किया है। वह उसके लिए द्वार से ज़्यादा

नहीं थी। और जहाँ से वह आया है और जिससे वह आया है और जिसके द्वारा वह जिएगा और जिसमें वह लौट जाएगा, उनका ही है। तो माँ, कर्त्ता होने की उसे अब ज़रूरत नहीं रह गयी। अब वह साक्षी हो सकती है। अब वह माँ होने का अभिनय कर सकती है।

कभी एक छोटा-सा प्रयोग करके देखें। चौबीस घंटे के लिए तय कर लें कि चौबीस घंटे अभिनय करूँगा। जब कोई मुझे गाली देगा, तो मैं क्रोध न करूँगा, क्रोध का अभिनय करूँगा। और जब कोई मेरी प्रशंसा करेगा, तो मैं प्रसन्न न होऊँगा, प्रसन्न होने का अभिनय करूँगा। एक चौबीस घंटे का प्रयोग आपकी ज़िंदगी में नए दरवाज़े खोल देगा। आप हैरान हो जाएँगे कि मैं नाहक ही कर्त्ता बनकर दुःख झेल रहा था। और जब साँझ आप दिन भर के अभिनय के बाद सोएँगे तो तत्काल गहरी नींद में चले जाएँगे। क्योंकि जो कर्त्ता नहीं रहा है, उसकी कोई चिंता नहीं है, उसका कोई तनाव नहीं है, उसका कोई बोझ नहीं है। सारा बोझ कर्त्ता होने का बोझ है।

संन्यास को मैं घर-घर पहुँचा देना चाहता हूँ। तो ही संन्यास बचेगा। लाखों संन्यासी चाहिए। दो-चार संन्यासियों से नहीं होगा काम। और जैसा मैं कह रहा हूँ, उसी आधार पर लाखों संन्यासी हो सकते हैं। संसार से तोड़कर आप ज़्यादा संन्यासी नहीं जगत् में ला सकते। क्योंकि कौन उनके लिए काम करेगा, कौन उनके लिए भोजन जुटाएगा, कौन उनके लिए कपड़े जुटाएगा? एक छोटी-सी दिखाऊ संख्या पाली-पोसी जा सकती है, लेकिन बड़े विराट् पैमाने पर संन्यास संसार में नहीं आ सकता। यही दो-चार हज़ार संन्यासी एक मुल्क झेल सकता है। ये संन्यासी भी दीन हो जाते हैं। ये संन्यासी भी निर्भर हो जाते हैं। ये संन्यासी भी परवश हो जाते हैं। और इनका विराट् व्यापक प्रभाव नहीं हो सकता।

अगर जगत् में बहुत व्यापक प्रभाव चाहिए संन्यास का, जोकि ज़रूरी है, उपयोगी है, अर्थपूर्ण है, आनंदपूर्ण है, तो हमें धीरे-धीरे ऐसे संन्यास को जगह देनी पड़ेगी, जिसमें तोड़कर भागना अनिवार्यता न हो। जिसमें जो जहाँ है, वह वहीं संन्यासी हो सके। वहीं वह अभिनय करे और वहीं वह साक्षी हो जाए। वह जो हो रहा है, उसका साक्षी हो जाए।

तो एक तो संन्यास को मेरा घर से, दुकान से, बाज़ार से जोड़ने का ख़याल है। अद्भुत और मज़ेदार होगी वह दुनिया अगर हम बना सकें, जहाँ

दुकानदार संन्यासी हो। स्वभावतः वैसा दुकानदार बेईमान होने में बड़ी कठिनाई पाएगा। जब अभिनय ही कोई कर रहा हो, तो बेईमान होने में बड़ी कठिनाई पाएगा। संन्यासी अगर दफ़्तर में क्लर्क हो, चपरासी हो, डॉक्टर हो, वकील हो तो हम इस दुनिया को बिलकुल बदल डाल सकते हैं।

तो एक तो संन्यासी को तोड़कर संन्यासी दीन हो जाता है, और संसार का भारी नुकसान होता है, संसार भी दीन हो जाता है। क्योंकि उसके बीच जो श्रेष्ठतम फूल खिल सकते थे, वे हट जाते हैं। वे बगिया के बाहर हो जाते हैं। और बगिया उदास हो जाती है। इसलिए संन्यास का एक जगतव्यापी आंदोलन ज़रूरी है। जिसमें हम धीरे-धीरे घर में, द्वार में, बाज़ार में, दुकान में संन्यासी हों। वह माँ होगी, पति होगा, पत्नी होगी, इससे कोई फ़र्क़ नहीं पड़ता, वह जो भी होगा, वही होगा। सिर्फ़ उसके देखने की दृष्टि बदल जाएगी, वह साक्षी रह जाएगा। उसके लिए ज़िंदगी अभिनय और लीला हो जाएगी, काम नहीं रह जाएगा। उसके लिए ज़िंदगी एक उत्सव हो जाएगी। उत्सव होते ही सब बदल जाता है।

दूसरी एक मेरी और दृष्टि है, वह आपको कहूँ। वह मेरी दृष्टि है 'पीरियॉडिकल रिनन्सिएशन' की, सावधिक संन्यास की। ऐसा मैं नहीं जानता हूँ कि कोई आदमी ज़िंदगी-भर संन्यासी होने की कसम ले। असल में भविष्य के लिए कोई भी कसम ख़तरनाक है। क्योंकि भविष्य के हम कभी नियंता नहीं हो सकते। वह भ्रम है। भविष्य को आने दें, वह जो लाएगा, हम देखेंगे। जो साक्षी है वह भविष्य के लिए निर्णय नहीं कर सकता। निर्णय सिर्फ़ कर्त्ता कर सकता है। जिसको ख़याल है कि मैं करनेवाला हूँ, वह कह सकता है कि मैं ज़िंदगी-भर संन्यासी रहूँगा। लेकिन सच में जो साक्षी है, वह कहेगा, कल का तो मुझे कुछ पता नहीं, कल जो होगा, होगा। कल जो होगा, उसे देखूँगा और जो होगा, होगा। कल के लिए कोई निर्णय नहीं ले सकता हूँ।

इसलिए संन्यास की एक और कठिनाई अतीत में हुई, वह थी जीवन-भर के संन्यास की, आजीवन संन्यास की। एक आदमी किसी भावदशा में संन्यासी हो जाए और कल किसी भावदशा में जीवन में वापस लौटना चाहे, तो हमने लौटने का द्वार नहीं छोड़ा है खुला। संन्यास में हमने 'एंट्रेंस' तो रखा है, 'एक्ज़िट' नहीं है। उसमें भीतर जा सकते हैं, बाहर नहीं

आ सकते। और ऐसा स्वर्ग भी नर्क हो जाता है, कारागृह हो जाता है। आप कहेंगे, नहीं कोई संन्यासी लौटना चाहे तो हम क्या करेंगे, लौट सकता है। लेकिन आप उसकी निंदा करते हैं, अपमान करते हैं। 'कंडेमनेशन' है उसके पीछे।

और इसीलिए हमने एक तरकीब बना रखी है कि जब कोई संन्यास लेता है, तो उसका भारी शोरगुल मचाते हैं। जब कोई संन्यास लेता है तो बहुत बैंडबाजा बजाते हैं। जब कोई संन्यास लेता है तो बहुत फूलमालाएँ पहनाते हैं, बड़ी प्रशंसा, बड़ा सम्मान, बड़ा आदर, जैसे कोई बहुत बड़ी घटना घट रही है, ऐसा हम उपद्रव करते हैं। और यह उपद्रव का दूसरा हिस्सा है, वह संन्यासी को पता नहीं है कि अगर वह कल लौटा तो जैसे फूलमालाएँ फेंकी गयीं, वैसे ये पत्थर और जूते भी फेंके जाएँगे। और ये ही लोग होंगे फेंकने वाले, कोई दूसरा आदमी नहीं होगा। असल में इन लोगों ने फूलमालाएँ पहनाकर उससे कहा कि अब सावधान, अब लौटना मत, जितना आदर दिया है, उतना ही अनादर प्रतीक्षा करेगा। यह बड़ी ख़तरनाक बात है। इसके कारण न-मालूम कितने लोग संन्यास का आनंद ले सकते हैं, वह नहीं ले पाते। वह कभी निर्णय ही नहीं कर पाते कि जीवन-भर के लिए। जीवन-भर का निर्णय बड़ी बात है, बड़ी मुश्किल बात है। फिर हक़दार भी नहीं हैं हम जीवन-भर के निर्णय के लिए।

तो मेरी दृष्टि है कि संन्यास सदा ही सावधिक हैं। आप कभी भी वापस लौट सकते हैं। कौन बाधा डालने वाला है? संन्यास आपने लिया था। संन्यास आप छोड़ते हैं। आपके अतिरिक्त इसमें कोई और निर्णायक नहीं है। आप ही 'डिसीसिव' हैं, आपका ही निर्णय है। इसमें दूसरे की न कोई स्वीकृति, न दूसरे का कोई संबंध है। संन्यास निजता है, मेरा निर्णय है। मैं आज लेता हूँ, कल वापस लौटता हूँ। न तो लेते वक़्त आपकी अपेक्षा है कि आप सम्मान करें, न छोड़ते वक़्त आपसे अपेक्षा है कि आप इसके लिए निंदा करें। आपका कोई संबंध नहीं है।

संन्यास को बड़ा गंभीर मामला बनाया हुआ था, इसलिए वह सिर्फ़ रुग्ण और गंभीर लोग ही ले पाते थे। संन्यास को बहुत ग़ैर-गंभीर, खेल की घटना बनाना ज़रूरी है। आपकी मौज़ है, संन्यास ले लिया है। आपकी मौज़ है, आप कल लौट जाते हैं। नहीं मौज़ है, नहीं लौटते हैं, जीवन-भर रह जाते

हैं, वह आपकी मौज़ है। इससे किसी का कोई लेना-देना नहीं है। फिर इसके साथ, यह भी मेरा ख़याल है कि अगर संन्यास की ऐसी दृष्टि फैलायी जा सके, तो कोई भी आदमी जो वर्ष में एकाध-दो महीने के लिए संन्यास ले सकता है वह एकाध-दो महीने के लिए ले ले। ज़रूरी क्या है कि वह दस-बारह महीने के लिए ले। वह दो महीने के लिए संन्यासी हो जाए, दो महीने संन्यास की ज़िंदगी को जिए, दो महीने के बाद वापस लौट जाए। यह बड़ी अद्भुत बात होगी।

एक फ़क़ीर हुआ। उस फ़क़ीर के पास एक सम्राट् गया। सूफ़ी फ़क़ीर था। उस सम्राट ने कहा कि मुझे भी परमात्मा से मिला दो, मैं भी बड़ा प्यासा हूँ। उस फ़क़ीर ने कहा, तुम एक काम करो, कल सुबह आ जाओ, सम्राट् अगली सुबह आया। और उस फ़क़ीर ने कहा, अब तुम सात दिन यहीं रुको। यह भिक्षा का पात्र हाथ में लो और रोज़ गाँव में सात दिन तक भीख माँगकर लौट आना, यहाँ भोजन कर लेना, यहीं विश्राम कर लेना। सात दिन के बाद परमात्मा के संबंध में बात करेंगे।

सम्राट् बहुत मुश्किल में पड़ा। उसकी ही राजधानी थी वह। उसकी अपनी ही राजधानी में भिक्षा का पात्र लेकर भीख माँगना! उसने कहा कि अगर किसी दूसरे गाँव में चला जाऊँ? उस फ़क़ीर ने कहा, 'नहीं गाँव तो यही रहेगा। और अगर सात दिन भीख न माँग सको तो वापस लौट जाओ। फिर परमात्मा की बात मुझसे मत करना।' सम्राट् झिझका तो ज़रूर, लेकिन रुका। दूसरे दिन भीख माँगने गया बाज़ार में। सड़कों पर, द्वारों पर खड़े होकर उसने भीख माँगी। सात दिन उसने भीख माँगी।

सात दिन के बाद फ़क़ीर ने उसे बुलाया और कहा, 'अब पूछो।' उसने कहा, 'अब मुझे कुछ भी नहीं पूछना है। मैं तो सोच भी नहीं सकता था कि सात दिन तक भिक्षा का पात्र फैलाकर मुझे परमात्मा दिखायी पड़ जाएगा।' फ़क़ीर ने कहा, 'क्या हुआ तुम्हें?' उसने कहा, 'कुछ भी नहीं हुआ। सात दिन भीख माँगने में मेरा अहंकार गल गया और पिघल गया और बह गया। मैंने तो कभी सोचा ही नहीं था कि जो सम्राट् होकर नहीं पा सका, वह भिखारी होकर मिल सकता है और जिस क्षण विनम्रता का भीतर जन्म होता है, 'ह्यूमिलिटी' का, उसी क्षण द्वार खुल जाते हैं।'

अब यह अद्भुत अनुभव की बात होगी कि कोई आदमी वर्ष में

एक महीने के लिए, दो महीने के लिए संन्यासी हो जाए, फिर वापस लौट जाए अपनी दुनिया में। इस दो महीने में संन्यासी की ज़िंदगी के सारे अनुभव उसकी संपत्ति बन जाएँगे। वे उसके साथ चलने लगेंगे। और अगर एक आदमी चालीस-पचास साल, साठ साल की ज़िंदगी में दस-बीस बार थोड़े-थोड़े दिनों के लिए संन्यासी होता चला जाए तो फिर उसे संन्यासी होने की ज़रूरत न रह जाएगी, वह जहाँ है, वहीं धीरे-धीरे संन्यासी हो जाएगा। ऐसा भी मैं सोचता हूँ कि हर आदमी को मौक़ा मिलना चाहिए कि वह संन्यासी हो जाए।

और दो-चार बातें, फिर आपको कुछ इस संबंध में पूछना हो तो आप पूछ सकेंगे।

अब तक ज़मीन पर जितने संन्यासी रहे वह किसी धर्म के थे। इससे बहुत नुकसान हुआ है। संन्यासी भी और 'किसी धर्म का' होगा यह बात ही बेतुकी है। कम-से-कम 'सर्वधर्मान् परित्यज्य' वह तो कम-से-कम सब धर्म छोड़कर वह निपट धर्म का हो जाए। यह बड़े मज़े की बातें होंगी कि हम इस पृथ्वी पर एक ऐसे संन्यास को जन्म दे सकें, जो धर्म का संन्यास हो । किसी विशेष संप्रदाय का नहीं। वह संन्यासी मस्जिद में भी रुक सके, वह मंदिर में भी रुक सके, वह गुरुद्वारा में भी ठहर सके। उसके लिए कोई पराया न हो, सब अपने हो जाएँ।

साथ ही ध्यान रहे, अब तक संन्यास सदा ही गुरु से बँधा रहा है। कोई गुरु दीक्षा देता है। संन्यास कोई ऐसी चीज़ नहीं है, जिसे कोई दे सके। संन्यास ऐसी चीज़ है, जो लेनी पड़ती है, देता कोई भी नहीं। या कहना चाहिए कि परमात्मा के सिवा और कौन दे सकता है संन्यास? अगर मेरे पास कोई आता है और कहता है कि मुझे दीक्षा दे दें, तो मैं कहता हूँ कि कैसे दीक्षा दे सकता हूँ, मैं सिर्फ़ गवाह हो सकता हूँ, 'विटनेस' हो सकता हूँ। दीक्षा तो परमात्मा से ले लो, दीक्षा तो परम सत्ता से ले लो, मैं गवाह भर हो सकता हूँ, एक 'विटनेस' हो सकता हूँ कि मैं मौजूद था, मेरे सामने यह घटना घटी। इससे ज़्यादा कोई अर्थ नहीं होता। गुरु से बँधा हुआ संन्यास सांप्रदायिक हो ही जाएगा। गुरु से बँधा हुआ संन्यास मुक्ति नहीं ला सकता, बँधन ले आएगा। फिर यह संन्यासी करेगा क्या?

ये संन्यासी तीन प्रकार के हो सकते हैं। एक वे जिन्होंने सावधिक

संन्यास लिया है, जो एक अवधि के लिए संन्यास लेकर आए हैं, जो दो महीने, तीन महीने संन्यासी होंगे साधना करेंगे, एकांत में रह सकते हैं, फिर वापस ज़िंदगी में लौट जाएँगे। दूसरे वे संन्यासी हो सकते हैं, जो जहाँ हैं, वहाँ से इंच-भर नहीं हटते, क्षण-भर के लिए नहीं हटते, वहीं संन्यासी हो जाते हैं। और वहीं अभिनय और साक्षी का जीवन शुरू कर देते हैं। तीसरे वे संन्यासी होंगे, जो संन्यास के आनंद में इतने डूब जाते हैं कि न तो लौटने का उन्हें सवाल उठता, न ही उनके ऊपर कोई जिम्मेवारी है ऐसी जिसकी वजह से उन्हें किसी घर में बँधा हुआ रहना पड़े, न उन पर कोई निर्भर है, न उनके यहाँ-वहाँ हट जाने से कहीं भी कोई पीड़ा और कहीं भी कोई दुःख और कहीं भी कोई अड़चन आती है, ऐसा जो तीसरा वर्ग होगा संन्यासियों का, यह तीसरा वर्ग ध्यान में जिए, ध्यान की ख़बरें ले जाए, ध्यान को लोगों तक पहुँचाए।

मुझे ऐसा लगता है कि इस समय पृथ्वी पर जितनी ध्यान की ज़रूरत है, उतनी और किसी चीज़ की ज़रूरत नहीं हैं। और अगर हम पृथ्वी के एक बड़े मनुष्यता के हिस्से को ध्यान में लीन नहीं कर सके, तो शायद आदमी समाप्त हो सकता है। इतना मानसिक रोग है, इतने पागलपन हैं, इतनी विक्षिप्तता है, इतनी राजनीतिक बीमारियाँ हैं कि उन सबके बीच आदमी बचेगा इसकी उम्मीद रोज़ कम होती जाती है। अगर इस बीच एक बड़े व्यापक पैमाने पर लाखों लोग ध्यान में नहीं डूब जाते, तो शायद हम मनुष्य को नहीं बचा सकेंगे और या हो सकता है, मनुष्य बच भी जाए तो सिर्फ़ यंत्र की भाँति बचे, उसकी मनुष्यता का जो भी श्रेष्ठ है, वह सब खो जाएगा।

इसलिए एक ऐसा वर्ग भी चाहिए युवकों का, युवतियों का, जिन पर कोई जिम्मेवारी न हो अभी, या वृद्धों का, जो जिम्मेवारी के बाहर जा चुके हों, जिनकी जिम्मेवारी समाप्त हो गयी हो, जो जिम्मेवारी पूरी कर चुके हों। उन युवकों का, जिन्होंने अभी जिम्मेवारी नहीं ली है, उन वृद्धों का जिनकी जिम्मेवारी जा चुकी है—इनका एक वर्ग चाहिए, जो विराट् पैमाने पर पृथ्वी को ध्यान में डुबाने में संलग्न हो जाए।

जिस ध्यान के प्रयोग की मैं बात कर रहा हूँ, वह इतना आसान है, इतना वैज्ञानिक है कि अगर सौ लोग करें, तो सत्तर प्रतिशत लोगों को तो

होगा ही। सिर्फ़ शर्त करने की है और किसी पात्रता की कोई अपेक्षा नहीं है। सत्तर प्रतिशत लोगों को तो परिणाम होंगे ही। फिर जिस ध्यान की मैं बात कर रहा हूँ, उसके लिए किसी धर्म की कोई पूर्व अपेक्षा नहीं है। किसी शास्त्र की कोई पूर्व अपेक्षा नहीं है, किसी श्रद्धा और किसी विश्वास की पूर्व अपेक्षा नहीं है। सीधे, जैसे आप हैं, वैसे ही उस ध्यान में आप उतर सकते हैं। वह सीधा वैज्ञानिक प्रयोग है। आपसे यह भी अपेक्षा नहीं है कि आप श्रद्धा रखकर उतरें, उतनी ही अपेक्षा है कि एक 'हाईपोथेटिकल', जैसा एक वैज्ञानिक प्रयोग करता है, यह जानने के लिए कि देखें होता या नहीं, इतना ही प्रयोग का भाव लेकर ,अगर आप ध्यान में उतरें तो भी हो जाएगा।

और मुझे ऐसा लगता है कि एक 'चेन रिएक्शन', एक शृंखलाबद्ध ध्यान की प्रक्रिया सारी पृथ्वी पर फैलायी जा सकती है। और अगर एक व्यक्ति ध्यान को सीख ले और तय कर ले कि सात दिन न बीत पाएँगे तब तक वह एक व्यक्ति को कम-से-कम ध्यान सिखाएगा, तो हम दस वर्ष में इस पूरी पृथ्वी को ध्यान में डुबा दें। इससे ज़्यादा बड़े श्रम की ज़रूरत नहीं है।

और मनुष्य के जीवन में जो भी श्रेष्ठ खो गया है, वह सब वापस लौट सकता है। और कोई कारण नहीं है कि कृष्ण फिर पैदा क्यों न हों, क्राइस्ट फिर क्यों न दिखायी पड़ें, बुद्ध फिर क्यों न हमारे पास हमारे निकट मौजूद हो जाएँ। वही बुद्ध नहीं लौटेंगे, वही कृष्ण नहीं लौटेंगे, हमारे भीतर सारी क्षमताएँ हैं, वह फिर प्रकट हो सकते हैं। इसलिए मैंने गवाह होने का तय किया है।

इन तीन वर्गों में जो मित्र भी जाना चाहेंगे, उनके लिए मैं गवाह रहूँगा। उनका गुरु नहीं रहूँगा। संन्यास उनका और परमात्मा के बीच का संबंध होगा। कोई उत्सव नहीं किया जाएगा संन्यास देने के लिए, नहीं तो फिर छोड़ते वक़्त भी उलटा उत्सव करना पड़ता है।

इसे कोई गंभीर बात नहीं समझा जाएगा, यह कोई 'सीरियस अफेयर' नहीं है। इसके लिए इतना परेशान और इतना चिंतित होने की ज़रूरत नहीं है। यह बड़ी सहज बात है। एक आदमी सुबह उठता है और उसके मन में आता है कि वह संन्यासी हो जाए, वह हो जाए। कठिनाई इसलिए नहीं है, 'कमिटमेंट' कोई 'लाइफ लांग' नहीं है, यह कोई

ज़िंदगी-भर की बात नहीं है कि उसने तय कर लिया है तो अब ज़िंदगी-भर उसे संन्यासी रहना है। अगर कल सुबह उसे लगता है कि नहीं, वापस लौटना है, तो वह वापस लौट जाए। इसमें किसी दूसरे का लेना-देना नहीं है।

ये थोड़ी-सी बातें मैंने कहीं। इस संबंध में कुछ भी आपको सवाल हों, तो वह थोड़े-से सवाल पूछ लें तो उनकी बात हो जाएगी।

'भगवे कपड़े पहनने का क्या मतलब होता है?'

कपड़े पहनने से कोई संन्यासी नहीं होता, लेकिन संन्यासी भी अपने ढंग के कपड़े पहनता है। कपड़े पहनने से कोई संन्यासी नहीं होता, लेकिन संन्यासी के अपने कपड़े हो सकते हैं। कपड़े बड़ी साधारण चीज़ हैं, लेकिन एकदम व्यर्थ चीज़ नहीं हैं।

आप क्या पहनते हैं, इसके बहुत-से अर्थ हैं। आप क्यों पहनते हैं, इसके भी बहुत-से अर्थ हैं। एक आदमी ढीले-ढाले कपड़े पहनता है। ढीले-ढाले कपड़े पहनने से कुछ फ़र्क़ नहीं पड़ता, लेकिन एक आदमी ढीले-ढाले कपड़े क्यों चुनता है? और एक आदमी चुस्त कपड़े क्यों चुनता है? ये उस आदमी के सूचक होते हैं। अगर आदमी बहुत शांत है तो चुस्त कपड़े पसंद नहीं करेगा। चुस्त कपड़ों की पसंदगी इस बात की ख़बर देती है कि आदमी झगड़ालू हो सकता है, अशांत हो सकता है, उपद्रवी हो सकता है, कामुक हो सकता है। लड़ने के लिए ढीले कपड़े ठीक नहीं पड़ते। इसलिए सैनिक को हम ढीले कपड़े नहीं पहना सकते। सिर्फ़ साधु को पहना सकते हैं। सैनिक को चुस्त कपड़े ही पहनने चाहिए—काम चुस्त कपड़े का है। जहाँ वह जा रहा है, वहाँ कपड़े इतने कसे होने चाहिए कि उसे पूरे वक़्त लगता रहे कि वह अपने शरीर के बाहर छलाँग लगा सकता है। पूरे वक़्त लगता रहे कि वह जब चाहे शरीर के बाहर कूद सकता हो। कपड़े इतने चुस्त होने चाहिए। ये कपड़े उसे लड़ने में सहयोगी हो जाते हैं। गैरिक वस्त्रों का भी उपयोग है। ऐसा नहीं कि गैरिक वस्त्रों के बिना कोई संन्यासी नहीं हो सकता। लेकिन गैरिक वस्त्रों का उपयोग है। और जिन्होंने वह खोजे थे, उनके पीछे बहुत कारण थे।

पहला कारण यह था। कभी छोटे-मोटे हम तो प्रयोग भी नहीं करते, इसलिए बड़ी कठिनाई होती है। सात रंगों की सात बोतलें ले लें और उनमें एक ही नदी का पानी भर दें। और सातों को सूरज की रोशनी में टाँग दें और आप बड़े हैरान हो जाएँगे। सात रंगों के काँच सात रंग के पानी पैदा कर देते हैं उन बोतलों में। पीले रंग की बोतल का पानी जल्दी सड़ जाएगा। ज़्यादा देर स्वच्छ नहीं रह सकता। लाल रंग की बोतल का पानी महीने भर तक स्वच्छ रह जाएगा, सड़ेगा नहीं। आप कहेंगे, क्या किया बोतल ने? काँच का रंग किरणों के आने-जाने में फ़र्क़ डाल रहा है। पीले रंग की बोतल पर और तरह की किरणें भीतर प्रवेश कर रही हैं लाल रंग की बोतल पर और तरह की किरणें प्रवेश कर रही हैं। नीले रंग की बोतल पर और तरह की किरणें प्रवेश कर रही हैं। वह जो भीतर पानी है, वह उन किरणों को पी रहा है, वह उसका आहार बन रहा है।

हज़ारों साल के लंबे प्रयोग के बाद, जिन लोगों ने संन्यास पर बहुत प्रयोग किए, उन्होंने बहुत तरह के कपड़ों में गैरिक वस्त्र को चुना था। कई अनुभव हैं उसके पीछे। एक तो बहुत अद्‌भुत अनुभव यह है—जो लोग 'फिज़िक्स' को थोड़ा समझते हैं, उनके ख़याल में होगा—कि जिस रंग का कपड़ा होता है, उस रंग की किरण हमसे वापस लौट जाती है। आमतौर से हम उल्टा समझते हैं। आमतौर से हम समझते हैं कि जो कपड़ा लाल है, वह लाल होगा। असलियत यह नहीं है। असलियत उल्टी है।

सूरज की किरणों में सात रंग होते हैं। और जब सूरज की किरण किसी चीज़ पर पड़ती हैं, अगर आपको लाल कपड़ा दिखायी पड़ रहा है तो उसका मतलब यह है कि सूरज की किरणों के छः रंग तो कपड़ा पी गया, केवल लाल रंग को उसने वापस लौटा दिया। आपको वही रंग दिखायी पड़ता है, जो चीज़ें वापस लौटा देती हैं। नीले रंग की चीज़ का मतलब है, नीले रंग की किरण वापस लौट गयी। उसे उस चीज़ ने 'एब्जार्व' नहीं किया, उसने पिआ नहीं। वह वापस छोड़ दी गयी। वह किरण लौटकर आपकी आँख में पड़ती है, इसलिए वह आपको चीज़ नीली दिखायी पड़ती है। और मज़े की बात यह है कि वह चीज़ नीले रंग को पीती ही नहीं। वह उसको छोड़ देती है। जिस रंग का कपड़ा आप पहन रहे हैं, उस रंग की किरण आपके भीतर प्रवेश नहीं करेगी।

गैरिक वस्त्र बहुत सोचकर चुने गए। लाल रंग की किरण मनुष्य के चित्त में बहुत तरह की कामुकताओं को जन्म देती है। बहुत 'वाइटल' है। लाल रंग की जो किरण है, वह शरीर के भीतर प्रवेश करके मनुष्य की 'सैक्सुआलिटी' को उभारती है। इसलिंए गर्म मुल्क के लोग ज़्यादा कामुक होते हैं। जितना गर्म मुल्क होगा, उतने लोग ज़्यादा कामुक होंगे। इसलिए आप हैरान होंगे यह. जानकर कि कामसूत्र के मुक़ाबले की कोई किताब ठंडे मुल्कों में पैदा नहीं हुई। 'अरेबियन नाइट्स' जैसी कोई किताब ठंडे मुल्कों में पैदा नहीं हुई। गर्म मुल्क बहुत कामुक होते हैं। सूरज की तपती हुई तेज़ किरणें हैं, वह सब शरीर में प्रवेश कर जाती हैं।

संन्यास पर जो लोग बहुत तरह के प्रयोग कर रहे थे–हज़ारों दिशाओं में, उनको यह भी ख़याल आया कि अगर लाल किरणें शरीर से वापस लौटायी जा सकें तो वे कामुकता को शांत करती हैं। इसलिए गैरिक वस्त्र चुना गया। ठेठ लाल भी चुना जा सकता था, लेकिन थोड़ा-सा फ़र्क़ किया गया। ठेठ लाल नहीं चुना। उसमें एक बड़ी अद्‌भुत बात है। लाल चुना जा सकता था, बिलकुल लाल रंग और भी अच्छा होता–वह लाल किरण को बिलकुल ही वापस कर देता। लेकिन अगर लाल किरण बिलकुल वापस हो जाए तो शरीर के स्वास्थ्य को नुकसान पहुँचना शुरू हो जाता है। वह थोड़ी-सी तो जानी चाहिए।

और भी एक कारण है कि अगर लाल किरण मेरे कपड़े से पूरी तरह वापस लौटे तो जिसकी भी आँख पर पड़ती है, उसको भी नुकसान पहुँचाती है। अब बड़े मज़े की बात है कि संन्यासी ने इसकी भी चिंता की कि उसके कपड़े से किसी को नुकसान भी न पहुँच जाए। आप लाल रंग का कपड़ा ज़रा बैल के सामने कर दें–कभी की है आपने कोशिश?–तो आपको पता चलेगा कि बैल भी रंगों को समझता है। बैल भी भिड़कता है लाल रंग के कपड़े देखकर। उसकी आँख पर लाल रंग की चोट गहरी पड़ती है।

आप जानकर हैरान होंगे कि जो लोग कलर 'साइकोलॉजी' पर, रंग के मनसशास्त्र पर काम करते हैं, उनके बड़े अद्‌भुत अनुभव हैं। आज तो पश्चिम में रंग पर बहुत काम चलता है, क्योंकि रंग के बहुत उपयोग उनके ख़याल में आ गए हैं। अभी एक बड़े दुकानदार ने, एक सुपर स्टोर के

मालिक ने अमेरिका में एक 'रिसर्च' करवायी कि हम अपनी चीज़ें जिन डिब्बों में रखते हैं, उन पर हम किस तरह के रंग लगाएँ कि बिक्री पर उसका असर पड़े। तो बड़ी हैरानी की बात हुई। बड़ी हैरानी की बात हुई कि जो स्त्रियाँ ख़रीदने आती हैं उस सुपर स्टोर में, उन पर 'रिसर्च' चलती रहती है पूरे वक़्त कि जितनी स्त्रियाँ वहाँ आती हैं, पूरे वक़्त 'रिकार्ड' किया जाता है कि उनकी आँखें सबसे ज़्यादा किस रंग के डिब्बे को पकड़ती हैं। तो यह पाया गया कि वही डिब्बा अगर पीले रंग में पोता जाए तो बीस प्रतिशत बिक्री होती है। और वही डिब्बा अगर लाल रंग में पोत दिया जाए तो अस्सी प्रतिशत बिक्री हो जाती है। डिब्बा वही, चीज़ वही, नाम वही, सिर्फ़ रंग डिब्बे का बदल दिया जाए। लाल रंग स्त्रियों की आँख को बहुत ज़ोर से पकड़ लेता है। इसलिए सारी दुनिया में स्त्रियों ने लाल रंग के कपड़े सबसे ज़्यादा पहने हैं।

लाल रंग न रखने के भी कारण हैं। लाल रंग से थोड़ा-सा 'शेड' हटाया है, गैरिक किया है। यह जो गैरिक, यह जो 'ऑकर कलर' है, इसमें लाल के सारे फ़ायदे हैं और लाल का कोई भी नुकसान नहीं है। एक तो कामुकता को यह बहुत क्षीण करता है भीतर। और दूसरी बात–बहुत-सी बातें हैं, सारी बात तो नहीं कह सकूँगा, क्योंकि वह बहुत लंबा मामला है। अगर रंग की सारी बात समझनी हो तो बहुत लंबी बात है। लेकिन थोड़ी-सी बातें ख़याल में ली जा सकती हैं–गैरिक रंग सूर्य के उगने का रंग है। जब सुबह सूर्य उग रहा होता है, बस फूट रही है पौ, सूरज निकलना शुरू हुआ है–उस वक़्त का रंग है। ध्यान में भी जब प्रवेश शुरू होता है, तो जो पहले प्रकाश का रंग होता है, वह गैरिक है। और जो प्रकाश का अंतिम अनुभव होता है, वह नीला है। गैरिक रंग का अनुभव शुरू होता है भीतर प्रकाश में और नीले पर अंत होता है, नीले रंग पर पूरा हो जाता है।

ध्यान के पहले चरण की सूचना उस रंग में है। और जब संन्यासी ध्यान में प्रवेश करता है, तो उसे वह रंग दिखायी पड़ना शुरू होते हैं। और अगर वह दिन-भर भी, खुली आँख में भी उस रंग को बार-बार देख लेता है, तब 'रिमेंबरिंग' वापस लौट जाती है। और दोनों के बीच एक 'एसोसिएशन' हो जाता है, एक अंतर्संबंध हो जाता है। जब भी वह अपने गैरिक वस्त्र को देखता है, तभी उसे ध्यान का स्मरण आता है। वह दिन में पच्चीसों दफ़ा

अकारण उसको ध्यान का स्मरण आ जाता है और वह वापस डूब जाता है।

आप बाज़ार जाते हैं, कोई चीज़ लानी है ख़रीदकर, आप कपड़े में गाँठ लगा लेते हैं। गाँठ से चीज़ लाने का कोई संबंध है? कोई भी तो संबंध नहीं है। लेकिन बाज़ार में अचानक गाँठ की ख़याल आती है और फौरन याद आ जाता है कि फलानी चीज़ ले आनी है। गाँठ से 'एसोसिएशन' हो गया। गाँठ से एक 'कंडीशनिंग' हो गयी।

पावलव ने एक प्रयोग किया था। पावलव एक कुत्ते के सामने रोटी रखता है। साथ में घंटी बजाता है। रोटी देखकर कुत्ते के मुँह से लार टपकती है। फिर पंद्रह दिन बाद रोटी देना बंद कर देता है, सिर्फ़ घंटी बजाता है। लेकिन घंटी सुनकर भी कुत्ते के मुँह से लार टपकने लगती है। क्या हो गया इस कुत्ते को? घंटी और रोटी में एक अंतर्संबंध, एक 'एसोसिएशन' हो गया। एक 'कंडीशन रिफलेक्स' पैदा हो गया। अब कुत्ते को घंटी का बजना तत्काल रोटी की याद बन जाती है। हम पूरी ज़िंदगी इसी तरह जी रहे हैं। हम पूरी ज़िंदगी इसी तरह कर रहे हैं। लेकिन हमने सब तरह के ग़लत 'कंडीशन रिफलेक्स' पैदा किए हुए हैं।

ध्यान के पहले रंग का जो अनुभव है, वह अगर संन्यासी को दिन में पच्चीस-पचास दफ़े, सौ बार याद आ जाए—जब भी वह उठे, जब भी वह बैठे, जहाँ भी वह सोए, जब भी वह स्नान करने जाए, जब भी वह कपड़े उतारे, जब भी कपड़े निकाले, तो बार-बार उसे ध्यान की सुध लौट आए। वह गाँठ हो गयी उसके पास, जो उसके काम पड़ जाती है। लेकिन इसका यह मतलब नहीं है कि कोई गैरिक वस्त्र पहने बिना संन्यासी नहीं हो सकता। संन्यास इतनी बड़ी चीज़ है कि वस्त्रों से उसे बाँधा नहीं जा सकता। लेकिन, वस्त्र एकदम व्यर्थ नहीं हैं। उनकी अपनी अर्थवत्ता है। इसलिए मैं पसंद करूँगा कि सारी पृथ्वी पर लाखों लोग गैरिक वस्त्रों में दिखायी पड़ें।

‘ भगवान्‌श्री, साधक और संन्यासी में क्या फ़र्क़ है? और क्या बिना संन्यासी हुए कोई साधक नहीं हो सकता? ’

संन्यासी हुए बिना तो कोई साधक नहीं हो सकता। साधक का

मतलब संन्यास को साधना है। संन्यास साधना है, और क्या साधक करेगा? उसे जगत् में धीरे-धीरे समस्त सुख-दुःखों के पार होकर आनंद को उपलब्ध होना है। उसे कर्त्ता के पार होकर साक्षी को उपलब्ध होना है, उसे अहंकार के पार होकर शून्य को उपलब्ध होना है, उसे पदार्थ के पार होकर परमात्मा को उपलब्ध होना है। इन सबका इकट्ठा नाम संन्यास है। साधक का मतलब है, संन्यास शुरू कर रहा है। सिद्ध का मतलब है, संन्यास पूरा हो गया। साधक का मतलब है, संन्यास शुरू हुआ, सिद्ध का मतलब है, संन्यास पूरा हो गया। दोनों के बीच में जो यात्रा है वह संन्यास की यात्रा है। संन्यास के लिए ही तो साधना है।

तो साधक का अर्थ ही यह है कि वह संन्यास की खोज में निकला है। लेकिन मेरे संन्यास का मतलब ख़याल में रखना आप। मेरा संन्यास उपलब्धि का है, पाने का है, रोज़ विराट्, रोज़ विराट् को पाते चले जाना है।

‘आपके संन्यासी की दिनचर्या क्या होगी?’

‘संन्यासी’ की दिनचर्या क्या होगी। ‘मेरे संन्यासी’ की नहीं, क्योंकि कोई ‘मेरा संन्यासी’ कैसे होगा। संन्यासी की दिनचर्या की बात करें। असल में दिनचर्या जब भी हम बनाते हैं, तभी नुकसान पहुँच जाता है। एक झेन फ़क़ीर से किसी ने पूछा कि फ़क़ीर आपकी दिनचर्या क्या है? उसने कहा, जब मुझे नींद आती है, तब मैं सो जाता हूँ और मेरी नींद खुलती है, तब मैं उठ आता हूँ। और जब मुझे भूख लगती है तब मैं खाना खा लेता हूँ। और जब मुझे भूख नहीं लगती है तो मैं खाना बिलकुल नहीं खाता।

ठीक कही है उसने बात। संन्यासी का मतलब यह है कि जो थोप नहीं रहा है कुछ, जीवन को सहजता में ले जा रहा है। हम सब बड़े अजीब लोग हैं। जब नींद आती है, तब हम रोकते हैं, जब नहीं आती होती है, तब हम करवट बदलकर सोने का मंत्र पढ़ते हैं। जब भूख नहीं होती, तब खा लेते हैं, जब भूख होती है, तब रुके रहते हैं, क्योंकि अभी समय नहीं हुआ। हम पूरी ज़िंदगी को अस्त-व्यस्त कर देते हैं। और शरीर की जो अपनी एक अंतर्व्यवस्था है, उसको नष्ट कर देते हैं।

संन्यासी का मतलब है कि वह जो ‘विजडॅम ऑफ दॅ बॉडी’ है, जो शरीर की अपनी अंतर्प्रज्ञा है, उसके अनुसार जिएगा। वह सोएगा, जब उसे

नींद आ जाती है। जागेगा, जब नींद खुल जाती है। ब्रह्ममुहूर्त में नहीं उठेगा, जब नींद खुलती है उसको ब्रह्ममुहूर्त कहेगा। वह कहेगा जब भगवान् उठा देता है, तब मैं उसे ब्रह्ममुहूर्त कहता हूँ। ऐसा सहज होगा। इसलिए मैं कोई चर्या नहीं बता सकता। और फिर जब भी चर्या तय की जाती है, तभी कठिनाइयाँ शुरू होती हैं, क्योंकि तय मैं अपने हिसाब से करूँगा। और मेरा हिसाब आपका हिसाब नहीं हो सकता। अगर मैं कहूँ, तीन बजे रात उठना है, तो हो सकता है मुझे तीन बजे रात उठना आनंदपूर्ण पड़ता हो और आपके लिए बीमारी का कारण हो जाए। हर आदमी के शरीर की अपनी व्यवस्था है, अब हमको ख़याल में नहीं होता।

आमतौर से लोग मुझे कहते हैं कि आजकल की स्त्रियाँ बहुत अलाल हो गयी हैं, पति को उठकर चाय बनानी पड़ती है, पत्नी सोयी रहती है। लेकिन आपको पता नहीं है, यह बिलकुल उचित है। स्त्रियों के उठने की जो अंतर्व्यवस्था है, वह पुरुषों से दो घंटा पिछड़ी हुई है, पीछे है। अगर पुरुष पाँच बजे उठ सकता है, तो स्त्री सात बजे उठ सकती है। इस पर बहुत काम हुआ है। 'रिसर्च' इस लीक पर जो चलती है सारी दुनिया में, उससे बड़ी हैरानी के अनुभव हुए हैं। वह अनुभव यह है कि चौबीस घंटे में दो घंटे के लिए आदमी के शरीर का तापमान नीचे गिर जाता है। सबके शरीर का। आपको अक्सर ख़याल हुआ होगा कि सुबह चार बजे के क़रीब सर्दी लगने लगती है। वह सर्दी बढ़ने के कारण नहीं लगती, आपके शरीर का तापमान गिर गया होता है। दो घंटे के लिए चौबीस घंटे में हर आदमी के शरीर का तापमान गिरता है। और वे जो दो घंटे हैं, सबके अलग-अलग हैं। किसी का दो बजे से चार बजे के बीच गिरता है, रात में। किसी का तीन से पाँच के बीच गिरता है, किसी का पाँच से सात के बीच गिरता है। वे जो दो घंटे हैं, वही गहरी नींद के घंटे हें, जिस आदमी को वह दो घंटे नींद के नहीं मिले, वह दिन-भर परेशान रहेगा। लेकिन वह सबके अलग-अलग हैं।

कोई दस हज़ार लोगों पर अमेरिका में पिछले पाँच वर्षों में नींद पर प्रयोग किए गए हैं। और यह पाया गया है कि वह समय हर आदमी का अलग है। इसलिए अब कोई निश्चय नहीं किया जा सकता है कि आप कब उठें? आप पर ही छोड़ा जाएगा कि आप उठकर सब तरह से देख लें कुछ

दिन प्रयोग करके और जिसमें आप दिन-भर ताज़े रहते हों, वह क्षण आपके उठने का है। और जिसमें आप रात-भर गहरे सोते हों, वही क्षण आपके सोने का है।

न समय की लंबाई तय की जा सकती है। कोई आदमी पाँच घंटे में पूरी नींद ले सकता है, कोई सात घंटे में, किसी को आठ घंटे भी लग सकते हैं कोई तीन घंटे में भी कर सकता है। लेकिन जो आदमी तीन घंटे में कर लेता है, वह ख़तरनाक हो जाता है। वह दूसरों को कहता है, अलाल हो, तामसी हो। पागल हो गए हो? वह तीन घंटे में सो लिया, इसलिए वह बड़े अहंकार से भर जाता है। वह सोचता है कि हम कोई बड़ा सात्त्विक कार्य कर रहे हैं। बाक़ी लोग जो छः घंटे सो रहे हैं, तामसी हैं। वह उनकी तरफ़ निंदा के भाव से देखना शुरू कर देता है। और अगर उसको किताब वग़ैरह लिखना आता हो, तब तो बहुत ख़तरा हो जाता है। वह नियम बना जाता है। वह नियम बना देता है सख़्ती से कि तीन बजे रात उठना, नहीं तो नरक में जाओगे। तीन बजे आप उठे कि आप नरक में जाने के पहले नरक में चले जाओगे।

कितना खाना, क्या खाना, क्या पहनना, कैसे पहनना, कैसे सोना, इस सबकी बहुत ही सामान्य चर्चा की जा सकती है, चर्या नहीं बनायी जा सकती। चर्या तो आपको अपनी सदा तय करनी पड़ती है। 'इनडिवीजुअल टु इनडिवीजुअल'—एक-एक व्यक्ति को अपनी ही तय करनी पड़ती है। अपनी ही तय करनी चाहिए भी। इतनी तो स्वतंत्रता कम-से-कम रखिए? संसारी नहीं रख पाता, संन्यासी तो रख सकता है। संन्यासी को तो रखनी ही चाहिए। उसको तो सख़्ती से रखनी चाहिए कि उसके लिए जो सुखद है, जो शांतिपूर्ण है, जो आनंदपूर्ण है, वह वैसे जिएगा। एक ही बात ध्यान में रखने की है कि उसके कारण किसी को दुःख, पीड़ा परेशानी न हो—किसी को भी। ऐसे जिएगा। इतनी चर्या उसके लिए पर्याप्त होगी। यह विस्तार में मुझे आपसे बात करनी पड़े क्योंकि सामान्य बात की जा सकती है—क्या खाना है, क्या नहीं खाना, लेकिन सख़्त नहीं हुआ जा सकता।

अब हम देखते हैं कि आदमी सिगरेट पी रहा है। अब सारी दुनिया उसके ख़िलाफ़ है, लेकिन यह पिए चला जा रहा है। डॉक्टर उसको समझा रहे हैं कि तुम बीमार हो जाओगे। वह कहता है कि मानता हूँ, बिलकुल सच

जँचता है, लेकिन नहीं छूट सकती। क्या मामला है? कहीं ऐसा तो नहीं है कि सिगरेट उसके लिए कोई बहुत ज़रूरी हिस्सा पूरा करती हो? करती है। मैक्सिको में इधर एक अन्वेषणकार्य चलता था, तो पाया गया कि जो लोग सिगरेट पीने में बड़े पागल हो जाते हैं, इनके शरीर में 'निकोटिन' की कमी होती है। उनको 'निकोटिन' किसी-न-किसी तरह पूरा करना पड़ता है। वह चाहे सिगरेट से पूरा करें, चाहे चाय से पूरा करें, चाहे कॉफ़ी से, चाहे कोको से, चाहे तंबाकू खाएँ, इस सबमें 'निकोटिन' है। वह कहीं-न-कहीं से 'निकोटिन' पूरा करेंगे। मगर बिचारे बड़े फँस जाएँगे। और अनैतिक हो जाएँगे।

अब एक आदमी धुआँ भीतर ले जाता है, बाहर निकलता है, इनमें कोई अनीति का काम नहीं कर रहा है। कर रहा है तो ज़्यादा-से-ज़्यादा नासमझी का काम कर रहा है। अनीति का नहीं कर रहा है। धुआँ भीतर ले जाने और बाहर निकालने में कौन-सी अनीति है? हाँ, दूसरे की नाक पर न छोड़ता हो, तो काफ़ी है। दूसरे से पूछ लेता हो कि आप आज्ञा देते हैं कि मैं ज़रा धुआँ बाहर-भीतर कर सकूँ? यह आदमी धुआँ बाहर-भीतर करता है, इसमें अनीति किसी के साथ कुछ करता नहीं। एक 'इनोसेंट नॉनसेन्स' करता है। एक निर्दोष बेवकूफ़ी करता है। धुआँ भीतर ले जाता है, बाहर ले जाता है। लेकिन हो सकता है कि इसकी ज़रूरत हो। अच्छा तो यह हो कि यह जाकर समझे-बूझे।

लेकिन शरीर के बाबत भी हमारी जानकारी बहुत कम है। इतना चिकित्साशास्त्र विकसित हुआ, फिर भी जानकारी बहुत कम है। अभी भी हम शरीर के पूरे रहस्यों को नहीं समझ पाए हैं कि शरीर की क्या माँग है, क्या ज़रूरत है, क्या मुसीबत है, क्या कठिनाई है। लेकिन शरीर अनजाने रास्तों से हमें पकड़कर अपनी ज़रूरत पूरी करवाता है। वह कहता है कि सिगरेट पिओ, वह कहता है तंबाकू खाओ। फिर जब पकड़ लेता है तो उसकी तृप्ति होने लगती है, फिर वह छोड़ता नहीं। ऐसा नहीं है कि जो लोग पीते हैं, सभी के भीतर 'निकोटिन' की कमी होगी। दस में से नौ तो दूसरे को देखकर पीते हैं। और जब देखकर पीने लगते हैं तो फिर एक तरह की आदत, एक तरह की 'मेकेनिकल हैबिट' पकड़नी शुरू हो जाती है, फिर वे पीते जाते हैं। फिर न पिएँ तो मुसीबत होने लगती है।

लेकिन कुछ भी बात तय नहीं की जा सकती ऊपर से। और निश्चित रूप से सबके लिए कोई एक योजना नहीं बनायी जा सकती कि आदमी ऐसा उठे, ऐसा बैठे, ऐसा सोए, ऐसा खाए-पिए। हाँ, कुछ मोटी बातें कही जा सकती हैं। जो भी करे, जाग्रत, जो भी करे, होशपूर्वक करे। जो भी करे, अपने सुख और दूसरे का सुख ध्यान रखकर करे। जो भी करे, उससे स्वास्थ्य, शांति और आनंद बढ़ता हो, उस दिशा में करे–घटता हो, उस दिशा में न करे। जो भी खाए-पिए, वह बोझ न बन जाता हो, हलका करता हो, स्वस्थ करता हो, ताज़ा करता हो। जो भी खाए-पिए उससे अकारण, अनावश्यक हिंसा न होती हो, अनावश्यक-अकारण किसी को चोट, दुःख, पीड़ा न होती हो। जो भी भोजन में ले, उसमें स्वास्थ्य का ध्यान महत्त्वपूर्ण हो। स्वाद लेने की कला सीखे। स्वाद वस्तुओं पर कम निर्भर रह जाए, भोजन करने की कला पर ज़्यादा निर्भर हो जाए, ऐसी मोटी बातें की जा सकती हैं। और इन मोटी बातों के आधार पर अपने व्यक्तित्व को देखकर निर्णय लेने चाहिए।

न किसी और की कोई 'डिसिप्लिन' है, न कोई अनुशासन है। प्रत्येक व्यक्ति आत्मनियंता है और संन्यास का तो मतलब यह है कि हम निर्णय का अधिकार घोषित करते हैं कि अब हम अपने को अपने ही ढंग से निर्धारित करेंगे। आप कहेंगे, इसमें कोई ग़लती करे। करे तो ग़लती का दुःख भोगेगा। इसमें आपको परेशान होने की ज़रूरत नहीं। ग़लती करे, तो जैसी ग़लती कोई करता है उसका दुःख पाता है, पाएगा। ठीक करेगा, सुख पाएगा। दूसरे ग़लती न करें, इसमें दूसरों को बहुत उत्सुकता लेनी चाहिए। क्योंकि दूसरों की यह उत्सुकता अनैतिक है। आप दूसरों को ग़लती तक न करने देंगे, तो आप कौन हैं? दूसरे को ग़लती करनी है, करने दें। उसी सीमा पर उसे रोका जा सकता है, जहाँ उसकी ग़लती दूसरे के लिए पीड़ादायी बने, अन्यथा नहीं रोका जा सकता। वह अपनी ग़लती करता रहे। उसकी ग़लती अगर दुःख लाती है तो उसको ले आएगी।

और संन्यासी का मतलब यह है कि वह विवेक से जी रहा है, वह जाँच रहा है पूरे समय कि कौन-सी चीज़ से दुःख आता है, कौन-सी चीज़ से सुख आता है। जिससे सुख आता है उसको वह स्वीकार करेगा, जिससे दुःख आता है, धीरे-धीरे उसे छोड़ेगा। वह धीरे-धीरे अपने आनंद की खोज

की यात्रा पर निकला है। आप उसके लिए परेशान न हों लेकिन इधर मैं बहुत परेशान होता हूँ। यहाँ संन्यासी जितना चिंतित नहीं होता, उसके आसपास जो लोग इकट्ठे होते हैं, वे चिंतित होते हैं कि कोई ग़लती तो नहीं कर रहा है?

ये जो 'सेल्फ़-अपाइंटेड जज' हैं, पता नहीं इनको किसने पट्टा लिखकर दिया है कि तुम इसकी फ़िक्र करना कि कोई ग़लती तो नहीं कर रहा है, कि संन्यासी ठीक वक़्त पर सोया कि नहीं, कि इस ब्रह्ममुहूर्त में उठता है कि नहीं, दिन में तो नहीं सो जाता? आप कौन हैं, आप क्यों पीछे पड़े हैं किसी के? नहीं, इसके पीछे कारण है। हमको बड़ा रस आता है इसमें। ये 'टार्चर' करने की तरकीबें हैं, ये दूसरे आदमी को सताने के उपाय हैं। और फिर हम कहते हैं कि हम आदर भी देते हैं तो इसी की वजह से देते हैं कि तुम ग़लती नहीं करते। तो हम सौदा भी तय कर लेते हैं। आदमी को हम फँसा लेते हैं। उसको आदर चाहिए आपसे? ठीक है, वह आपके नियम मानकर चलता है। और यदि होशियार हुआ, तो ऊपर से दिखाता है कि नियम मानता है, पीछे से नियम तोड़ता जाता है।

मैं संन्यासी को पाखंडी नहीं होने दे सकता हूँ। और एक ही रास्ता है कि संन्यासी पाखंडी होने से बचे और वह यह है कि हम उसकी फिक्र छोड़ दें, उसे अपनी फिक्र करने दें। नहीं तो वह पाखंडी हो ही जाएगा। हमने सब संन्यासियों को पाखंडी, 'हिपोक्रेट' कर दिया है। क्योंकि इनको हमने दिक्कत में डाल दिया है। अब एक साधुओं का वर्ग है, जो नहा नहीं सकता, स्नान नहीं कर सकता। अब उसके आसपास के लोग देखते रहते हैं कि स्नान तो नहीं कर लिया? अब उसको गंदगी में धकेल रहे हैं कि स्नान तो नहीं कर लिया? अब उसको गंदगी में धकेल रहे हैं, और वह गंदगी में ढँका जा रहा है, लेकिन उसको आदर दे रहे हैं, पैर छू रहे हैं बदले में, अब वह सोचता है कि नहाने की कीमत पर छूना मिल रहा है, चलने दो सौदा। एकांत में मौक़ा देखकर, पानी से कपड़े को गीला करके 'स्पंज वाश' कर लेता है, कुछ थोड़ी-बहुत सफ़ाई कर लेता है। मगर वह उसको चोरी और 'गिल्ट' में हम ढकेल रहे हैं, वह नहाने के पीछे उसको हम धक्का दे रहे हैं।

अभी एक सज्जन मेरे पास आए, उन्होंने कहा, फलानी साध्वी आपके पास आती है। हमने सुना वह टूथपेस्ट करती है? मैंने कहा, तुम पागल हो गए? संन्यासिनी टूथपेस्ट करती है कि नहीं करती है, तुम कोई

टूथपेस्ट का काम करते हो? क्या मतलब तुम्हारा? तो उन्होंने कहा, हमारे समाज में दातून करने की मनाही है 'तो तुम मत करो', मैंने उनसे कहा, 'तुम्हारे समाज में मनाही है'। वह मज़े से टूथपेस्ट कर रहे हैं। उनका संन्यासी न कर पाए! क्योंकि उसका कारण है, वह आदर देते हैं, बदला भी माँगते हैं।

तो मैं अपने संन्यासी को, जिसको मैं संन्यासी समझ रहा हूँ, उसको कहूँगा, आदर मत माँगना अन्यथा बंधन शुरू हो जाएगा। माँगना ही मत। नहीं तो सब तरफ़ बेईमान और सब तरह के चोर इकट्ठे हैं, वे फौरन फँसा लेंगे। वे कहेंगे, आदर हम देते हैं, पैर हम छूते हैं, लेकिन हमारी भी शर्तें हैं-इतना-इतना करना। संन्यासी का मतलब यह है कि जो यह कहता है कि हम तुम्हारे समाज, तुम्हारी शर्तों की कोई चिंता नहीं करते। अब हमने अपनी चिंता करनी शुरू कर दी, अब आप हमारी फ़िक्र न करें।

व्यक्ति का विवेक ही उसका पथ-प्रदीप है।

'आपने अपने संन्यासी की चर्चा करते हुए कहा कि संन्यास आनंद की घटना है, त्याग ही नहीं। मेरे ख़याल से शंकराचार्य आनंद से संन्यासी हुए थे—और ये संन्यासी जो होंगे वे भी त्याग को नहीं बल्कि आनंद को महत्त्व देंगे—इसलिए इन अर्थों में वे भी आपके संन्यासी हुए। दूसरी बात यह है कि आप 'अभिनय' पर बल देते हैं, कृपया उसे स्पष्ट करें। कोई संन्यासी दुकानदार होकर 'ब्लैक मार्केटिंग' का अभिनय भी तो कर सकता है! फिर, आप गैरिक वस्त्र पहनने के लिए तो कहते हैं, लेकिन आप स्वयं गैरिक वस्त्र क्यों नहीं पहनते?'

पहली बात, संन्यासी दुकान पर बैठकर दुकानदार का अभिनय करेगा, यह तो ठीक, लेकिन वह 'ब्लैक मार्केटिंग' का भी अभिनय कर सकता है! करेगा तो इससे बहुत नुकसान नहीं होगा, क्योंकि वह संन्यासी न होता तो भी 'ब्लैक मार्केटिंग' करता। इससे कोई नुकसान नहीं होगा किसी का। लेकिन मैं मानता हूँ कि जिस आदमी को संन्यास का ख़याल आया है और जो हिम्मत जुटाकर, साहस जुटाकर अपने जीवन में एक प्रयोग करने

चला है और जो दुकानदार होने का अभिनय कर रहा है, वह 'ब्लैक मार्केटिंग' का अभिनय नहीं कर सकेगा। क्योंकि 'ब्लैक मार्केटिंग' करने के लिए अभिनय पर्याप्त नहीं है, कर्त्ता होना ज़रूरी है।

जितना बुरा काम करना हो, उतना ही कर्त्ता होना आवश्यक होता चला जाता है। क्योंकि बुरे काम का आंतरिक दंश है, पीड़ा है। उसके लिए 'इनवॉल्व' होना ज़रूरी होता है, उसके लिए 'कमिटेड' होना ज़रूरी होता है, उसके लिए डूबना ज़रूरी होता है। किसी आदमी को अभिनय में छुरा नहीं मार सकता। मुश्किल पड़ेगा। क्योंकि दूसरे आदमी की ज़िंदगी दाँव पर होगी। और अभिनय में छुरा मारने का कोई अर्थ नहीं रह जाता।

अभिनय की जो धारणा है, अगर ठीक से ख़याल में आए तो पहला तो मैं यह कह रहा हूँ कि अगर वह करेगा 'ब्लैक मार्केटिंग' तो कोई नुकसान किसी का नहीं हो रहा है, क्योंकि जो संन्यासी होकर 'ब्लैक मार्केटिंग कर रहा है, वह संन्यासी नहीं होकर कर ही रहा था, करता ही, इसलिए कहीं कोई नुकसान नहीं हो रहा है। उसमें तो हमें चिंतित होने की ज़रूरत नहीं। संभावना यह भी है—मेरे लिए बहुत संभावना है कि वह जो संन्यासी होने के ख़याल से भरा है, वह 'ब्लैक मार्केटिंग' का अभिनय करने नहीं जाएगा। नहीं जा सकता है। संन्यासी होने की जो प्रज्ञा है, संन्यासी होने का जो विवेक है, वही बताएगा कि उसे क्या करना, क्या नहीं करना। अभिनय वह वहीं करेगा, जहाँ बिलकुल करणीय है, जो उसका बिलकुल कर्त्तव्य है, जिसे छोड़कर भागना पलायन होगा, जिससे हट जाना जिम्मेदारी से बचना होगा, जिससे भाग जाना किसी के लिए दु:ख और पीड़ा का इंतज़ाम बन जाना होगा—उतना ही अभिनय करेगा। अभिनय तो हमेशा ही अत्यंत करणीय का, अत्यंत आवश्यक का हो जाएगा। आवश्यक का अभिनय करने की ज़रूरत नहीं रह जाएगी, वे हिस्से अपने आप कट जाएँगे।

दूसरी बात आप कहते हैं गैरिक वस्त्रों के लिए, मैं क्यों नहीं गैरिक वस्त्र पहनने लगा? जानकर ही। एक तो, इसके पहले कि गैरिक वस्त्र पहनता, संन्यास घट गया। इसके पहले कि मुझे पता चलता कि गैरिक वस्त्र पहनूँगा तो संन्यास घटेगा, संन्यास पहले ही घट गया। पीछे पहनने का कोई अर्थ न रहा, कोई कारण न रहा। दूसरा, मैं गैरिक वस्त्र पहनूँ और फिर कहूँ कि गैरिक वस्त्र का उपयोग है, तो शायद लगे कि अपने ही जैसे वस्त्र-दूसरों

को भी पहना देने की आतुरता है। नहीं, अपनी शक्ल में किसी पर ओढ़ाना नहीं चाहता। इसलिए जो भी मैं पहनता हूँ, जैसे भी मैं उठता-बैठता हूँ, जैसे मैं जीता हूँ, उसको किसी पर ओढ़ा देने का, किसी पर ढाँक देने का ज़रा भी मन नहीं है।

गैरिक वस्त्र पहनकर गैरिक वस्त्र के संबंध में कुछ कहता, तो शायद लग सकता था कि मैं अपने वस्त्रों की तारीफ़ करता हूँ। लेकिन मैं बिना गैरिक वस्त्र का हूँ, इसलिए गैरिक वस्त्रों से मेरा कोई निजी लगाव नहीं है, इतना तो बहुत साफ़ है। इसलिए अगर गैरिक वस्त्र की कोई तारीफ़ करता हूँ तो सिवाय वैज्ञानिक कारणों के और कोई कारण नहीं है। मैं ख़ुद तो पहनता नहीं हूँ, मेरा ख़ुद का तो कोई लगाव नहीं है, मैं तो बिलकुल बाहर हूँ।

तीसरी बात, आपने कहा कि शंकराचार्य ने भी आनंद से संन्यास लिया था। मैं नहीं मानता। शंकराचार्य का जगत् के प्रति बड़ा निषेध का भाव है। निषेध इतना गहरा है कि वह जगत् को माया सिद्ध करने की सतत चेष्टा में लगे हुए हैं। यह जगत् झूठा है, यह जगत् भ्रम है, यह जगत् माया है, यह जगत् है ही नहीं, इसे सिद्ध करने का उनका आग्रह इतना प्रगाढ़ है कि यह जगत् उन्हें चारों तरफ़ से परेशान कर रहा है, यह भी साफ़ है। इस जगत् का होना उन्हें इतना गड़ रहा है कि इसे इनकार किए बिना, स्वप्न बनाए बिना छुटकारा नहीं पा सकते। शंकर का निषेध बहुत गहरा है।

आनंद की बात शंकर करते हैं। लेकिन मेरे और उनके आनंद में भी बड़ा बुनियादी फ़र्क़ है। वे उस आनंद की बात करते हैं, जो इस संसार के त्याग से उपलब्ध होता है। वे उस आनंद की बात करते हैं, जो माया को छोड़ने से, ब्रह्ममिलन से उपलब्ध होता है। मैं उस आनंद की बात करता हूँ, जो समस्त को, समग्र को—माया को, ब्रह्म को, संसार को, प्रभु को—सबको स्वीकार कर लेने से उपलब्ध होता है। निषेध मेरे मन में कहीं भी नहीं है! त्याग मेरे मन में कहीं भी नहीं है। शंकर अगर आनंद की बात भी करते हैं, तो वह संसार के त्याग में ही छिपा है। वह संसार को छोड़ देने में ही छिपा है। मेरे लिए आनंद इतना विराट् है कि संसार भी उसमें समा जाता है, परमात्मा भी उसमें समा जाता है, सब उसमें समा जाते हैं। आनंद में मेरे लिए किसी बात का कोई भी निषेध नहीं है।

और, आख़िरी बात कि जब मैंने कहा, 'अपने संन्यासी', तो जीभ के चूक जाने से नहीं कहा। जीभ मेरी अजीब है, चूकती मुश्किल से ही है। पहली दफ़ा जिन मित्र ने पूछा था कि 'आपके संन्यासी', तो मैंने इनकार किया कि 'मेरे' मत कहिए। लेकिन प्रयोजन मेरा दूसरा था। प्रयोजन मेरा यह था कि संन्यासी 'मेरा' कैसे हो सकता है। लेकिन जब मैंने दुबारा कहा है तो जीभ नहीं चूकी। मैंने कहा, 'अपने संन्यासी'।

संन्यासी मेरा नहीं हो सकता है, लेकिन मैं तो संन्यासियों का हो सकता हूँ। और उस संन्यासी की–उस आनंद के संन्यासी की, जिसकी मैं बात कर रहा हूँ, उससे मेरा लगाव है। उससे लगाव की अपेक्षा नहीं है मेरे प्रति। उससे कोई अपेक्षा नहीं है कि वह मेरे प्रति किसी तरह का भी संबंध रखे। लेकिन मेरा लगाव है और मेरा लगाव इसमें है कि मैं देखता हूँ कि उस तरह के संन्यासी में ही भविष्य में संन्यास के बचने की संभावना है, आशा है, भविष्य है।

'आपने कहा कि संन्यास की दीक्षा व्यक्ति और परमात्मा के बीच की सीधी बात है। लेकिन तब प्रश्न उठता है कि दीक्षा में आपको गवाह व साक्षी के रूप में बीच में रखना क्या संन्यास के प्रति अविश्वास न हो जाएगा?'

यह बिलकुल ठीक कहते हो कि तुम्हारे और परमात्मा के बीच की बात है, अगर इतना समझ में आ जाए तो मेरे साक्षी होने की कोई ज़रूरत नहीं है। लेकिन तुम यहाँ आए इसलिए हो कि तुम्हारे और परमात्मा के बीच सीधा संबंध नहीं बन रहा। नहीं तो तुम इधर किसलिए भटकते, इधर किसलिए परेशान होते?

'यहाँ हमें आनंद आता है, इसलिए आते हैं।'

तब तो मैं साक्षी हो जाऊँगा।

'क्या आपके आसपास फिर संप्रदाय न बन जाएगा?'

आप पूछती हैं कि फिर संप्रदाय बन जाएगा। नहीं, संप्रदाय नहीं बनेगा। नहीं बनेगा इसलिए कि संप्रदाय बनाने के लिए कुछ ज़रूरतें हैं अनिवार्य। एक, गुरु चाहिए, शास्त्र चाहिए, सिद्धांत चाहिए, विशेषण चाहिए। और इतना ही नहीं, इसके अतिरिक्त, इसके भिन्न, इससे अन्यथा जो है वह पूर्ण रूप से ग़लत है और यही पूर्ण रूप से सही है, ऐसा आग्रह भी चाहिए।

तो एक तो मैं कह रहा हूँ, उसे संन्यासी कहता हूँ, जिसका कोई विशेषण नहीं। बिना विशेषण के संप्रदाय बनाना मुश्किल है। बिना विशेषण के संप्रदाय बन नहीं सकता। उसे संन्यासी कह रहा हूँ, जिसका कोई धर्म नहीं है। बिना धर्म के संप्रदाय कैसे बनाइएगा! उसे संन्यासी कह रहा हूँ जिसका कोई धर्मग्रंथ नहीं है, जिसका कोई धर्मगुरु नहीं है, जिसका कोई मंदिर नहीं है, मस्जिद नहीं है, शिवालय नहीं है, गुरुद्वारा नहीं है। तो संप्रदाय बनना मुश्किल है। कोशिश हमें करनी चाहिए कि संप्रदाय न बने, क्योंकि संप्रदाय ने धर्म को जितना नुकसान पहुँचाया है। उतना किसी और चीज़ ने नहीं पहुँचाया है। अधर्म ने नहीं पहुँचाया इतना नुकसान, जितना धर्म ने पहुँचाया है। असल में मिट्टी-पत्थर नुकसान नहीं पहुँचाते, असली सिक्के को कभी भी अगर नुकसान पहुँचता है तो सिर्फ़ नक़ली सिक्कों से पहुँचता है, नक़ली पत्थर से नहीं पहुँचता। धर्म के असली सिक्के को कभी भी नुकसान पहुँचता है तो संप्रदाय के नक़ली सिक्के से पहुँचता है। उसके लिए बहुत सचेत होने की ज़रूरत है।

वह नहीं बन सकेगा, क्योंकि न तो मेरा कोई शिष्य है, न मैं किसी का गुरु हूँ। और जिन लोगों के लिए मैं कह रहा हूँ, मैं गवाह हूँ, उनको भी सिर्फ़ इसलिए कह रहा हूँ कि अभी तुम सीधे नहीं जुड़ पाते। सीधे जुड़ जाओ तो तुम मुझे परेशान मत करना। मैं नाहक परेशान होने को तैयार भी नहीं हूँ। मेरा लेना-देना नहीं है कुछ। उससे मुझे कुछ संबंध नहीं है। अगर तुम सीधे ही जुड़ जाओ, इससे बेहतर कुछ भी नहीं है। तब तो साक्षी का भी कोई सवाल नहीं, गवाह का भी कोई सवाल नहीं। इससे बेहतर तो कोई सवाल ही नहीं है।

‘नाम बदलने व गले में माला पहनने का कोई विशेष अर्थ है?’

हाँ, अर्थ है, अर्थ बहुत है। संन्यासी का नाम बदलने का बड़ा अर्थ है। सूचक। और हमारी ज़िंदगी में सभी कुछ सूचक है। एक नाम से आप जीते रहे हैं, एक नाम से आपकी 'आइडेंटिटी' है। एक नाम आपका प्रतीक रहा है। आपके व्यक्तित्व का उससे जोड़ हो गया है। आप कल तक जो थे, उसके साथ आपके नाम का 'एसोसिएशन' है। उससे वह जुड़ा है। संन्यासी का नाम बदलने का अर्थ यह है कि हम उसकी पुरानी 'आइडेंटिटी' से उसे तोड़ते हैं। हम कहते हैं, तुम अब वह नहीं रहे, जो तुम कल तक थे। अब तुम एक नयी यात्रा पर जाते हो, नयी 'आइडेंटिटी' लेकर जाते हो।

पुराने दिनों में जब दीक्षा दी जाती थी तो एक छोटा-सा प्रयोग करते थे। वह प्रयोग यह था कि जैसे हम मुर्दे को नहलाते हैं, चिता पर चढ़ाने के पहले, वैसे उसे नहलाते। जैसे हम मुर्दे के बाल घोंट देते हैं, सिर घोंट देते हैं, ऐसा उसका सिर घोंट देते। फिर जैसा मुर्दे को चिता पर चढ़ाते हैं, वैसा उसे चिता पर चढ़ा देते। फिर चिता में आग लगा देते। और फिर आसपास खड़े वे सारे लोग, जिनको मैं साक्षी कहूँगा, 'विटनेस' कहूँगा, वे उससे कहते थे कि अब जल जाने दो उसे, जो तुम कल तक थे। और अब हम चिता से तुम्हें बाहर खींचते हैं, यह तुम्हारा पुनर्जन्म है, 'रि-बॉर्न', अब तुम द्विज हुए, दूसरा जन्म हुआ।

यह सिर्फ़ 'सिंबालिक रिचुअल' था। अपने-आपमें वह दिखता है कि न करें तो कोई हर्ज़ नहीं। नहीं है कोई हर्ज़। अगर समझ बहुत हो तो इस दुनिया में किसी भी 'रिचुअल' का, किसी भी बात का कोई अर्थ नहीं है। लेकिन उतनी समझ कहाँ? वह 'आइडेंटिटी' तोड़ने में सहयोगी हो जाता है। अचानक पता चलता है कि अब तुम वह नहीं रहे।

बार-बार जब भी ख़याल आएगा कि अब मेरा वह नाम नहीं है, जो कल तक था, अब मेरा दूसरा नाम है—जब रास्ते पर कोई बुलाएगा, उस नाम से नहीं जो कल तक आपका था, नए नाम से, तो आप भी उतने ही चौंकेंगे। आपके भीतर से 'आइडेंटिटी' रोज़-रोज़ टूटेगी और पता चलेगा कि वह आदमी समाप्त हो गया, जो कल तक था और एक नयी यात्रा शुरू हो गयी। इसके स्मरण के लिए नाम के बदलने का उपयोग है।

दूसरी बात, पूछी है कि माला का क्या अर्थ हो सकता है? व्यर्थ तो कुछ भी नहीं होता कभी। लंबे चल-चलकर व्यर्थ हो जाता है, यह दूसरी

बात है। सभी चीज़ें चलते-चलते घिस जाती हैं और गंदी हो जाती हैं।

माला में एक सौ आठ गुरिये देखे होंगे। लेकिन ख़याल में नहीं आया होगा कि वह क्या है? एक सौ आठ ध्यान की पद्धतियाँ हैं। एक सौ आठ मार्ग हैं ध्यान के। एक सौ आठ विधियों से ध्यान की संभावना है। और आप और मेरा संबंध बना रहा तो धीरे-धीरे एक सौ आठ विधियाँ सभी आपके ख़याल में ला देने की हैं। वह एक सौ आठ गुरिये एक सौ आठ ध्यान के प्रतीक हैं।

और जब कोई साक्षी किसी को यह माला देता था तो वह याद दिलाता था कि तुझे मैंने सिर्फ़ एक रास्ता ही समझाया, बताया, और भी रास्ते हैं एक सौ सात। इसलिए किसी दूसरे को गलत कहने में बहुत जल्दी मत करना। और सदा याद रखना कि अनंत रास्ते हैं उसके।

और एक सौ आठ गुरियों के नीचे लटका हुए एक बड़ा मनका देखा होगा। वह इस बात की ख़बर है कि एक सौ आठ में से किसी से भी पहुँचो, एक पर अंत में आदमी पहुँच जाता है। कहीं से भी चलो, एक पर पहुँचना हो जाता है। तो वह जो एक सौ आठ गुरिया और एक मनका—सब 'सिंबालिक' हैं, 'पोएटिक' हैं, काव्यात्मक हैं। लेकिन अर्थपूर्ण हैं।

एक आदमी शादी करके लाता है—घर—किसी स्त्री को। फिर हम उसका घर में नाम बदलते हैं। कभी पूछा नहीं कि क्यों बदलते हैं? 'आइडेंटिटी' तोड़ते हैं। वह किसी और घर की लड़की है। वह कहीं और बड़ी हुई है, किसी और परिवार में बड़ी हुई है, किन्हीं और संस्कारों में जन्मी, पली है। उसके नाम के साथ उसका सारा पुराना व्यक्तित्व जुड़ा है। घर में लाकर हम उसका नाम बदल लेते हैं। नयी यात्रा शुरू होती है, तेरे नए नाम के आसपास अब एक नया 'क्रिस्टलाइजेशन' होगा।

माला हो कि नाम हो कि और बहुत कुछ है, उन सबके अर्थ तो बहुत हैं, लेकिन वे सब बातें धीरे-धीरे चल-चल कर व्यर्थ हो गयी हैं। और जब वे व्यर्थ हो गयी हैं तो मैं हज़ार बार उनके ख़िलाफ़ बोलता रहता हूँ। उनकी व्यर्थता के ख़िलाफ़ बोलता रहता हूँ। लेकिन मेरी पीड़ा समझना आपको बहुत मुश्किल पड़ती है। मेरी पीड़ा यह है कि मैं यह जानता हूँ कि कोई चीज़ सार्थक है और व्यर्थ हो गयी है। मैं उसके ख़िलाफ़ भी बोलता रहूँगा और उसके पक्ष में भी कुछ करता रहूँगा। अब यह मेरी मुश्किल है।

यह मुश्किल आपको भी समझनी पड़ेगी।

मैं कुछ चीज़ों के ख़िलाफ़ बोलता रहूँगा, क्योंकि वे व्यर्थ हो गयी हैं। और फिर भी किसी मार्ग से उन चीज़ों के पक्ष में कुछ करता रहूँगा, क्योंकि मैं जानता हूँ, मूलतः उनकी सार्थकता थी। और वह मूलतः सार्थकता नहीं खो जानी चाहिए। यह दोनों एक-साथ चलेगा। इसलिए मैं कई तरह के मित्रों को दुश्मन बना लूँगा और कई तरह के साथियों को खोऊँगा और रोज़ यह चलेगा। और वह चलता रहेगा, उसमें कोई उपाय नहीं है। क्योंकि मैं एक दिन माला के ख़िलाफ़ बोलूँगा—जब कोई मेरे पास आ जाएगा और माला की बात करने लगेगा तो मैं ख़िलाफ़ बोलूँगा। लेकिन, मैं हैरान हुआ हूँ जानकर कि मैं बड़े-से-बड़े संन्यासियों के सामने माला के ख़िलाफ़ बोला, वे माला के पक्ष में एक शब्द भी न कह सके। मैं तो सोचता था, कोई मुझसे माला के पक्ष में कुछ कहेगा। अब कोई नहीं मिला तो मुझे खुद ही कहना पड़ेगा, और कोई उपाय नहीं है।